EN HOLLANDE

EN HOLLANDE

LETTRES A UN AMI

PAR

MAXIME DU CAMP

SUIVIES DES

CATALOGUES DES MUSÉES

DE

ROTTERDAM, LA HAYE ET AMSTERDAM

NOUVELLE ÉDITION REVUE ET CORRIGÉE

PARIS

MICHEL LÉVY FRÈRES, LIBRAIRES ÉDITEURS

RUE VIVIENNE, 2 BIS, ET BOULEVARD DES ITALIENS, 15

A LA LIBRAIRIE NOUVELLE

—

1868

Droits de reproduction et de traduction réservés

EN HOLLANDE

I

Un tableau de Paul Potter. — Départ d'Anvers.—Douaniers. —
Moerdyk. — Diligence. — Moulins à vent. — Dordrecht. —
La Meuse.

13 Février.

Vous souvenez-vous, cher ami, d'avoir vu dans
la galerie du marquis de Westminster, à Londres,
un paysage de Paul Potter? Des vaches et des
moutons broutant l'herbe grasse sont répandus
dans une large prairie que coupe une rangée de
saules; près d'eux, une jeune femme se garantit,
à l'aide de son éventail, des trop vifs rayons du
jour; au delà des arbres, on aperçoit une vaste
plaine où s'élèvent les quelques maisons d'un village dominé par un moulin qui fait pirouetter ses
ailes; le soleil frisant sur les herbes et les bran-

ches, les éclaire d'un reflet aigu ; les arbres font de grandes trainées d'ombre qui tranchent sur les gazons brillants ; c'est noyé de lumière et éclatant, mais cependant doux comme une caresse et d'une harmonie intime qui va au profond du cœur. Ce tableau, c'est toute la Hollande !

A huit heures moins quelques minutes, j'ai pris à Anvers un chemin de fer sans façon, paternellement établi en plein air derrière une masure qui lui sert de bureaux. Le froid était clair, le ciel pur, le soleil gai ; les herbes, poudrées à blanc par la gelée, se courbaient au vent du convoi jusque sur l'eau des fossés gercée par une pellicule de glace. Peu à peu j'ai vu la ville replier, dans les brumes lointaines, la tour de sa cathédrale, les clochers de ses églises et les mâts de ses navires. La campagne prend des allures étranges et presque méridionales. Nous courons à toute vitesse à travers les *polders*, c'est-à-dire à travers les terrains conquis sur l'Océan. Ici, c'est une terre limoneuse et légère, et alors je la vois régulièrement taillée par le soc des charrues et parfois couverte de beaux légumes qui reluisent à l'œil : là, c'est du sable, et alors nous franchissons des bois de pins qui envoient jusqu'à

nous leur bonne senteur résineuse. Avec sa verte forêt, ses miroitéments de sables, sa plate étendue
bossuée çà et là par des bouquets d'arbres plus éle -
vés, le paysage me rappelle nos landes françaises
entre Bordeaux et la Teste de Buch. Comme là-bas,
c'est ici le pin maritime qui égaye la vue, purifie
l'air et fixe la dune mouvante. J'aime cet arbre
qui sera peut-être un des plus puissants agents
de la civilisation future ; le jour où la France aura
compris l'importance du *pinus maritima* et des
puits artésiens, on ira d'Alger au cap de Bonne-
Espérance dans les allées d'un jardin anglais, le
vieux Typhon sera vaincu et il n'y aura plus de désert.

Je ne vois point de jachères ; je n'aperçois que
des prairies, des bois et des champs ; partout où un
épi a pu pousser, on a semé un grain de blé. Toutes ces plaines sont saignées de rigoles qui facilitent l'écoulement et la distribution des eaux ; il y a
de la végétation jusque sous les roues de la locomo-
tive. Parmi les herbes, des corneilles à mantelet se
promènent, piquant la terre et s'envolant à l'approche de notre fumée et de notre fracas ; ce sinistre animal est cosmopolite comme le deuil qu'il

représente ; je l'ai vu dans tous les pays que j'ai parcourus, au milieu des déserts, sur le bord des fleuves et dans les cités.

A force de courir en lançant de blanches nuées sous le ciel bleu, nous arrivâmes à Roosendaal, où nous quittions la Belgique pour entrer en Hollande. Je ne saurais vous dire combien j'ai été charmé de la politesse, je dirai plus, de l'exquise courtoisie des douaniers hollandais ; tandis que, chez nous, les agents subalternes de l'autorité sont généralement durs, pleins de morgue et agressifs, je n'ai trouvé, à cette frontière, que bonnes façons et complaisance. Les officiers, vêtus de la courte tunique ornée à l'épaule gauche de deux glands d'argent, s'empressaient autour de nous avec mille amabilités et des manières accortes que relevaient encore leur jeunesse et leur jolie tournure. Est-ce que le souffle de la liberté aurait passé par là ?

La machine repartit, poussant des *han* plus gros que celui de saint Joseph, qu'on a mis en bouteille pour en faire une relique, et bientôt nous arrivâmes à Moerdyk. D'habitude, et dans les jours de douce température, on y monte sur un steamer qui franchit le *Holland's diep*, prend la Meuse et con-

duit, en deux heures, les voyageurs à Rotterdam.
Mais aujourd'hui il ne peut en être ainsi. Le vieil
Hiver à barbe blanche a soufflé sur la Meuse, elle
charrie en pleine débâcle, et les bateaux à vapeur
restent prudemment dans leurs bassins, redoutant
ces *ice-bergs* lilliputiens qui eussent fait rire de pitié
notre vaillant et regretté lieutenant Bellot. Il s'agis-
sait donc simplement de traverser ce gros bras de
rivière moutonnant sous les rafales d'une façon peu
rassurante pour un pauvre diable qui en est inuti-
lement à sa centième traversée. Des glaces entou-
raient le paquebot et ressemblaient, au loin, à un
vaste amas de laines blanches maculées ; le bateau
marcha, vapeur en arrière, écartant les glaçons qui
se séparaient comme les fragments d'un immense
jeu de patience, oscillaient sous la houle des roues,
se balançaient pendant quelques secondes et reve-
naient se saisir dans une étreinte que favorisait
une brise aiguë de nord-est. La traversée dura un
quart d'heure ; je pus déjeuner, ce fut une victoire !

A Villemsdorpt, où nous débarquâmes au milieu
d'une population marinière qui s'étonnait fort et
riait beaucoup de mes bottes fourrées, nous trou-

vâmes des diligences qui devaient nous conduire à Dordrecht. Nous nous y empilâmes comme nous pûmes, et vraiment nous n'y étions pas mal. Au reste, ne vous fiez pas trop à mes impressions ; en voyage, je suis très-philosophe et j'ai une douce propension à trouver tout charmant.

La route que nous suivîmes domine des prairies et est revêtue d'une chaussée en briques juxtaposées ; c'est une digue, comme, en général, tout ce qui, dans la Hollande, s'élève au-dessus du sol. Les chemins de fer ne doivent pas coûter cher dans cette contrée ; il n'y a ni déblais ni remblais à faire et les tunnels seraient invraisemblables. Le pays est plat, mais

Plat comme le discours d'un académicien,

ainsi que disait Alfred de Musset avant d'avoir obtenu son immortalité officielle.

Des saules, des saules ; des prés où marchent des moutons à haute laine, où ruminent paisiblement des vaches blanches et noires ; quelquefois un héron qui s'envole ; des maisonnettes dispersées, propres, nettes à faire envie ; des saignées pleines d'eau encore saisie par la glace et miroitant sous le froid soleil de février ; des taillis dépouillés où, la nuit, vient errer le roi des Aulnes, et toujours et partout, un moulin qui tourne.

A quelque point de l'horizon que vous regardiez, sous quelque aire de la rose des vents que vous vous incliniez, il y a un moulin qui gaiement remue ses larges élytres ; dans ce pays, don Quichotte n'aurait pas vécu longtemps. Depuis Rhodes et Syra, je n'en avais pas tant vu ; ils sont charmants, tantôt montés sur le haut talus qui leur sert de pivot, tantôt enfonçant en terre leurs solides fondations, et alors couronnés d'un chef mouvant d'où partent cinq madriers qui se réunissent en angle aigu au moyen d'une roue de cabestan propre à lui faire faire face au vent. Généralement ils sont en bois peint de couleur ardoise et rechampi de blanc ; mais quelquefois ils sont tout vêtus d'un chaume épais, coupé ras comme de la peau de taupe, et qui, de loin, est doux à l'œil ainsi qu'un velours de couleur sombre. Ce n'est pas l'affreux moulin de Montmartre, laid, bête et resté brutal, malgré les efforts de Hoguet pour le poétiser ; c'est le moulin coquet, vivant, joyeux, gracieux, indépendant, auquel le

vent vient naturellement de tous côtés et qui n'a
pas besoin de se jucher sur les montagues pour attraper, au hasard, l'haleine essoufflée d'un zéphyr
phthisique ; c'est le moulin rond ou octogone
comme une tourelle du moyen âge ; c'est le moulin
infatigable dont la toile est toujours gonflée, la
meule toujours en mouvement et le tic tac toujours
babillard ; c'est le moulin des peintres, le moulin du
vieux Van Ryn, le moulin de Cuyp et de Van der
Neer, le moulin hollandais : en un mot, le moulin !

Et il y en a de ces moulins auprès de Dordrecht,
qui est une jolie ville où, pour la première fois, je
vois des femmes coiffées d'un béguin collant orné,
sur chaque tempe, d'un agrément de cuivre semblable aux élastiques que les tapissiers mettent dans
les fauteuils. Nous ne faisons que traverser la ville,
qui s'est mise aux fenêtres pour nous voir passer ;
elle me semble populeuse, occupée, agissante ;
j'aperçois une église d'architecture ogivale et des
maisons qui projettent leur sommet en avant, ce qui
donne aux rues l'air de tomber sur le nez. Nous
quittons notre voiture ; car il faut monter en canot
pour franchir la Meuse, qui est vaste et qui charrie.

A chaque vague gonflée, à chaque glaçon qui

heurte nos plats-bords peu élevés, les femmes poussent des cris; on me plaint d'avoir gardé ma pelisse; car, dit-on, il n'est pas sans exemple qu'on
ait chaviré. Qu'importe! je ne crains rien, la Meuse
ne me sera point méchante; elle me connait; elle
m'a vu courir tout petit dans les gras pâturages
qu'elle arrose près de Mézières, et elle se souvien-
dra de l'enfant qui faisait de si beaux ricochets sur
son dos avec des pierres plates.

A l'autre rive, nous trouvons de nouvelles voitures dans lesquelles nous nous réempilons, et nous
partons au petit trot, sans nous presser ; les chevaux savent à quoi s'en tenir : un coup de fouet
hollandais ne fait pas grand mal. Les maisons deviennent plus fréquentes et montrent sur le bord
de la route leurs murs frais lavés où se lit la date
de leur construction. Beaucoup de ces maisons sont
des cabarets; alors le cocher s'arrête et on lui apporte un verre de *genièvre*, qui est l'*eau-de-vie* nationale de la Hollande.

Encore la Meuse; elle débusque tout à coup derrière un rideau d'arbres; cette fois, c'est la dernière
étape; car au delà resplendit Rotterdam avec ses
innombrables navires, ses maisons neuves, ses or-

meaux veufs de feuillage, ses clochers où chantent
des carillons et ses quais fourmillants où le Japon
donne la main à l'Europe. Nous nous entassons dans
une barque profonde; il souffle bon frais, on tend
la voile rougie par les lavages de goudron, et en cinq
minutes, nous gagnons le port, huit heures après
notre départ d'Anvers.

II

Rotterdam. — Paysage. — Érasme. — Église Saint-Laurent. —
Propreté. — Boucheries. — Le Chien. — Zaandstraat. — Impu-
dicités. — Musée. — Van der Neer. — Van Everdingen. — Van
Goyen. — Koning. — Hobbéma. — A. Hondius. — Rembrandt.
— Une esquisse de Van Dyk. — Style ogival. — En chemin de
fer.

14 Février.

Rotterdam est une *belle* ville, au sens moderne du
mot, c'est-à-dire une ville ennuyeuse, sans grand
intérêt, et vite vue par un voyageur qui ne se préoc-
cupe guère que du *pittoresque*. Avec ses hautes maisons bâties en briques, elle ressemble à une de nos cités fabricantes de Normandie; les murs rouges et

noirâtres montent droit jusqu'à la toiture, sans être coupés par la teinte verte des persiennes et des jalousies. A Rotterdam, on paraît ne pas connaître ces deux meubles extérieurs. Le Hollandais est-il donc si vertueux qu'il aime toujours à voir lever l'aurore? A Anvers déjà, j'avais remarqué l'absence des persiennes; à peine avais-je vu quelques jalousies égarées çà et là dans le quartier riche bâti *à l'instar de Paris*. Un simple rideau blanc, un store en joncs peints, suffisent à défendre les croisées contre une curiosité qu'on ne semble pas redouter; ici, au reste, le soleil est discret; il n'entre que modérément, et, de son origine mythologique, il paraît avoir conservé l'habitude de s'entourer de nuages. Je n'ai pas cependant à m'en plaindre pour ma part, car depuis que je vous ai quitté, il reluit sur les paysages et les vivifie de sa belle lumière. Ce matin, quand je suis sorti pour visiter la ville, il brillait de toute sa force, ce qui ne m'empêche pas d'être transi et d'avoir l'onglée.

Rotterdam grandit chaque jour et menace de devenir la capitale de la Hollande; bâtie au confluent de la Meuse et de la Rotter, elle gagne du terrain sur l'eau, et ses rues les plus importantes s'alignent là même où, il y a six ans à peine, des canaux parallèles au fleuve recevaient les barques arrondies et les bateaux caboteurs.

Il y a là des maisons et des quartiers dont on s'enorgueillit; mais, en fait de quartiers neufs et de riches maisons, je n'ai encore rien vu de supérieur à Paris, et je m'y tiens. En revanche, on voit ici d'incomparables paysages, faits pour les peintres, de plaisante couleur et tout encadrés. Celui qu'on aperçoit de la promenade du *Boompjies*, en regardant vers la Meuse, est ravissant. Le fleuve s'élance droit entre deux rives plates plantées de hêtres magnifiques noyés d'une intense clarté et qui entourent les hautes tourelles où s'évertue l'aile des moulins; le ciel, d'un bleu pâle, verse sur la nature une brume gris-perle qui l'adoucit et l'enveloppe comme une gaze transparente; la Meuse est verte, coule vite et entraîne des amas de neige qui filent dans son courant et ressemblent à des balles de laine déchirées. Sur les navires à trois ponts accostés aux quais, je vois flotter le libre étendard étoilé des États-Unis d'Amérique. Au reste, à Rotterdam, et c'est une vraie merveille pour une ville, les canaux sont si nombreux et si profonds, que les vaisseaux peuvent facilement venir se ranger en face et à côté des magasins de leurs armateurs.

De monuments, il n'y en a pas. Ce peuple actif et commerçant a bien autre chose à faire qu'à s'élever des futilités. Que diraient le bois de campêche, la muscade et la cannelle de Camboge si l'on s'avisait de tailler des statues ou de bâtir des palais! Je vois cependant une statue : c'est celle d'Érasme, je n'ai pas besoin de vous le dire; la Hollande est folle de son grand écrivain; elle en a mis l'effigie partout. Ici, elle est en bronze, sur la place du Marché; je devrais dire sur le *pont* du Marché, car c'est un véritable pont, malgré ses dimensions extraordinaires, hardiment jeté par-dessus un très-large canal; Érasme est debout, vêtu d'une pelisse, coiffé d'un bonnet fourré et lisant dans un in-folio; c'est assez bien cette mine ironique et gouailleuse que vous connaissez. Quand je suis passé, deux moineaux perchés sur sa tête et le nez dans le jabot, hérissaient leurs plumes ébouriffées par le froid. En descendant une rue étroite pour me rendre à l'église Saint-Laurent, l'ancienne cathédrale, j'ai vu une petite maison de triste apparence sur laquelle on lit l'inscription suivante :

Hæc est parva domus magnus quâ natus Erasmus.

C'est donc là qu'en 1467 naquit ce Gerrit Gerritz,
qui, pour obéir aux usages des savants de la Renaissance, prit le nom de Desiderius Erasmus. De
tous ses livres, on ne connaît plus guère, à cette
heure, que l'*Éloge de la Folie*; les bibliomanes l'a-
chètent et ne le lisent plus ; l'auteur n'en croirait
rien s'il vivait encore.

L'église Saint-Laurent est aujourd'hui le principal temple protestant de la ville. C'est le cas de répéter la vieille citation : *Quantùm mutatus ab illo!*
On le répare, des échafaudages montent le long de
ses murailles qui sont d'un gothique assez pur ; la
voûte était peinte autrefois, dit-on, de mille écussons et d'autant de légendes ; elle est badigeonnée
maintenant et paraît glaciale à l'œil avec le ton
blanc qui l'enlaidit. Dans d'anciennes chapelles
latérales, je vois plusieurs tombeaux sculptés à
grand fracas, entre autres celui de l'amiral de Witt,
couché dans son armure, au-dessus d'un beau combat naval plein de fumée où les navires se canon-
nent à outrance, entremêlent leurs mâts brisés et

heurtent leurs vastes poupes historiées. Devant le chœur, qui est fermé par une grille dont les chanceaux de cuivre sont richement contournés et ciselés, s'étendent des dalles armoiriées dont quelques-unes ont été intentionnellement martelées, et qui toutes sont usées et rendues méconnaissables par le frottement des pieds; elles recouvrent des sépultures.

Je ne puis me figurer, malgré l'évidence, que cette église soit protestante. Approprier à la religion réformée le style gothique, qui est le style catholique par excellence, me paraît une étrange anomalie. Ces voûtes aspirant au ciel, ces nervures élancées, ces chapiteaux fleuronnés, ces orgues immenses, les plus vastes que je connaisse, sont faits, à coup sûr, pour abriter les longues théories menées en éclatants costumes, pour se noyer sous des flots d'encens et pour célébrer les pompes éblouissantes du papisme. Les protestants doivent se trouver dépaysés et comme désorbités dans ces grandes nefs, surtout lorsqu'ils entendent résonner joyeusement le carillon, cet hymne païen des catholiques du Nord.

Je me suis promené par la ville, au hasard; j'ai

vu les servantes en sabots blancs, en bonnets volants, en caracos d'indienne, qui fourbissaient les escaliers et frottaient les carreaux; par l'entre-bâillement des portes, on aperçoit des acajous resplendissants, des tapis fleuris, des cuivres qui brillent comme de l'or; c'est une monomanie de propreté, un vertige, une folie !

Qu'ai-je vu encore? Le fronton de l'hôtel de ville, qui paraît avoir été sculpté dans les iles Sandwich par quelque artiste tatoué, au nez traversé d'une arête et grand amateur de formes débordantes; le chantier de construction, qui m'a paru peu important pour une ville comme Rotterdam; sur le linteau de sa porte basse, je remarque un petit bas-relief en bois qui représente la *grappe de Chanaan*, ce sujet si cher aux Hollandais qu'ils l'ont mis sur tous leurs vieux plats de cuivre; et puis j'ai rencontré un Savoyard qui tournait un orgue et jouait la *polka*, non pas une polka quelconque, mais la polka pure, cet air insupportable, propre à faire danser des chiens savants et qui nous a tant assommés les uns et les autres il y a quelque vingt-cinq ans.

Le domestique de place qui m'accompagnait et

me servait de *cicerone* était pris d'un singulier vertigo; il me faisait arrêter devant toutes les boutiques de boucher et, me montrant avec orgueil les longes de veau et les quartiers de bœuf, il me disait en souriant d'admiration :

— N'est-ce pas qu'il est joli?

Il abusa même de ma confiante innocence jusqu'à me mener au marché des viandes. Il se délectait à regarder ces morceaux de chair saignante qui pendaient en versant autour d'eux leur fade odeur écœurante; il causait volontiers avec les bouchers tout vêtus de blanc comme nos pâtissiers, et il y serait encore si je ne m'étais sauvé après avoir admiré un petit portail qui doit avoir été élevé aux frais de la confrérie, et qui représente les attributs et les actes des bouchers; la sculpture en est du seizième siècle. En attendant que mon amateur de viande fraîche eût fini d'en rassasier ses yeux, je regardais des chevaux attelés près de moi à des voitures de place. Ils mangeaient l'avoine: on ne la leur donne pas, comme chez nous, dans des musettes attachées aux oreilles et prenant à la hauteur des naseaux; on la leur met dans un vaste sac dont l'ouverture, arrondie par un cerceau, se fixe à leur cou, de sorte que leur tête entière disparaît dans cette énorme machine au fond de laquelle ils finissent souvent par s'endormir.

Ici, le véritable animal de trait n'est pas le cheval; je n'ai pas encore vu d'âne : c'est le chien, le chien courageux et docile qu'on attelle à de petites voitures et qui les traîne au grand trot, en tirant la langue et en baissant la queue. Ah! que Charlet a raison : ce qu'il y a de meilleur dans l'homme, c'est le chien!

J'ai traversé le Zandstraat, tout y était calme et comme engourdi. Qu'est-ce que ce Zandstraat? me direz-vous; c'est à Rotterdam la rue des *Musicos*. Je les avais visitées hier soir; aux jours de kermesse, cela peut être étrange; mais en temps ordinaire, ce n'est que triste. La rue est pleine de ces sortes d'établissements; dès que la nuit vient, on entend résonner les orchestres criards et retentir le pas cadencé des danseurs. Un vitrail en verre dépoli, le plus souvent un simple rideau d'indienne, sert de porte et défend contre les curiosités indiscrètes. Des enseignes pompeuses s'étalent au-dessus de ces cafés douteux : *Au Grand Roi d'Angleterre; aux Rois Mages; à l'Éléphant blanc du Roi de Siam.* Parfois, l'indication n'a aucun sens ou est une allusion à un fait particulier : *Au Cheval dans un panier*. J'ai soulevé la portière d'un de ces bouges et je suis entré. C'est une grande salle planchéiée, très-semblable à une salle d'escrime ; le parquet est soigneusement poncé et saupoudré de grès pilé. A droite s'élève un comptoir d'étain où l'on vend à boire ; dans un coin, l'orchestre, composé de quatre musiciens, frotte le ventre à trois pauvres violons éraillés et souffle dans un cornet à pistons plus aigre qu'un cri de courlieu. Contre la muraille sont rangés des bancs sur lesquels quatorze ou quinze malheureuses créatures fanées, ridées, déjetées en pleine fleur de jeunesse, et fardées à trois couches, causent honnêtement avec des matelots qui leur offrent du genièvre et du thé. Les becs de gaz d'un lustre ridicule jettent leur lueur blanche sur tout cela. L'impression est triste et pour ainsi dire neutre. Ce qu'on regarde est bête. Il n'y a ni joie ni animation ; passe encore lorsqu'on danse à perdre haleine ; mais vus ainsi en apaisement, ces lieux exhalent je ne sais quelle pitié profonde dont on est involontairement saisi. C'est là cependant qu'au retour des Indes les matelots viennent jeter à deux

mains la paye, le gain et les économies de leurs
voyages ; il se fait alors de formidables bombances ;
le genièvre abreuve et suscite bien des folies ;
parfois on y joue du couteau, et souvent le marin,
entré riche, sort ruiné, dépouillé et presque nu, car
il a laissé ses vêtements en gage. Dans la rue on va
et on vient à travers les symphonies discordantes
qui chantent haut et jurent entre elles : ici une
polka, là une contredanse, ailleurs une valse et plus
loin un galop : c'est un charivari. De pauvres filles
misérablement vêtues rôdent lentement près de ces
lieux de perdition dont la musique les attire, dont
la lumière les éblouit, dont les promesses menteuses
les fascinent ; elles vont autour, curieuses et in-
quiètes comme des Èves qui tourneraient auprès du
paradis : c'est navrant. Est-ce la prostitution qui a
établi ses luxures dans cette rue ? Peut-être, je ne
le sais réellement pas ; mais, en tout cas, c'est le
plaisir grossier et facile, le genièvre et la fille de
bon vouloir ; il n'en faut pas plus à ceux qui, comme
le matelot de Candide, peuvent dire : « Je suis matelot et né à Batavia ; j'ai marché quatre fois sur le
crucifix dans quatre voyages au Japon. »

Admirez-vous que je ne vous aie point encore

parlé peinture? Il existe cependant un musée à
Rotterdam, et vous me connaissez assez pour savoir
que j'y ai vite couru. Il se compose d'une collection
particulière léguée à la ville par M. Boymans, qui,
je crois, était un riche négociant. Il y a beaucoup
de médiocrités, beaucoup de toiles apocryphes et
signées pour les besoins du public, entre autres de
prétendus Denner, Gérard Dov, Murillo, Rubens ;
mais néanmoins j'y ai vu quelques œuvres intéressantes et deux ou trois tableaux de premier ordre :
c'est tout ce qu'on peut exiger d'un musée.

Van der Neer a ici un magnifique paysage presque aussi beau que celui de *National Gallery* à
Trafalgar-square. C'est un incendie, qui, la nuit,
pendant que le ciel voilé laisse à peine sortir des
nuages les cornes de la lune, projette ses lueurs
sanglantes sur les eaux assombries d'un canal bordé
de vieilles maisons et d'arbres régulièrement plantés.
C'est très-précieusement peint, et dans ces con-
trastes d'ombre et de lumière que ce maître recherche et dont il sait tirer un si bon parti.

En opposition, je vous citerai une grande toile de
Van Everdingen (un peintre *naturaliste* que j'aime

beaucoup), qui est d'une férocité merveilleuse. Je
ne sais où il a été chercher le site qu'il a choisi, en
Norwége sans doute, mais il est d'une violence
pleine de grandeur. Sur de hautes montagnes décharnées et volcaniques, composées de roches de
basalte dévorées par les lichens, des nuages noirs
de tempête se sont accumulés et cachent le ciel derrière leur sombre rideau ; des sapins verdoient
sinistrement sur les bords d'un torrent qui écume
et jaillit par-dessus une barrière de rochers près
desquels s'élève une cabane en planches disjointes.
L'ouragan a soufflé, car un arbre brisé jonche la
terre de ses branches, et l'eau entraîne des madriers
dans son courant. La couleur verte, profonde,
pleine d'air et d'une sorte de lumière obscure, est
réussie au delà de toute expression.

Les paysages de Van Goyen et de Koning sont
jolis, mais sans grandeur, sans style et sans autre
charme que celui d'une peinture agréable interpré-
tant honnêtement la nature ; c'est déjà beaucoup.
Un Hobbéma, très-authentique, ressemble à ceux
que vous connaissez, car ce maître s'est incessamment répété ; comme toujours, c'est irrégulier, con-
tourné, bien venu par places, très-négligé dans

d'autres ; en somme, un gros effort trop apparent et pas assez de sérénité.

Voici une chasse d'Abraham Hondius qui ferait pâlir tous les animaliers de notre époque. Une laie attaquée s'est acculée à un arbre et fait tête aux chiens ; de ses pattes de devant étendues elle semble vouloir protéger ses marcassins, qui fuient épouvantés à travers les morsures et les abois. La vaillante mère, les oreilles droites, les yeux écarquillés et beaucoup trop agrandis (défaut très-choquant), la gueule en sang, le poil hérissé, furieuse, grognante, terrible, découd à grand renfort de coups de boutoir tous les molosses qui l'approchent : les uns sont tombés, les autres s'éloignent en geignant ; un nouveau relai découplé arrive en fronçant les babines et en montrant les crocs pour se jeter dans la bataille. Une lice blessée s'est dressée sur ses deux pattes de derrière, renversant la tête avec un hurlement de douleur, montrant ses tétines gonflées de lait et son flanc d'où s'élance un large jet de sang vermeil. Derrière cette scène de carnage, qu'on est surpris de voir rester muette, verdoie un large paysage calme et froid que parcourent des veneurs au galop.

Après de semblables animaux, je ne vous dirai rien d'une vache immobile de Paul Potter, ni d'un sujet à peu près analogue blondement traité par Adrien Van der Welde et que je trouve supérieur au premier.

Je ne vous parlerai pas non plus d'un G. Schalken représentant un ermite en adoration aussi fini qu'un portrait de Denner, et j'arrive à la perle de ce musée, qui est un Rembrandt.

Non pas ce portrait de femme blonde grisonnante, si surprenant de vérité qu'on le trouve ressemblant, et qu'on a si maladroitement, si funestement restauré, mais ce portrait de jeune homme qui ne porte pas de numéro au catalogue et qui est un chef-d'œuvre sans prix.

C'est franc et solide à n'y rien comprendre; il n'y a là ni *ficelle*, ni trompe-l'œil, je vous jure; à dix pas d'objectif, le tableau fait son effet, il le garde à bout portant; trouvez-m'en autant, à l'heure où nous sommes, dans cette prétendue école française, qui, semblable aux routiers espagnols, n'est qu'un ramassis de toutes les bandes licenciées. Parlons de Rembrandt, cela vaut mieux. Ce portrait est violent comme les plus violents Ribeira. C'est un jeune homme vulgaire, presque grossier. Ses cheveux bruns et mal peignés entourent coufusément son front étroit; son œil noir s'enfonce sous des sourcils épais; son nez, gros et charnu, s'avance au-dessus d'une large bouche qui surmonte un menton osseux; les pommettes saillantes font paraître les joues plus creuses encore; les tendons du cou, saillants comme de grosses cordes, amaigrissent le contour; la poitrine velue s'aperçoit par l'ouverture d'une chemise blanche qui disparait sous les plis d'un vêtement brun. Cette tête, dont la lèvre supérieure est pénombrée par une naissante moustache, se détache brutalement sur un fond de muraille grisâtre et crevassée. Certes, dans ce visage commun, il n'y a ni élégance, ni force, ni grandeur; mais dans ces yeux profonds une âme attentive regarde, et le souffle de la vie passe sur ces lèvres rouges. Les gens du peuple, quand ils veulent exprimer leur admiration pour un portrait, disent : Il ne lui manque que la parole! Eh bien! ce jeune homme et moi, nous nous sommes contemplés si longtemps, que je suis surpris qu'il ne m'ait point parlé.

Au-dessous de cette toile magistrale, et qui, selon

moi, vaut seule le voyage de Rotterdam, s'accroche
modestement un petit cadre qui a bien son mérite
dans l'histoire de l'art. C'est une esquisse de Van
Dyck; vous savez déjà que Van Dyck est ce que
j'aime le mieux dans Rubens. Ce n'est point un
tableau, c'est une simple pochade; c'est le projet
d'un quadruple portrait de Charles Ier, de sa femme,
de la princesse Henriette et du roi Charles II, ces
deux derniers encore enfants. Près du roi assis joue
la princesse, groupe principal qui fait face à la
reine tenant Charles II au maillot. C'est très-spiri-
tuel de touche, fait par simple frottis, relevé de
traits arrêtant les contours, mais n'indiquant aucun
détail. C'est léger, et peint au vol comme par une
abeille.

Voilà tout ce que j'ai vu au musée de Rotterdam, et je ne cite que pour mémoire une Vierge
accompagnée de Jean et de Jésus, par Rottenha-
mer, petite toile charmante qu'on prendrait volontiers pour la copie en miniature d'un André del
Sarto.

N'ayant plus rien à voir à Rotterdam, je fis ce
qu'aurait fait M. de la Palisse, je m'en allai, et je
ne fus pas médiocrement étonné, en arrivant au

chemin de fer qui doit me mener à la Haye, de pénétrer dans une gare ogivale, imitée de cette bâtarde époque transitoire où le gothique *fleuri* cherche à devenir *flamboyant*. Rien n'y manque : voici les tourelles pentagones surmontées de merlons; voici le chou frisé, l'ogive en accolade; voici, sur les murailles qui semblent des courtines, les écussons des villes que le *rail-way* traverse ou dessert; dans la salle d'attente, voici des corniches en feuilles de trèfle, des caissons chardonnés et ornés de culs-de-lampe. Cela jure et fait mauvais effet; pas plus que le protestantisme, l'industrie ne peut s'allier au gothique. Nos architectes modernes resteront-ils donc toujours stériles? Comment se fait-il donc qu'ils n'aient pas encore trouvé la forme appropriée et nécessaire aux magnificences de l'industrie? Pourquoi n'ont-ils pas encore élevé le temple à la grande déesse moderne? Pourquoi donc recommencent-ils toujours ce qui a déjà été magistralement fait avant eux? Pourquoi copier les monuments gothiques et les temples de l'antiquité? Pourquoi des ogives? Pourquoi des chapiteaux corinthiens? Pourquoi les rinceaux de la renaissance! Pourquoi le dôme de Saint-Pierre? enfin pourquoi se traîner servilement dans l'imitation des choses passées? Qu'est-ce qui manque? Est-ce le courage? Est-ce la science? Est-ce la foi? On s'y perd à voir pareille médiocrité; en vérité, j'aime mieux *Sydenham-Palace* que l'église de la Madeleine et que l'église Sainte-Clotilde; au moins il y a un effort!

De Rotterdam à la Haye, la campagne est ravissante; elle cache sous l'apparence de sa monotonie les infinies variétés de la nature aidée par l'homme. Nous nous arrêtons à Delft, où j'aperçois un haut clocher pointu cantonné de quatre échauguettes coiffées en éteignoir; nous stoppons un moment à Ryswick, dont on voit la flèche à travers les arbres et où fut signé le fameux traité de paix que vous savez, et j'arrive à la Haye dans un débarcadère dorique (c'est maintenant le tour des Grecs), d'où je me sauve pour aller trouver un excellent gîte à l'hôtel Bellevue.

III

Bibliomanie. — Citation. — La Haye. — Église Saint-Jacques.—
A vol d'oiseau. — Chaufferettes. — Toison d'or. — Musée. —
Breughel. — Corneille Van Haarlem. — Van Ostade. — Paul
Potter. — Van der Meer. — Gérard Dov. — Wouvermans. —
Van der Velde. —Francks et Pourbus. — Metzu : la Justice.—
Rembrandt : la Leçon d'anatomie ; Saint-Siméon. — Van der
Eeckout. — Coiffures. — Scheveningue. — Phalanstère.

15 Février.

Vous qui me connaissez, mon ami, vous vous
doutez bien que je ne suis pas parti de Paris sans
fourrer quelques vieux livres dans ma poche ; en
voici un qui est curieux, quoiqu'il ne soit pas très-
rare ; qui ne sort point de chez les Elzévirs, quoiqu'il ait été imprimé à Leyde ; qui a une jolie re-
liure en maroquin rouge, très-habilement montée
sur nerfs et ménageant les *témoins*, quoiqu'elle ne
soit ni de Padeloup, ni de Derome, ni de Bauzonnet,
ni de Capé ; qui est en bonne condition, quoique
trois feuillets en aient été lavés, et qui me vient de
cette fameuse vente Giraud, où il s'est livré des

2.

batailles que, grâce à Dieu, nous avons quelquefois gagnées. Ce livre, intitulé : *Les Délices de la Hollande*, est de M. J. de Parival [1]. Or, voici de quelle façon l'auteur commence le chapitre réservé à la Haye : « Cette place, ce délicieux séjour qui pourroit estre envié de tous les mortels, pour sa grande beauté, largeur de ses rues, le gracieux ombrage que rendent tant de beaux arbres plantés avec tant de justesse, l'orgueil de ses bastiments et la douce gentillesse de ses habitants, etc., etc. » Je suis tout à fait de l'avis de M. J. de Parival; car la Haye est une ville vive, animée, mouvante, coupée de vastes rues, sillonnée de canaux profonds, verdoyante d'arbres énormes, une vraie capitale de bon goût et de hautes allures, un Versailles réussi.

Devant la rue où s'élève l'auberge que j'habite, s'étend un parc moins étendu, mais plus beau que ceux dont Londres est si fière; de mes fenêtres je vois les larges prairies entourées de hêtres vigoureux jaillis droits et solides de la terre grasse qui les nourrit; près d'eux marchent des daims, allant

---

1. *Les Délices de la Hollande*, par J. de Parival. A Leyde, M. DC. LX, chez Pierre de Dier (et non pas *Didier*, comme M. Brunet l'écrit dans son excellent Manuel).

lentement et poussant leur front mélancolique dans
l'herbe qu'ils broutent; malgré l'abondance où ils
vivent, ils ont je ne sais quel air de tristesse réflé-
chie quand ils relèvent la tète pour humer l'air salé
que chassent les brises de l'Océan; savent-ils par
tradition, se sont-ils raconté le soir sous les feuil-
lées, dans ce langage encore incompris des hommes,
que jadis leurs ancêtres ont bondi dans les forêts du
Brabant et de l'Allemagne, qu'ils se sont désaltérés
en liberté au courant des fleuves vagabonds, et
qu'ils ont livré de grands combats pour leurs femelles aux pieds légers? Je le crois, à voir la douleur profonde et nostalgique de leurs regards. Je
n'aime pas la captivité des animaux. Je suis de la
famille du loup de La Fontaine, et je dirais volontiers : Que m'importe la vie si l'on ne peut vivre !
Dans les guerres, je plains les prisonniers plus que
les morts.

J'ai été moins lâche à la Haye qu'à Rotterdam;
j'ai lestement escaladé les trois cent soixante marches de la tour qui sert de clocher à l'église Saint-
Jacques. On la répare ; elle est vêtue d'une carapace
de planches qui l'enveloppe de ses écailles de sa-
pin. J'ai gravi l'escalier étroit, à marches usées,

pendant que toutes les cloches ébranlées annon-
çaient le service du dimanche. J'ai bien attrapé,
par-ci par-là, quelques horions en heurtant sotte-
ment ma tête contre des moignons de poutrelles
saillants dans les couloirs obscurs ; mais je ne m'en
suis pas trop fâché, ayant la manie de trouver que
tout est bien, pourvu que ce soit en voyage.

On embrasse d'un seul coup d'œil la ville et ses
environs ; grâce au vent d'est qui souffle depuis plusieurs jours, l'atmosphère est transparente, et je
vois l'Océan qui verdoie et se brise contre les dunes
de sable blanc. La ville est petite, toute composée
de toits rouges, si propres qu'on les dirait lavés chaque matin ; j'aperçois des palais qui ressemblent
assez à de petites casernes ; plus loin, une fonderie
de canons, un quartier d'artillerie, une immense
construction gothique bâtie, il y a quelques années,
pour faire un manége, et transmutée, à cette heure,
en temple protestant ; puis, çà et là, quelques clochers dont les plus modernes sont agencés à la façon
italienne, de larges places plantées d'arbres, et,
tout autour, la campagne, cette campagne verte,
sillonnée de canaux, où paissent les bestiaux, où
tournent les moulins, et dont je vous ai déjà parlé.

L'intérieur de l'église est un vaste vaisseau gothique de la bonne époque ; il est coupé en deux par une cloison ; car on y travaille à des réparations urgentes. Pendant que j'attendais le gardien qui avait été chercher les clefs, je vis passer devant moi quatre ou cinq servantes, qui, à grand'peine, soutenaient dans leurs bras des piles de chaufferettes : non point la chaufferette élégante dissimulée dans une boule pleine d'eau chaude, sous une tapisserie ; non point la chaufferette recouverte en tôle et garnie de poussier brûlant, mais la bonne chaufferette classique, le pot, le *gueux* où brûle un morceau de tourbe et qu'abrite une boîte ouverte d'un côté et percée en dessus à coups de tarière. Ces petits meubles primitifs, d'où s'échappait un parfum peu rassurant, sont destinés aux belles dames de la Haye qui craignent le froid aux pieds pendant le service divin. Je n'ai pas besoin de vous dire, je pense, que cette ancienne cathédrale est protestante aujourd'hui.

J'ai fait le tour de l'église ; en fait de peintures, il n'y a plus que du badigeon. Lorsqu'après ses deux incendies de 1528 et de 1539, l'église fut rebâtie par souscription, l'empereur Charles-Quint donna une fenêtre garnie de ses vitraux. Elle y est encore, mais fort endommagée, et elle jure au milieu des vitres blanches qui l'entourent. Un chapitre de la Toison-d'Or fut tenu dans le chœur, en 1546, par Philippe le Bon; les écussons des chevaliers qui y assistèrent existent encore sur une boiserie placée au-dessus des stalles qu'ils occupèrent; j'y distingue les armoiries des Créqui 1 : d'or au créquier de gueules. Un grand tombeau avec statues et bas-reliefs est érigé au baron Vassenaard, un marin célèbre qui mourut en battant les Anglais en 1665; ce lourd monument est signé Egger, 1667. Comme dans l'église de Rotterdam, j'ai vu beaucoup de pierres tumulaires martelées; c'est nous qui avons fait cette besogne d'inconoclastes dans les premiers temps de l'occupation française, à l'époque où nous étions ivres d'une égalité qui devait aboutir aux grandes dignités de l'empire.

Non loin de l'église, c'est le marché aux poissons, dont je ne vous dirais rien s'il n'était enjambé et parcouru à toute heure par de tranquilles cigognes

1. Je vois en effet, dans Saint-Remy et dans Monstrelet, que, lors de la fondation de l'ordre (1429), un Jehan de Créquy, seigneur de Canapes, fut un des vingt-quatre premiers chevaliers.

qui fouillent de leur bec les tas d'ordures, dévorent gloutonnement les lambeaux qu'on leur jette et ne s'effarouchent point au bruit qui les entoure. La ville les entretient à ses frais, parce qu'elles figurent dans ses armoiries. Les palais sont aussi laids à voir de près que du haut d'un clocher; sur les places s'élèvent trois statues de bronze, dont deux représentent Guillaume le Taciturne; elles sont médiocres toutes les trois et signées de noms inconnus dans les arts.

Je n'écoutais guère ce que me disait mon guide; il voulait me conduire je ne sais où, au palais des Stathouders, au palais des États-Généraux; je ne pensais qu'aux tableaux; je remis à demain mes autres courses; nous gravîmes les degrés du musée et je vous avoue que le cœur me battait un peu lorsque je franchis la porte du sanctuaire où, dans toute sa gloire, s'épanouit un des plus triomphants chefs-d'œuvre de Rembrandt.

Procédons par ordre, s'il vous plaît, et rappelons-nous le vieil adage : Aux derniers les bons! Breughel a ici son célèbre *Paradis*. Vous connaissez la façon de ce maître; il se noie dans les détails et se perd dans les infiniment petits. Son tableau est un,

paysage d'un vert plaisant, avec des arbres trop
chargés de fruits, mais rendus à ravir ; sur les branches, sous les feuilles , au milieu des ruisseaux,
parmi l'azur du ciel qu'il a floconné de nuages, je
ne sais pourquoi, car il me semble que le paradis
doit être toujours bleu, il a réuni et peint de couleurs très-brillantes tous les animaux qui lui
étaient connus, depuis les hoccos du Brésil jusqu'au
simple et naïf lapin de clapier : oiseaux de paradis,
toucans, huppes, aras, autruches, tigres, crocodiles, éléphants, hérons, brochets, tous enfin, jusqu'à
un bœuf gris qui semble avoir une tête de gre-
nouille, sans doute pour donner raison aux fabu-
listes, jusqu'à des dogues qui hurlent (quelle invrai-
semblance en paradis !), jusqu'à un chien griffon,
jusqu'à un chat qui frotte son dos contre les jambes
d'Ève prenant le rameau défendu aux lèvres noires
du serpent. Le plus curieux de ce tableau, c'est que
les deux personnages, Adam*et Ève, ont été peints
par Rubens ; le fougueux maître a fait de violents
et visibles efforts pour dompter ses emportements
et pour approprier sa manière à celle du maître
précieux ; mais il y a mal réussi : son Ève est charmante, j'en conviens, blonde et rose à faire envie,

bien éclairée par de savants effets d'ombre et de lumière, nacrée, pour ainsi dire, dans sa chair transparente, mais lourde, point tant cependant que cet
Adam qui a des varices au ventre, mais assez pour
n'être pas en harmonie avec le fini un peu aigre de
la facture générale.

En opposition, et près de cette toile, je vois une
vaste et ambitieuse composition de Corneille van
Haarlem qui représente un *Massacre des Innocents*.
Le style académique brille là, sans doute, de tout
son éclat, mais, cependant, avec une force et une
science anatomique que depuis longtemps nous ne
lui connaissons plus, surtout en France. C'est un
prétexte à musculatures; ça a de grandes prétentions à un mouvement désordonné, et pourtant c'est
froid, d'un dessin sec et d'une couleur terne comme
celle des derniers maîtres florentins. Néanmoins, ce
tableau m'a arrêté par des raccourcis magnifiques
et par des efforts louables, quoiqu'ils n'aient pas
abouti au résultat tenté. Les hommes tuent sans
emportement et luttent contre des mères qui crient
sans pleurer. Le massacre des Innocents, quelle
sottise! On a beau les tuer, Jésus échappe toujours,
et quand il reparaît, il est Dieu! Ceci est une vérité

élémentaire qu'Hérode Ascalonite ignorait sans doute, mais dont les hommes qui gouvernent les peuples devraient tous être bien pénétrés.

Dans ce petit musée de la Haye, qui est une inépuisable mine de richesses, on marche de contraste en contraste; car voici, sous le titre d'*Intérieur d'une maison rustique*, un tableau de Van Ostade qui est un inappréciable bijou. C'est bien simple, mais d'une composition et surtout d'une observation si vraie, qu'on en reste saisi. Dans la salle d'une chaumière, trois hommes sont placés sur des escabeaux et sur un banc de bois autour d'une basse table; l'un allume sa pipe à la motte enflammée traditionnelle en Hollande; l'autre regarde avec un certain plaisir dans son verre qui n'est vide qu'à moitié, et le troisième accorde un méchant *crincrin* dont il ne va pas tarder à écorcher les oreilles de ses compagnons; derrière eux, une femme demi-souriante range une chaise en se tournant vers ces braves gens si occupés de leurs futiles affaires; à gauche, près d'une large porte cintrée, par où jaillit un rayon de soleil, une petite fille est assise qui montre une bouchée de pain à un blanc caniche posé sur son derrière; par la haute baie de ce porche on aper-

çoit des arbres, et sous un appentis une ruche tra-
vailleuse ; au fond, à droite, près d'une cheminée à
large manteau, trois gamins sont occupés ; à travers une étroite fenêtre composée de petites vitres
serties de plomb, on voit verdoyer la campagne.
Certes, ce tableau n'est point pompeux ; il aurait,
sans nul doute, fait sourire ce soleil en perruque qui,
dans les personnages des maîtres hollandais, ne savait voir que des magots ; mais il est d'une vérité
si exquise, d'une exactitude si pleine de poésie, malgré sa vulgarité, qu'il arrête longtemps et qu'il
charme par son coloris ferme, honnête, sans exagération et tel que le donne la nature dans ses bons
jours de lumière et de transparence.

Au lieu de vous parler de la célèbre toile de Paul
Potter, *Un jeune taureau avec une vache, une brebis et
un pâtre*, qui n'a de beauté que par le paysage, qui
n'a de vérité que dans l'œil à demi endormi et tout
à fait hébété de la brebis, qui, en somme, m'a en-
nuyé et dont vous avez vu à Paris une excellente copie faite par M. H. Lanoue, laissez-moi vous dire
un mot d'un certain tableau de Jean Van der Meer,
un peintre que, jusqu'à présent, je ne connaissais
que de nom. Cette toile représente une *Vue de la*

ville de Delft, une bonne ville que j'ai aperçue en passant et où jadis on faisait de bien belles et si précieuses faïences qu'elles se vendent fort cher aujourd'hui et qu'un catologue les annonçait récemment sous le nom de faïences de Delphes! O Apollon! La ville s'étend avec ses maisons en briques rouges, ses toits pointus, son haut clocher, ses ponts couverts d'arbres, son canal d'eau dormante, ses bateaux amarrés le long des quais déserts et frôlant une grève jaunâtre où causent cinq ou six personnes ; c'est là tout; mais, sauf le ciel, qui est mou et cotonneux, cela est peint avec une vigueur, une solidité, une fermeté d'empâtement très-rares chez les paysagistes hollandais, qui, reproduisant la proprette nature de leur pays, ont une propension innée à peigner le détail outre mesure. Van der Meer est un rude peintre, qui procède par teintes plates largement appliquées, surhaussées en épaisseur; il a dû visiter l'Italie. C'est un Canaletto exagéré.

Gérard Dov est représenté par deux toiles, dont l'une est fort grande, presque vaste pour lui, mais dont cependant je ne dirai rien, car je n'aime guère ce maître fourbi, fondu, vernissé, poncé; du reste, nous avons au musée du Louvre, dans *la Femme hydropique*, le meilleur morceau qu'il ait jamais peint. Wouvermans a ici une *Bataille* bien mouvementée ; mais toutes les expressions sont à peu près semblables et les groupes se distribuent d'une façon uniforme ; néanmoins, et quoique ce soit une des bonnes productions de ce maître médiocre, je lui préfère le *Chariot de foin*, paysage habile, fin, gracieux, dont la scène, fort simple, se passe sur le bord d'une rivière qui se perd dans d'incalculables lointains.

Une *Vue de Scheveningue*, par Van der Velde, est réellement remarquable par l'esprit de la touche, la profondeur insondable des horizons, la vérité de la mer et la largeur du ciel. On respire auprès de ce tableau, tant il y a d'air ambiant.

Francks et Pourbus se sont cotisés pour faire, à frais communs, un tableau qu'on a intitulé *Bal à la cour, avec les portraits d'Albert et d'Isabelle*. C'est curieux, archéologiquement parlant, au point de vue des costumes, qui sont d'une irréprochable exactitude, et sous le rapport de la peinture, à cause des têtes qui sont fines et bouffies comme ces poupées de porcelaine qu'on vend aujourd'hui.

De G. Metzu, je vois un *Chasseur tenant un verre*

à la main, petit panneau qui est un prodige d'habileté, de finesse et d'expression, et aussi une *Représentation emblématique de la Justice* qui se recom-
mande par des qualités hardies peu communes à ce
peintre intime. Thémis, l'inaltérable déesse, est
debout, les seins (des seins charmants) découverts
comme pour montrer la pureté de son cœur; un
bandeau voile ses yeux et se noue sur ses cheveux
blonds; sa robe est blanche et immaculée; un de
ses pieds pose sur l'assassin abattu sous le glaive
abaissé; près de lui gisent l'or qui a tenté, le poignard qui a tué et le masque qui a menti. La
famille de la victime, la veuve et les orphelins, age-
nouillés aux pieds de la Justice et abrités par son
manteau, élèvent vers elle leurs mains tendues pendant qu'elle leur montre sa balance dont les deux
plateaux sont en équilibre. Hélas! c'est bien là la
justice humaine! On a tué, elle tue; puis elle dit: Ma
balance est d'aplomb, car il y a autant de sang dans
un plateau que dans l'autre. Est-ce légal? Oui!
Est-ce juste? Non! La mort n'efface pas la mort.
Toutes les fois qu'un crime est commis, c'est que
les préposés à la sécurité de la société n'ont pas fait
leur devoir; et ils doivent, en ce cas, être frappés

d'une amende qui vienne en aide à ceux qui pâtis-
sent du meurtre commis. Vous réprimez, c'est fort
bien : prévenez ou réparez, ce sera mieux.

Une descente de croix, trop légèrement attribuée à
Memling [1], m'arrête longtemps. Ce panneau, vieux
et fendillé par l'âge, ressemble à du craquelin ; mais
il y a là une Madeleine merveilleuse ; personne
autre que les naïfs, si ce n'est notre Lesueur, n'a
compris la Madeleine dans sa vérité réelle. Ah ! les
mystiques, aucun des secrets de la chair ne leur
échappe !

Parmi les œuvres des peintres étrangers, je vous
citerai un *Paysage* de Salvator Rosa qui me semble
peu apocryphe et une indubitable *Vierge* de Murillo ; c'est, malgré l'affirmation des catalogues, la
première toile du maître espagnol que je vois depuis que je suis entré en Hollande.

Prenez patience, j'y arrive ; nous voici devant la

---

1. Un savant et sérieux archéologue artistique, M. P. Hédouin,
a très-judicieusement restitué au grand maître de Bruges l'ortho-
graphe réelle de son nom, qui est *Memling* et non pas *Hemme-
ling*, comme on l'a écrit si longtemps, en confondant l'H et l'M
majuscules des manuscrits du quinzième siècle. Voir Mosaïque,
par P. Hédouin ; Paris, Ledoyen, 1836, à l'article *Memling*,
p. 11 et seq.

Leçon d'anatomie du professeur Tulp, un tableau européen, universel, éternel, qui vivra traditionnellement dans les souvenirs, quand même il devrait être détruit, car c'est une des rares choses sorties des mains de l'homme qui soit belle absolument.

Huit personnages ; neuf, si je compte le corps mort. Sur une table de bois, un cadavre est couché, la poitrine gonflée de toute l'élévation du thorax, comme par le dernier souffle de l'expiration ; la bouche entr'ouverte, les lèvres pâlies, les yeux vides, le visage déjà lividifié par la mort. Il est placé dans un raccourci dont les difficultés presque insurmontables ont été vaincues avec une hardiesse et un bonheur sans exemple. Les pieds, larges et fortement accentués, arrivent à la hauteur de l'œil du spectateur, tandis que la tête semble retombée derrière le tronc, car la position est telle qu'on ne peut voir le cou. C'est un jeune homme, mort de quelque accident foudroyant, sans doute, car nulle lésion apparente, nul affaiblissement ne défigurent sa belle anatomie vigoureuse et qui attriste, car elle semble faite pour vivre longtemps. Son bras gauche est détendu le long du corps avec sa main solide, un peu calleuse, fatiguée aux ongles comme la main

d'un ouvrier. Son bras droit, ouvert par le scalpel,
montre le ton jaune de la graisse, la couleur nacrée
des aponévroses et la teinte rose des muscles amol-
lis. Le professeur Tulp soulève, à l'aide d'une pince,
ces chairs exsangues. Il est debout, vêtu de noir,
collereté de blanc et coiffé d'un large sombrero;
son visage un peu lourd, mais intelligent et pour
ainsi dire pratique, porte la moustache et la bar-
biche noires; ses yeux bruns, largement fendus,
regardent du côté des élèves recueillis; sa main
gauche est, par un geste démonstratif, levée à hauteur de poitrine; sa main droite, je l'ai dit, tient les
muscles du *sujet*. Cette main est fine, vivante,
pleine de flexibilité, forte et charmante, rattachée
à un poignet dont l'emmanchement se sent plus
qu'il ne se voit, peinte à faire damner, avec des
ombres légèrement et largement accusées d'un trait
rouge. Le daguerréotype n'a jamais été si vrai, la
poésie n'a jamais inventé plus beau. Elle rachète,
cette main faite pour reconnaitre le mal au simple
toucher, elle rachète ce qu'il y a de vulgaire dans
les traits de la tête, épaisse et entêtée. Autour du
professeur, l'écoutant, le suivant de l'oreille et de
l'œil, sept jeunes gens, ou plutôt sept jeunes

hommes dont l'histoire a gardé les noms [1], l'entourent d'une scrupuleuse attention et d'un respect profond. Tous, ils ont la tête découverte ; leur front est un peu dégarni et comme agrandi sur les tempes, ainsi que doit être celui des travailleurs accoutumés aux austérités de la méditation ; la moustache et la mouche accentuent leurs visages, selon la mode de l'époque ; ils sont colletés de fraises ou de rabats, et costumés de noir, à l'exception d'un seul qui, se penchant sur le cadavre pour suivre la démonstration de plus près, laisse voir un pourpoint gris semé de taches brunes. Ils ont tous un vague air de ressemblance ; à les regarder, à les comparer, on sent bien cependant qu'ils ne sont pas de la même famille, mais on comprend qu'ils sont de la même patrie et de même profession. Les huit têtes s'enlèvent sur le fond gris-brun avec un relief tel, que la nature seule peut offrir semblable phénomène ; chacune d'elles a son attitude particulière et, pour ainsi dire, sa spéciale occupation. L'expression attentive, pour être générale et uni-

1. Ce sont : Jacques Block, Harman Hartmanz, Adrien Slabraun, Jacques de Witt, Mathieu Kalkoen, Jacques Koolveld et François van Leonen.

forme, n'en est pas mois variée par mille nuances qui se saisissent à première vue et qu'il est impossible d'exprimer, car, dans ce cas, il faudrait faire une transposition d'art. La lumière venant de gauche à droite (pour le spectateur, bien entendu) laisse les vêtements dans l'ombre, éclaire la tête des jeunes hommes, frappe de face le professeur et tombe d'aplomb sur le cadavre, dont elle fait ressortir la pâle blancheur. Chacun de ces hommes est beau, mais de sa beauté particulière, de la beauté de son expression propre, et non point de cette beauté conventionnelle dont les maîtres les plus forts, et surtout les Italiens, se sont trop souvent contentés. Chacun de ces hommes vit de la pensée interne qui brille dans son regard ; il a ses passions, ses habitudes, ses penchants qui ne sont point les penchants, les habitudes, les passions de son voisin, et qui, cependant, ne l'empêchent pas d'être aussi beau que lui. Le modelé est incomparable, le *faire* aussi pur que celui de qui que ce soit. Ç'a été exécuté tranquillement et avec la préméditation sereine de faire un chef-d'œuvre. Ce que j'admire surtout dans Rembrandt, je ne saurais trop le répéter, c'est la vie, la vraie vie qui circule dans les veines de ses per-

sonnages, assouplit leurs membres, soulève leur
poitrine, fait battre leur cœur jusqu'à empourprer
leurs joues, regarde dans leurs yeux profonds qui
vont jusqu'à l'âme et sort par un souffle tiède de
leurs lèvres humides. Cette qualité, ce miracle de
la vie prise sur le fait et fixée à jamais sur la toile
dans ses multiples manifestations, il le possède à
un plus haut degré que tout autre; il semble
créer à nouveau, mais il crée toujours juste, vrai,
sincère, comme un autre Dieu. A le voir au premier aspect, il paraît bonhomme, sans prétention;
on dirait qu'il a été un génie sans s'en douter; on
croirait que, saisi tout à coup du désir de peindre,
il a jeté au hasard ses personnages sur la toile
comme sa pensée impromptue les lui présentait;
mais étudiez-le, et vous verrez que nul, plus loin
que lui, n'a poussé la science de composition et
d'agencement; nul n'a ménagé ses effets avec une
plus minutieuse recherche; nul n'a su sacrifier avec
plus d'habileté un détail inutile pour faire valoir les
détails importants et mettre sa pensée en lumière;
il sait être sage quand il le faut, relever un sujet
douteux par une exécution formidable, mais, au besoin, donner tous ses soins, tout son amour, toute

sa force à un sujet qui vaut par lui-même, sans aller chercher l'exagération où les hommes ordinaires se seraient complu. Qui l'eût empêché, lui, le maître emporté par excellence (et quand il peignait ce tableau en 1631, il avait vingt-cinq ans), qui l'eût empêché de violenter son sujet et d'exagérer cette *Leçon d'anatomie* qui prêtait à toutes les exubérances imaginables ; qui l'eût empêché, faisant ce qu'a fait, pour son *Prométhée* de la galerie Corsini, Salvator Rosa, d'ouvrir ce cadavre, de jeter dehors sur la peau blanche servant de repoussoir, les viandes sanglantes, les poumons roses, le cœur pourpré, les intestins bleuissants, le foie verdâtre? Il le pouvait, et il était assez coloriste pour tirer de là des effets imprévus et superbes ; il est resté calme, au contraire, de bonne compagnie, si j'ose le dire, et sublime, car il n'y a pas une partie de ce tableau qui ne soit un chef-d'œuvre.

Malheureusement cette toile splendide est malade ; des soulèvements de pâte la boursouflent çà et là : elle est près d'éclater à certains endroits : *Caveant consules !* Elle a déjà subi, il y a quelque quarante ans, une restauration maladroite dont les traces la maculent, comme des ulcères desséchés,

aux jambes et à la poitrine du cadavre, à la main
gauche, à la collerette et au visage du docteur, à
presque toutes les têtes. On ne doit toucher à de
pareilles œuvres qu'avec un respect surhumain, et
il faudrait prendre garde, avec les tableaux des
maîtres, d'imiter ces mères trop soigneuses qui dé-
barbouillent leurs enfants jusqu'au sang. Je ne dis
point cela pour les hommes du musée de la Haye,
il est impossible d'avoir pour cette toile plus de
dévotion, plus de vénération; mais le temps approche où une restauration nouvelle va devenir
nécessaire; alors qu'ils se souviennent que, pour
un monument intéressant l'humanité entière, il ne
faut regarder ni au temps, ni à la peine, ni aux écus.

Il y a encore trois tableaux de Rembrandt à ce musée : un *Portrait*, qui est magnifique, une *Suzanne
au bain*, qui est splendide; mais je ne vous parlerai
que du *Siméon au temple*. Il est plus beau peut-être
encore que cette *Visitation* que vous avez dû voir
chez le marquis de Westminster, et dont j'ai gardé
un souvenir qui n'est pas près de s'effacer. L'architecture du temple est gothique. Que dirait-on maintenant de cet oubli de la couleur locale? Rien sans
doute, car devant un Archimède tué par un tour-

billon rouge armé d'une lance, M. Eugène Delacroix
a placé naïvement une plume fichée dans un encrier de plomb. Qu'importe ? je souhaite à chacun
d'en savoir autant que le vieux Rembrandt. Tout
l'effet lumineux, qui est d'une extraordinaire puissance, est réservé pour le groupe principal, composé de Siméon agenouillé tenant le *Bambino*, de la
Vierge agenouillée aussi à côté de saint Joseph portant des colombes, de deux Juifs curieux regardant
l'enfant et d'un prêtre marchant vers lui. Le reste,
le grand escalier du fond sur lequel se presse une
foule qui va et vient, les architectures obtenues par
de simples *frottis* qui laissent voir le bois du panneau, est tenu dans ces demi-teintes si lumineuse-
ment obscures auxquelles Rembrandt excellait. Siméon, vieux, ridé, dénudé par l'âge, appuyé sur un
genou, vêtu d'une longue robe verdâtre brodée d'orfévreries faites en relief au pinceau, reçoit en plein
sur son visage extatique la lumière du ciel qui semble se confondre avec le nimbe rayonnant de Jésus;
ce dernier sort ses frêles épaules et ses petits bras
de ses langes volumineux; près de lui, sa mère le
contemple avec amour et, par un geste que connais-
sent toutes les mères, elle porte encore la main sur

son sein, comme pour se demander si c'est bien elle
qui, dans ses entrailles bénies entre celles de toutes
les femmes, a porté cet enfant divin en qui repose
le salut de l'humanité ; elle est blonde, étonnée, ravie, et fait un contraste profond avec le saint Joseph tranquille, mais encore trop pensif. Derrière
eux, deux Juifs curieux, costumés de gonnes grisâ-
tres, regardent avec une certaine indifférence rele-
vée de préoccupation le petit être lumineux qui met
saint Siméon en adoration. Vers eux, de profil perdu
et presque insaisissable, s'avance le grand-prêtre
dans la majesté de ses larges draperies, coiffé d'un
vaste mouchoir à crépines d'or et tendant ses mains
en signe de bénédiction. Sous les énormes plis de
ses vêtements qui n'annoncent aucune forme, on
sent cependant une anatomie savante et profondé-
ment étudiée. Le rayon qui l'éclaire de dos, debout, dans toute la plénitude de son geste, le fait
paraître plus grand que nature et d'une stature si
imposante qu'on en reste étonné. Sur le côté gauche, trois ou quatre *anciens* regardent, avec l'apa-
thie ordinaire aux vieillards, cette scène que je
viens de résumer aussi rapidement que possible. Si
je ne me trompe, l'eau-forte de ce tableau est très-

répandue et vous devez la connaître. Mais ce que je ne puis vous dire, c'est le charme de son coloris ferme et cependant transparent comme une topaze brûlée; c'est la sience, aujourd'hui perdue, de ces oppositions d'ombre et de lumière qui mettent en vigueur les portions principales d'un tableau, sans cependant jamais annihiler les autres; c'est la splendeur et pourtant la sincérité brutale de ces petits personnages idéalisés à force de vérité. On a voulu imiter Rembrandt, et jamais nul n'y est parvenu; il a emporté avec lui dans le tombeau son secret qui, malgré les mensonges qu'on a accumulés sur sa mémoire, n'était peut-être qu'une profonde probité d'artiste. La preuve de ce que j'avance est là, côte à côte avec lui, dans ce même musée de la Haye.

Voici une *Adoration des Mages*, de Van der Eeckout, qui était un élève de Rembrandt, qui toujours s'est inspiré de lui, qui toujours l'a copié jusqu'au plagiat. Voici bien les mêmes attitudes, les mêmes agencements, la même composition générale, les mêmes effets de lumière tentés sinon trouvés; voilà les Mages en robes traînantes, le jeune Dieu lumineux, l'homme debout dans la demi-teinte; voilà les clartés qui illuminent le groupe principal détaché en vigueur sur les demi-teintes ; mais il manque à tout cela une chose : la griffe du lion. C'est l'écorce, mais ce n'est pas l'aubier ; c'est l'apparence, ce n'est point la forme ! Où est cette âme qui rayonne divinement dans chaque œuvre du maître ? où est cette vie qui déborde ? où est cttee puissance formidable qui vous secoue comme une main de Titan ? Je ne les vois pas, je ne les sens pas. Ah ! c'est qu'il ne suffit pas de composer sa palette d'après un maître, de peindre avec ses pinceaux, d'étudier son procédé, d'imiter sa composition, d'essayer ses effets et de bégayer sa langue : il faut avoir l'*ingenium*, le souffle, être marqué au front, en un mot. L'habileté matérielle ne vaut et ne mérite que lorsqu'elle est au service d'un talent réel donné par la nature, agrandi par l'étude, fécondé par la méditation, regardant sans cesse au delà, et voulant, comme les hardis navigateurs génois, découvrir toujours de nouveaux mondes. Ces maîtres-là vivaient par delà le possible, dans les royaumes infinis que fréquentaient leurs purs esprits ; leurs imitateurs habitaient la terre, rampant comme des culs-de-jatte, se croyant des ailes parce qu'ils voyaient voler les autres, et pensaient avoir tout conquis en acquérant une certaine habileté manuelle qui n'est bonne qu'à ouvrir à deux battants les larges portes de l'oubli. Le singe regarde l'homme et reproduit tous ses gestes, mais il ne peut rire ni parler : Rembrandt riait et parlait, c'était un homme !

Comme je descendais l'escalier, le gardien s'approcha de moi et me parla du musée japonais : Demain ! demain ! lui répondis-je, et je m'en allai, fermant presque les yeux, dans la crainte de voir s'effacer l'impression et, pour ainsi dire, la sensation violente qui me dominait tout entier. Je ne voulus plus rien voir dans la ville; j'en voulais sortir, au contraire; mon guide fit avancer une voiture et nous partîmes pour Scheveningue.

Nous suivîmes une allée plantée de trois rangées de tilleuls; en été, la Haye doit être une ville unique en Europe. Des bourgeois endimanchés, traînant au bras leurs bourgeoises en toilette, se promenaient gravement sous les arbres. Je dirai, à la louange des Hollandaises, qu'elles n'ont point encore adopté ces modes ridicules, boursouflées et menteuses qui difforment nos femmes et les rendent

risibles. J'ai vu à Bruxelles, pendus à des boutiques, quelques-uns de ces cerceaux de fer si désa-
gréablement en usage aujourd'hui à Paris. Ici, du
moins, « la plus belle moitié du genre humain » ne
fait point encore ce tapage inutile autour de sa
taille ; il est juste de dire que, si l'on s'en rapporte à
Rubens, les Flamandes n'ont, à cet égard, besoin
d'aucun auxiliaire. Des femmes du peuple passent,
portant sur la tête ces larges plaques de métal qu'on
nomme *hoof-dyzer ;* par derrière c'est fort gracieux ;
cet or ou cet argent, qui ceint le chignon et presse
les tempes, donne à la tête une élégance que, je dois
le dire, le visage dément trop souvent ; la plupart
des femmes ont deux sortes de coiffure, l'une pour
la semaine, en argent ou en vermeil, et une en or
pour les dimanches ; quelques-unes y ajoutent sur
les tempes des ornements étrangers : à Rotterdam,
je me souviens d'en avoir vu qui y avaient accroché
des pendants d'oreilles en diamants. J'ai aperçu des
malheureuses, ennemies du pittoresque, et qui, s'a-
bandonnant sans réserve au mauvais goût des époques de décadence, ont imaginé de mettre un chapeau garni de fleurs, de pompons et de rubans par-
dessus ces jolies orfévreries nationales ; alors c'est

affreux, c'est la confusion de tous les ordres, du co-
rinthien dans du dorique.

Le petit village de Scheveningue est coquet,
fourbi, comme il faut, et ne ressemble en rien aux
ramassis de tects à porcs sous lesquels nichent nos
matelots français; le village est défendu contre la
mer par des dunes en sable blanc dont quelques-
unes sont soutenues par des murailles de briques.
Sur la plage unie et ferme au pied, les bateaux sont
tirés, rangés côte à côte, comme autrefois les galères des Grecs sur les rivages d'Ilion; il y a là une
flottille de plus de deux cents barques, sans compter
celles qui sont à la mer. Ces bateaux, d'une construction solide, défient les coups de mer; ils portent tous de chaque côté, à l'endroit des passavants,
une palette épaisse, longue et large plus que le gouvernail, remontée par une vis contre les plats-bords;
lorsque l'Océan est trop houleux, on rabat ces ra-
quettes, qui paralysent ainsi les fatigantes commo-
tions du roulis.

La mer est calme, verte et rejoint le ciel par
d'imperceptibles transitions. Au large, il ne passe
aucun navire; l'horizon serait vide, sans quelques mouettes aux pieds rouges qui volent en pous-

sant des cris. Vous rappelez-vous le vers de lord Byron :

O mer, je t'ai toujours aimée !

Les dunes blanches, montueuses, sans forme arrêtée, me rappellent celles que je frappais joyeusement du pied en Bretagne dans le bon temps de ma jeunesse, lorsqu'avec un cher compagnon je marchais le cou nu, le sac au dos et le bâton en main !

C'est à Scheveningue qu'on vient prendre les bains de mer ; nulle plage n'est plus douce, plus blonde, plus engageante, mais elle est attristée par une immense construction intitulée : *Établissement des bains*, et qui ressemble à tout ce que j'ai vu en ce genre : c'est l'hôtel de bains de Boulogne-sur-mer transporté en Hollande. J'ai horreur de ces sortes de choses ; tout ce qui est couvent, phalanstère ou caserne m'épouvante. La vie en commun avec l'indiscrétion des cloisons qui écoutent, des fenêtres qui regardent, des échos qui répètent, m'a toujours semblé insupportable, et j'aime mieux la plus humble cabane des plus pauvres pêcheurs que ces grandes auberges où il n'y a ni liberté, ni sécurité, ni respect.

IV

16 Février.

Vous ai-je dit, en parlant de Dordrecht, que dans
cette ville naquirent Jean et Cornélis de Witt, deux
grands citoyens dont l'existence se termina à la
Haye par un effroyable crime qui pèsera toujours
comme un remords sur la nation hollandaise? Leur
père, bourgmestre de Dordrecht, aimait sa patrie
d'un amour pur; il l'aimait républicaine et libre,
et, par conséquent, haïssait ces princes de Nassau
dont chaque jour il voyait grandir l'ambition mal
dissimulée. Cet amour et cette haine, il les légua
à ses deux fils. Le plus jeune, Jean, fut élu grand

pensionnaire de Dordrecht l'année même, en 1650, où Guillaume II mourut, laissant une veuve acariâtre et un fils posthume, qui fut ce Guillaume III devenu roi d'Angleterre en 1689. En 1652, Jean de Witt est nommé grand pensionnaire de Hollande ; prépondérant alors, par son intelligence et son imperturbable probité, dans le conseil des États-généraux, il prépare la ruine de la dynastie orangiste et l'abolition du stathoudérat, qui n'était, de fait, qu'une royauté déguisée. Jaloux de la liberté de sa nation, il fortifie la puissance maritime de la Hollande et tâche de circonscrire la guerre à l'Océan, afin d'éviter ces réunions de troupes terriennes qui ont presque toujours servi à établir ou à maintenir les despotismes. Quand il arrive au pouvoir, son pays est au plus bas : l'amiral Tromp est mort, la flotte anglaise croise aux environs de Flessingue, et, par une de ses divisions, menace le Texel. Les travaux et le génie de Jean de Witt furent tels que, deux ans plus tard, en 1654, il fait signer le traité de Westminster qui rétablit les choses *in statu quo ante bellum*, et qui, par un article secret, déclare que jamais un prince de la famille d'Orange ne pourra être élu stathouder ou amiral général. Le grand pensionnaire, cependant, dirigeait l'éducation du jeune Guillaume; mais la haine était entre eux, avivée par la princesse douairière et soufflée par un entourage intéressé. Jean de Witt voulut porter un coup suprême et rendre la nation entière complice des efforts qu'il faisait pour lui assurer des institutions indépendantes. En 1667, il obtient, sous le nom d'*édit perpétuel*, une loi votée par les États-généraux qui abolit le stathoudérat et en défend à jamais la restauration. Dans cette glorieuse lutte, il était puissamment secondé par son frère aîné, Cornélis, qui fut inspecteur du gouvernement sur les vaisseaux de la confédération et bailli de Putten[1]. Combattant et traitant avec l'Angleterre, surveillant la France qui devenait inquiétante, s'affermissant au dedans et s'accroissant au dehors, on gagna l'année 1672; Guillaume d'Orange avait alors vingt-deux ans.

La Hollande possédait une flotte formidable et Ruyter, de grandes institutions et les frères de Witt; mais ses places fortes étaient dégarnies, son

---

1. C'est-à-dire inspecteur des digues du baillage de Putten, charge honorable et importante.

armée de terre n'existait réellement pas, et les fron-
tières de France la touchaient presque par les Flan-
dres ; il y avait là une catastrophe imminente ; elle
éclata.

« Tout à coup, dit M. Michelet, cent mille Français s'ébranlèrent. Ils laissèrent derrière eux Maëstricht sans s'amuser à la prendre, s'emparèrent de
la Gueldre, d'Utrecht, d'Over-Yssel ; les voilà à
quatre lieues d'Amsterdam. Rien ne pouvait sauver
la Hollande. Ses alliés d'Espagne et de Brandebourg,
les seuls qu'elle eût, n'auraient pas fait lâcher prise
à Louis XIV. Le vainqueur seul pouvait la sauver
par ses fautes ; il le fit. Condé et Turenne voulaient
qu'on démantelât les places, Louvois qu'on y mît
des garnisons, c'est-à-dire qu'on dispersât l'armée.
Le roi crut Louvois. On se fia aux murailles ; on
crut prendre la Hollande en mettant la main sur
des pierres ; la Hollande échappa. Dans le premier
moment, la république amphibie voulut se jeter à
la mer et s'embarquer pour Batavia avec son or.
Puis, la guerre se ralentissant, elle reprit l'espoir
de résister sur terre, le peuple se jeta furieux sur
les chefs du parti de la mer, les de Witt, et les mit
en pièces ; Ruyter pensa être traité de même. On

confia toutes les forces de la république au jeune Guillaume d'Orange [1]. »

Arrêtons-nous, les faits en valent la peine. Dès que Louis XIV eut traversé le Rhin sans trop se plaindre de sa grandeur qui l'attachait au rivage, les orangistes s'agitèrent tant et si bien qu'ils soulevèrent en leur faveur la plus grande partie de la nation; le 25 février 1672, l'*édit perpétuel* est abrogé, et Guillaume est proclamé capitaine général amiral des Provinces-Unies. Immédiatement la réaction devient sanglante; quatre assassins embusqués se jettent sur Jean de Witt et le laissent pour mort sur la place; il n'était que blessé; pour cette fois, il en réchappe. Pendant ce temps, Cornélis malade était retenu à Dordrecht; portant l'acte de révocation de l'*édit perpétuel*, le peuple envahit sa demeure et veut qu'il y appose sa signature. Il refuse; brisé de fatigue après une lutte de plusieurs heures, vaincu par les supplications de sa femme et de ses enfants, il signe enfin. mais au-dessous de son nom il ajoute les lettres *V* et *C*, *vi coactus*, contraint par la violence: c'était du moins une protestation.

1. *Précis de l'Histoire de France*, 3ᵉ édit. Paris, 1838, p 258-259.

On avait presque tué Jean, on avait forcé Cornélis
à une sorte de parjure, on les avait tous deux abreu-
vés d'amertume, mais ce n'était pas assez, on voulait leur mort.

Un certain Tychelaër, moitié barbier et moitié
apothicaire, accusa Cornélis d'avoir cherché à le
séduire par des offres considérables d'argent pour
qu'il consentît à empoisonner Guillaume d'Orange,
qui venait d'être acclamé stathouder. Le 24 juillet,
Cornélis est arrêté à la Haye, et, malgré l'exécrable
réputation de son accusateur, il est interrogé et mis
à la torture. Pendant qu'une mèche de mousquet
brûle entre ses pouces attachés, il récite à haute
voix la strophe d'Horace :

Justum ac tenacem propositi virum ..

J'abandonne maintenant la parole à un auteur
du temps; la simplicité même de sa narration ne
fait que mieux ressortir l'odieux épouvantable du
crime :

« Après avoir toujours persisté dans sa déposi-
tion, comme il fut question de le juger (Cornélis),
ses ennemis, qui appréhendaient son ressentiment,
firent tous leurs efforts pour le faire condamner à

une prison perpétuelle. Mais la chose était contre les lois; tout ce qu'ils purent obtenir fut qu'on le bannirait, et qu'il lui serait ordonné de se représenter dans un temps, pendant lequel il en serait informé plus amplement. Cependant, on l'obligea à donner caution pour plus grande sûreté, et, comme il ne pouvait sortir de prison que préalablement il n'eût satisfait à cette ordonnance, Jean de Witt s'offrit à lui en servir, et fut agréé par la justice. Il se mit donc en chemin pour le venir chercher; mais la populace qui, outre qu'elle était animée contre lui, l'était encore par les sollicitations de ses ennemis, s'en vint en foule à la prison, où, trouvant son carrosse à la porte, elle menaça de tuer le cocher s'il ne se retirait. Le cocher ne se le fit pas dire deux fois, et ayant laissé la porte libre à ces gens, ils se mirent en devoir de l'enfoncer. Les magistrats étant avertis de ce désordre, y accoururent promptement; mais, n'étant pas assez forts pour le réprimer, ils convinrent avec les séditieux qu'on conduirait les de Witt à l'hôtel de ville et qu'ils y demeureraient jusqu'à ce qu'ils se justifiassent des accusations qu'on intentait contre eux. Cette populace en étant convenue, les magistrats furent pour prendre

les de Witt en leur protection et pour les faire sortir. Mais, au même temps, un homme tira un coup
de pistolet sur le plus jeune de ces deux frères, et
les magistrats s'étant éloignés de peur d'accident,
les autres séditieux firent une décharge tellement
forte, qu'un petit mur de briques qui règne depuis
la prison jusqu'à une rangée d'arbres qui est là, fut
tout percé de coups. Cependant, ces deux frères
ayant été frappés de plusieurs balles, ils tombèrent
roides morts sur la place, et cette populace, n'ayant
pas encore assouvi sa rage, les pendit par les pieds.
Ce meurtre ne se pouvant faire sans bruit, chacun
mit la tête à la fenêtre, et la fille de Jean de Witt,
qui était dans le logis de son père, qui était à cent
pas de là, vit ce triste spectacle devant ses yeux,
sans avoir rien su auparavant de ce qui se passait.
La barbarie de ces gens n'en demeura pas là; on
leur coupa les parties honteuses, qui furent ven-
dues à l'encan, et un boucher étant survenu avec
son couteau, il ouvrit le ventre au pensionnaire, lui
tira le cœur, et, ayant mordu dedans, il demanda
à haute voix qui en voulait faire autant [1]. »

1. *Histoire de la guerre de Hollande*, où l'on voit ce qui est
arrivé de plus remarquable depuis l'année 1672 jusqu'en 1677.

Ceci se passait le 20 août 1672 ; de ce jour, la cause de la liberté fut perdue en Hollande ; le stathoudérat, sauf une suppression momentanée qui dura quarante-quatre ans (1704-1748), devient héréditaire dans la maison d'Orange et se transforme en royauté après l'occupation française.

Les décors de la scène où se joua cet effroyable drame existent encore et je les ai visités aujourd'hui. La prison d'où Jean et Cornélis de Witt sortirent pour être massacrés par le peuple est vide à cette heure, et j'ai pu la parcourir. Des escaliers de pierres usées conduisent à un étage divisé en plusieurs chambres. Les murailles ont six pieds d'épaisseur, les fenêtres sont défendues par d'inamovibles barreaux de fer entre-croisés et par un grillage tressé très-fin ; les portes en chêne, bardées de fer, garnies de longs verroux et de serrures énormes, retombent lourdement avec un bruit sourd qui n'obtient point d'écho contre ces murs uniformément revêtus de boiseries sur lesquelles on li

(Sans nom d'auteur). Suivant copie de Paris ; à la Haye, chez Henry Van Bulderen, MDCLXXXIX, tom. I, p. 44-45. D'après l'excellent dictionnaire de Barbier, S. de Courtilz est l'auteur de, cet ouvrage.

des noms, des sentences de haine et des maximes
désespérées. Les vitres, qu'on ne peut atteindre de
la main à cause des grilles qui les défendent extérieurement et intérieurement, semblent dépolies
par un enduit épais de fine et grise poussière que
le temps a lentement tamisée. Sur l'âtre des hautes
cheminées, on voit la place noircie où jadis le feu a
brûlé.

C'est dans cette chambre, qui ne reçoit de jour
que par un couloir presque obscur, que Cornélis fut
ramené tout meurtri de la torture, mais impassible
dans sa foi politique et prêt à mourir. Ce fut de
cette autre chambre, regardant vers une place toute
résonnante des bruits de la ville, qu'à l'âge de
soixante-douze ans descendit vers le supplice Jean
van Olden Barneveldt, un autre citoyen fervent, ancien grand pensionnaire aussi, que, sous des pré-
textes mensongers, Maurice de Nassau fit mettre à
mort le 13 mai 1619. Ses fils René et Guillaume
voulurent le venger; leur conspiration fut découverte; Guillaume put se sauver, mais René fut saisi
et condamné à mort. La veuve de Barneveldt alla
demander sa grâce à Maurice de Nassau : « Il me
paraît singulier, lui dit-il, que vous fassiez pour

votre fils ce que vous n'avez point fait pour votre mari. » Elle lui répondit : « Je n'ai point demandé grâce pour mon mari, parce qu'il était innocent ; je la demande pour mon fils, parce qu'il est coupable! » René fut exécuté.

Près de la prison s'étend une magnifique promenade, nommé le *Vyverberg*, qui longe un vivier où nagent quelques cygnes ; elle rejoint le *Plaats*, vaste rue qui est presque une place. C'est là, au milieu, que se dressa la potence où, défigurés, ouverts, sanglants, les intestins dispersés, le cœur arraché, furent pendus les cadavres de Jean et de Cornélis de Witt. Ne me reprochez pas de revenir trop souvent sur ce massacre impie ; il a porté malheur à la Hollande ; car c'est depuis ce crime qu'elle a commencé à perdre le haut rang qu'elle occupait dans le monde politique. Il n'est pas prudent de tuer les grands citoyens, leur sang retombe toujours sur les nations meurtrières.

J'ai traversé un pont dormant qui s'appuie sur le Plaatz, j'ai frandi une arcade gardée par un factionnaire et je suis entré dans le *Binnenhof* (cour intérieure), qui est le berceau de la ville de la Haye, comme la Cité est celui de Paris. Ce fut là que s'é-

leva jadis la demeure des stathouders. Voici, d'un
côté, le palais des États-généraux, et, de l'autre, celui
de la première chambre ; ils n'ont rien de remarquable. Sous les galeries qui les soutiennent, quelques soldats se promènent et des bouquinistes ont
établi leurs rayons portatifs.

Le véritable nom de la Haye est *S'gravenhage :*
la haie des comtes. En effet, les comtes de Hollande
avaient ici autrefois un rendez-vous de chasse qui
bientôt devint un palais ; ce qui reste de cette première construction édifiée en 1250 est devant moi
et mérite qu'on en parle ; c'est une vaste salle où
pendant longtemps on tira la loterie, et devenue, à
cette heure, le lieu d'exercice de la milice, qui ne
fait son service que pendant l'été ; heureuse garde
nationale hollandaise, pour qui le sergent-major
n'a point de rigueurs pendant l'hiver ! Extérieurement, le monument est d'un bel aspect, chaud, re-
cuit, de haut ton, avec ses vieilles briques rouges
serties de plâtre blanc. Deux tourelles, ouvertes
jadis de deux étages de longues et étroites fenêtres
ovigales, aujourd'hui aveuglées par une maçonnerie
moderne, escortent et terminent la façade, dont le
haut pignon anguleux est troué de deux baies go-

thiques et d'une rosace rebouchée. En haut d'un escalier divisé par un double perron, une porte basse donne accès dans l'intérieur qui, *for shame!* est sale à faire envie à des Espagnols; c'est le paradis des araignées de la Hollande; elles se sont toutes réfugiées sous les arcades, dans les fleurs de lotus des cinq piliers qui, sur chaque face de la muraille, montent légèrement pour recevoir la retombée des arcs; elles ont filé leurs toiles devant une lucarne ronde, et parmi les poutres d'une charpente fort remarquablement agencée et qui n'est pas loin de valoir le vaisseau de Westminster-hall ou la forêt de la cathédrale de Chartres; cachées dans les nervures des ogives, elles guettent les mouches bourdonnantes et ne s'effrayent point aux cris des enfants qui chantent, rient et se disputent en jouant à la toupie. Cette salle énorme, qui semble servir de magasin pour remiser toutes les échelles de la ville, m'a rappelé en mémoire les ruines de la loge de réception au palais des grands-maîtres de Saint-Jean de Jérusalem à Rhodes.

De la *salle de la loterie*, comme on l'appelle encore, jusqu'au musée, il n'y a qu'un pas; j'allai donc visiter cette collection japonaise que j'avais refusé de voir hier. La première chambre contient des *curiosités* européennes, la plupart du moyen âge ou de la renaissance, et qui ont bien leur mérite.

Il y a là des vidercomes en ivoire et en vermeil devant lesquels les vieux amateurs que la mort a emportés, les Dusommerard, les Cheronnet, les de Bruges-Dumesnil, les Sauvageot, se fussent mis à genoux, et qu'il serait bon de montrer aux hommes têtus qui ne veulent absolument pas que l'art se mêle à l'industrie pour la diriger, l'ennoblir et l'élever. A ceux-là on pourrait aussi faire voir ces vieux verres de Bohême, fins, un peu verdâtres dans leur transparence, taillés de gracieux personnages gravés au diamant; ces plats de Faënza, où des Dianes à grandes allures marchent à travers les herbes en conduisant leurs sveltes levriers ; ces faïences de Delft, tout enluminées de *bonshommes* à costumes éclatants, qui fument gravement leur pipe parmi des paysages impossibles; et ces épées dont la coquille est fouillée à jour comme une dentelle; et ces lourdes espingoles de navires dont le canon en bronze ciselé de larges rinceaux est damasquiné d'or et d'argent. Certes, tous ces objets ont un très-réel intérêt historique et artistique, mais ils ne gagnent rien à être placés près d'un *Chef-d'œuvre en papier découpé représentant la nuit de Noël* (n° 706), ou près d'un *Objet singulier produit par le foin brûlé, trouvé dans la ferme de Jean Swieldan Weerd, dans l'île de Kampereiland, le 4 août* 1825 (n° 713). L'honnêteté peut aller jusqu'à la naïveté, mais il ne faut pas qu'elle aille au delà. Le musée des curiosités de la Haye devrait être nettoyé de tous ces enfantillages qu'il est inutile de garder, d'exposer, de numéroter et de cataloguer. Les Hollandais feraient bien de se débarrasser de ce goût des petites choses et des frivolités puériles que le Japon leur a évidemment communiqué.

Les salles suivantes sont réservées à la collection japonaise, qui est fort belle et la plus riche qu'il soit au monde ; elle se compose en partie des objets envoyés en cadeau tous les cinq ans au chef du gouvernement néerlandais par l'empereur du Japon [1]. Une immense cage vitrée, occupant une

---

1. Nous recommandons aux lecteurs curieux de connaître le Japon et ses relations avec la Hollande, de lire l'important ouvrage de M. Edouard Fraissinet, *le Japon*, 2 vol. Paris, A. Bertrand. s. d.

chambre entière, protège la représentation en relief
de l'île de Detsima ; au sommet d'un mât de pavillon flotte l'étendard longitudinalement tricolore
des Provinces-Unies, qui abrite de ses plis les maisons en bambous entourées de petits jardins réguliers, les rues où les Japonais aux larges oreilles
passent courbés sous les fardeaux, les quais près
desquels sont rangés les navires, et les vastes han-
gars où s'empilent les marchandises.

On peut admirer ici cette extraordinaire faculté
d'imitation que tous les voyageurs ont signalée
chez ces peuples d'une civilisation si étrange et si
corrompue qu'elle nous paraît barbare ; en effet,
voilà en laque noire, pointillée d'or, des reproduc-
tions de Boucher, de Joseph Vernet, d'un portrait
de Frédéric le Grand ; en voici en burgaudine om-
brée au burin, en voici en porcelaine. C'est exact
comme un décalque, c'est curieux, mais sec et sans
attrait. J'aime mieux ces armoires où pendent des
costumes de soie brodée, brochée, passementée à
faire pâlir la queue même du paon de Junon ;
j'aime mieux ces instruments de musique, ces
bulges, ces tambourins, ces bamboulas, ces violes,
ces rebecs, ces lyres, ces épidoniums, ces harmo-

nicas en bois poli qui, malheureusement, ne joueront pas pour moi et ne me donneront pas un de ces concerts orientaux devant le souvenir desquels les symphonies les plus merveilleuses restent impuissantes et comme effacées.

Vous avez dû remarquer, dans les dessins japonais, que toutes les femmes portent sur la tête des ornements singuliers qui ressemblent à de petits bâtons en bois jaunâtre régulièrement entremêlés avec les cheveux. Le musée de la Haye possède plusieurs de ces ornements; ce sont de courtes baguettes plates, arrondies aux extrémités, ouvertes d'une fente au centre, à peu près comme une navette, et travaillées dans une écaille toujours très-blonde et très-transparente; on passe par l'ouverture médiale une nappe de cheveux, et l'on obtient quelque chose d'analogue à l'effet que produisent les épingles napolitaines; seulement les Japonaises élégantes trouvent moyen de disposer, d'entre-croiser, de faire rayonner vingt et parfois vingt-cinq de ces bâtons d'écaille au milieu de leur chevelure noire. Le *maquillage*, dont nos Françaises font un si grand abus maintenant, est fort en honneur au Japon où les femmes se teignent les sourcils

en noir, le visage en blanc, la lèvre supérieure en
rouge et la lèvre inférieure en vert, et même les
dents en noir, lorsqu'elles sont mariées. Je ne parle
pas du *koheul* qui, stupide et provoquant dans nos
pays, est d'un usage hygiénique presque forcé dans
l'Orient, si propice aux ophthalmies.

Toute la cruauté et en même temps la puérilité
des Japonais apparaissent ici dans des *monstres* mi-
nutieusement composés avec les parties diverses de
différents animaux. Les sujets du Séogoun excellent à ce genre de travail baroque, qui produit des
espèces de momies fantastiques dont l'apparence
de réalité est tout à fait surprenante. On sent, à
les voir, que les ouvriers capables d'inventer et
d'exécuter de pareils épouvantails sont possédés
par un étrange besoin de grotesque et d'effroyable.
Toutes les portions de ces corps biscornus et terribles sont réelles, mais distribuées arbitrairement.
Voici un serpent : on lui a mis un crâne de requin
ouvrant ses mâchoires armées d'une triple rangée
de dents ; sur le dos on a su fixer des nageoires de
poisson ; il a quatre pattes ; deux ont été prises à
un pélican, les deux autres viennent d'un lièvre ; à
la queue il y a une petite tête de singe qui grimace

et tire une langue de fourmilier ; le tout est comme écorché, sans poils, sans écailles, et desséché ; une baudruche artistement collée et plissée de manière à imiter les rides de la peau rejoint ensemble toutes ces pièces hétérogènes. Jamais les maîtres flamands n'ont osé inventer de pareils diables pour tenter leur saint Antoine. C'est à la fois sinistre et risible.

En sortant du musée, j'ai traversé la ville, qui est vraiment très-plaisante, et j'ai été visiter le Bois, une des curiosités de la Haye. Il est célèbre depuis longtemps ; car je trouve dans Parival la phrase suivante, qui mérite d'être citée pour toutes sortes de raisons : « La partie qui regarde Leiden a un fort beau et grand bois, où il y a un parc remply de biches. En esté les bourgeois y cherchent le frais, avec un divertissement capable de donner de l'envie aux dieux jaloux que tant de belles nymphes y prennent leurs esbats sans craindre leurs larcins fabuleux, tant chantés par les Grecs, pour y en fournir parfois de véritables. » Les habitants de la Haye n'entendent pas raillerie sur leur promenade favorite ; notre pauvre Gérard de Nerval ayant eu la malicieuse imprudence d'écrire que ce fameux bois était planté sur pilotis, son nom n'est plus prononcé qu'avec horreur en Hollande. D'énormes hêtres, élégants et droits, forment de sombres allées silencieuses, bordées de canaux, égayées par de vastes prairies, coupées de sentiers discrets et sans cesse foulées aux pieds des chevaux et des promeneurs. C'est le plus beau parc qui puisse se voir en Europe et je ne lui connais rien de comparable. Notre bois de Boulogne, tapageur et parvenu, ne pourrait, un seul instant, supporter la comparaison; s'il voyait son confrère de la Haye, il en laisserait choir ses feuilles de dépit, le grès de ses cascades retournerait à Fontainebleau, et l'eau de sa rivière rentrerait toute honteuse dans les réservoirs de la pompe à feu.

Au milieu de cette immense et magnifique promenade s'élève une sorte de palais qu'on appelle la *Maison du Bois*, et qui a été érigé à la mémoire du prince Frédéric-Henry[1] par sa veuve. La salle principale, *Oranje Zaal*, vaste pièce octogone couronnée par une coupole haute de soixante pieds, au centre de laquelle apparaît le portrait de la fon-

_____

1. Stathouder depuis 1625 jusqu'à 1647.

datrice, a été décorée par Jordaens d'une peinture insensée qui représente le triomphe de Frédéric-Henry; c'est un carnaval de viandes crues bon à jeter à la voirie; j'ai horreur de ce peintre! Sur un panneau, près de la porte principale, Rubens a peint des cyclopes et une Vénus; la déesse est ravissante, nue, blanche comme du lait et blonde à faire envie; mais c'est perpétuellement la même femme; pour lui, il n'y a nulle différence entre la vierge Marie et Vénus, et c'est toujours *la Dame au chapeau de paille*.

Aux murailles d'une autre chambre s'accroche une suite très-curieuse de portraits de la famille de Nassau; j'y vois surtout des Honthorst d'une grâce de touche et d'une finesse d'expression très-remarquables; voici un Guillaume III : son front, tout entouré d'une vaste perruque noire, est assez élevé; l'œil froid regarde fixement, la mâchoire inférieure avance comme celle d'un Bourbon d'Espagne, le nez se recourbe légèrement à la base; c'est un visage dur, sans émotion, un visage politique et nullement humain. Non loin de lui, je vois *le Taciturne* : tête carrée, méditante et robuste, œil oblique, lèvres invisibles sous d'épaisses moustaches, pom-

mettes saillantes, larges oreilles, cheveux gris et
rares couverts d'une calotte noire, le cou engoncé
dans les rayonnements d'une fraise godronnée; une
figure étrange, du reste, quelque chose de Sgana-
relle et de Danton; je vous donne mon impression
naïve sans la raisonner.

Une salle voisine est tendue d'une étoffe japonaise, offerte jadis à je ne sais quelle princesse par
la compagnie des Indes-Orientales-Néerlandaises.
C'est du satin, de cette nuance insaisissable qui
tient à la fois du blanc, du vert d'eau et du bleu
céleste, brodé du haut en bas, avec une épaisseur
saillante d'au moins un pouce, de faisans dorés, de
paons faisant la roue, de cigognes debout sur une
patte, de hérons huppés, de pintades mouchetées,
de perroquets, marchant, s'épanouissant, rêvant,
pêchant, picorant, volant près des ruisseaux azurés,
parmi des champs en fleurs, à travers des joncs
courbés et sur des arbres touffus; les couleurs ont
ce brillant et cette vivacité vraie que jamais la
froide Europe n'a pu atteindre, et font de cette tenture un tableau merveilleux et une étoffe d'un prix
inestimable; c'est à faire damner toutes les saintes
du paradis.

En sortant de ce palais, je me suis promené encore dans le Bois; j'y suis resté si longtemps, écoutant les merles siffler, regardant la mousse dorée reluire au soleil, contemplant les daims qui fuyaient au bruit, admirant cette futaie vivace sous l'écorce de laquelle la séve printanière semblait glisser déjà, que la nuit est descendue avant que j'aie pu me rendre au village de Losdun, où cependant m'attirait une curiosité légendaire fort légitime; jugez-en, du reste, par le récit de notre ami Parival, auquel je laisse toute responsabilité :

« *Losdun*, dit-il, est un village proche de Lahaye, auquel fut basti une monastère de religieuses, toutes filles issues de noble race, sous l'authorité d'une abbesse, par Marguerite, qui décéda en 1267.

» L'accouchement monstrueux de Macthilde, fille du comte Florent et de ladite Marguerite, fondatrice, femme du comte de Henneberg, a rendu fameux cedit monastère. Elle se délivra de trois cent soixante-cinq enfants, qui furent baptisez par Otton, évesque d'Utrecht, dans deux bassins d'airain. Le nom de *Jean* fut imposé aux masles et celui d'*Elisabeth* aux femelles. Ils moururent tous au même jour avec leur mère, qui étoit sœur du roi

5.

Guillaume et furent mis dans un même tombeau. Lesdits bassins sont ronds et profonds d'environ quatre ou cinq poulces.

» L'histoire dit que cette princesse refusa l'aumône à une femme qui portoit deux petits enfants jumeaux, lui reprochant que ce n'étoit pas le fait d'un seul homme. Cette pauvre femme se sentant blasmée à tort et troublée en son âme, luy souhaita d'une ventrée autant d'enfants comme il y a de jours dans l'an. En mémoire éternelle de cette punition, il y a un tableau pendu en ladite église avec ces vers latins que j'ay traduits mot à mot :

» Voicy un monstrueux et mémorable effet qui n'a point eu de pareil depuis le commencement du monde. Lecteur, après avoir leu cette histoire, retire-toi d'ici tout confus et estonné.

» Proche de la Meuse, il y a un château avec trois cent soixante-cinq fenêtres, qui porte le nom desdits enfants. Toutefois, il se trouve beaucoup de gens qui, doutant presque de tout, rejettent cette histoire comme fabuleuse et accusent ses autheurs de mensonge ! »

Il est heureux que la malédiction n'ait point été prononcée pendant une année bissextile, et je pense,

comme Parival, qu'il *faut douter presque de tout*
pour ne point ajouter foi à cette histoire, qui, du
reste, est demeurée populaire dans le pays.

V

Départ de la Haye. — Paysages. — Le Rhin. — Écluses. — Leyde.
Hôtel-de-Ville. — Le Prophète. — Malpropreté mystérieuse.
— Musées. — Sirènes, Fossiles, Oiseaux, Œufs, Tarets. —
Panthéon hindou. — Japoneries. — Têtes à l'eau-de-vie. —
Les Elzévirs. — Monsieur de Balzac. — Église Saint-Pierre. —
Étudiants.

17 Février.

Ce matin, à huit heures, je suis monté dans une
voiture qui doit me conduire à Leyde ; ce n'est pas
sans un certain serrement de cœur que j'ai quitté
la Haye, une des rares villes que j'aie vues et que je
voudrais habiter, une ville intelligente, faite pour
la vie tranquille, les rêveries, la contemplation, et
qui sert de temple à l'une des plus splendides merveilles produites par l'humanité.

Je suis la route qui longe le Bois ; à ma droite,
sur la cheminée d'une jolie habitation, j'aperçois

un nid de cigognes : bon augure pour l'hôte de la demeure et pour le pèlerin qui passe! Nous traversons le Bois; je ne puis me lasser de l'admirer; ses feuilles jonchent la terre, les eaux dorment, les oiseaux se taisent, les arbres gris et comme engourdis étendent autour d'eux leurs branches veuves, mais néanmoins il est magnifique et le plus beau qu'on puisse imaginer.

Les prairies paraissent en fête, tant elles sont douces aux yeux; glacées par la gelée blanche, elles brillent au soleil comme un semis de diamants sur un tapis de pâle émeraude; les bœufs lèvent paisiblement la tête vers nous en entendant le bruit de la voiture qui roule sur une route plus soignée que les allées de nos jardins; çà et là nous nous arrêtons à des barrières qui s'ouvrent lorsqu'on a acquitté le droit de passage, car ici, comme en Angleterre, le chemin exige son impôt. De chaque côté de la chaussée, derrière un petit canal, s'étendent les villas entourées d'arbres et de jardins; il doit faire bon à vivre là, loin des soucis du monde, à travailler, à regarder le ciel et à ruminer des projets de voyages par delà les tropiques, les pôles et les équateurs. Ces maisons et ces parcs sont entretenus avec un soin sans pareil et dont, en France, nous n'avons aucune idée. Cette propreté, risible au premier abord pour des malotrus tels que nous, finit par séduire comme une vertu, comme une beauté particulière inhérente au pays. Si par hasard, dans une rue, à un coin de route, on aperçoit quelques tas d'immondices, quelques-unes de ces ordures qui forment chez nous le sol principal, on en est choqué ainsi que d'une anomalie et d'un contraste pénible. Près de nous passent quelques charrettes chargées de paysans; les femmes s'enveloppent de leurs mantes, car le temps est vif; on se dit bonjour en passant et on se retourne pour se voir; parfois une sorte de brouette, où un homme est assis, roule de toute la force des pattes de deux pauvres chiens.

A force de trottiner, nos chevaux usent la route sous leurs pieds et nous arrivons au village de Valkenburg; là, nous tournons tout à coup à gauche vers le nord-ouest et nous entrons bientôt dans une campagne moins vigoureuse que la précédente, hâlée par le souffle implacable de la mer, et arrêtée à l'horizon par des dunes que bleuit la distance. La végétation de l'homme disparait peu à peu pour faire place à celle de la nature, aux ajoncs, aux herbes folles, et nous entrons dans le village de Kattvyck-an-Sée. C'est là que sont les bouches du Rhin, de ce grand Rhin, de ce Rhin allemand, bouches si petites qu'elles tiennent dans un étroit canal qu'un cheval vigoureux franchirait en deux bonds.

Pendant que le cocher faisait boire et reposer ses rosses épuisées, je suis descendu au bord de la mer, car le village n'a rien de curieux, malgré la haute tour carrée nouvellement reblanchie qui sert de clocher à son église. J'ai marché sur le sable où les flots glissaient doucement en le frangeant d'écume; il n'y a pas de bateaux sur la grève, ils sont tous au large, jetant leurs filets et lançant leurs lignes. Je suis arrivé ainsi, côtoyant des dunes mamelonnées comme de basses collines, jusqu'à une sorte de quai composé de larges pierres violettes rapportées et entre les rives duquel coule un canal qui est le Rhin.

Il est à vous, votre Rhin allemand!

Et si nous le traversons encore, les uns ou les autres, que ce ne soit que pour nous serrer la main

dans une pensée commune d'affranchissement et
de fraternité. Cela m'a fait de la peine de le voir,
ce fleuve tempétueux et farouche, encagé dans des
pierres, comme s'il n'était que la Marne ou la rivière des Gobelins. Il est coupé en deux, dans sa
largeur, par une formidable écluse, faite de poutres
et de cuivre, manœuvrée par un mécanisme puis-
sant, composée de six arches et faite pour vider la
Hollande quand elle s'emplit trop et pour s'opposer
à ce que la mer ne l'envahisse pendant les hautes
marées de l'équinoxe. Une seconde écluse est plus
loin, puis une troisième. Un ingénieur des ponts-et-
chaussées vous raconterait sans doute des choses
fort intéressantes à ce sujet, car il paraît que les
travaux hydrauliques exécutés à cet emplacement
sont très-remarquables, mais, à mon grand regret,
ma déplorable ignorance me force à vous dire
comme Toinette : « Excusez-moi, je n'entends rien
à ces matières. »

J'ai repris ma carriole qui a des prétentions à
être une calèche et, revenant par la même route jusqu'au village de Valkenburg, nous avons continué
notre chemin dans la direction du nord. Leyde, la
glorieuse patrie de Rembrandt, des Elzévirs, d'Otto

Venius, de Jean (le prophète), de Miéris, de Gérard Dov, de Jean Stein, de Van de Velde, m'est apparue, voilée sous la brume, derrière un rideau d'arbres que l'hiver fait transparent, avec son haut clocher, ses innombrables moulins et ses maisons à toit rouge. Quel pays que cette Hollande, toutes ses villes sont charmantes!

La rivière que nous franchissons maintenant, c'est encore le Rhin, qui baigne près de la ville une promenade que je trouverais belle, si je ne me rappelais le Bois de la Haye; ce moulin que nous voyons sur une sorte d'ilot, ce vieux moulin de briques dont les ailes pirouettent en babillant, et dont le meunier en veste blanche parle à des mariniers qui passent au-dessous de lui, c'est, dit-on, le moulin où est né Rembrandt. On le dit, mais rien ne le prouve, et, comme je n'admets que les pèlerinages guidés par la foi, je ne ferai pas celui de cette demeure apocryphe.

Leyde s'appauvrit; Leyde se vide; Leyde ressemble à un vrai Versailles, avec ses rues silencieuses que n'anime même pas la gaieté des étudiants de l'Université, avec ses quais déserts, ses maisons trop vastes et ses canaux que nul bateau ne fatigue plus de ses rames. Il y a eu quatre-vingt mille habitants jadis, aujourd'hui il y en a trente mille à peine ; c'est ce qui fait à cette ville charmante une apparence de déshéritée et une tournure de veuve qui pleure.

Soyez heureux, cher ami, il n'y a pas de tableaux à voir ici, et, pour cette fois du moins, vous serez débarrassé de cette espèce de catalogue descriptif que je me crois obligé de vous envoyer ; car je ne vous dirai rien d'une grande toile moderne qu'on montre trop orgueilleusement à l'hôtel de ville, qui est « due au pinceau » de M. Van Brée, et qui est tout ce qu'il y a de plus médiocre dans le goût littéraire de Marchangy, mis en peinture par M. Louis Ducis.

C'est un singulier monument que cet hôtel de ville de Leyde ; large et plat, sans relief, sans un profil d'ornement ; ça a l'air d'une grande architecture en pâtisserie ; un décor regardé de près ; trèsprétentieux cependant, avec des pinacles et un tas de petits obélisques qui font le plus étrange effet du monde ; j'y ai vu quelques portraits de bourgmestres, un *Jugement dernier* peu intéressant de Van Leyden, de beaux vieux coussins aux armes de la

ville, qui sont d'argent aux clefs entre-croisées de
gueules; la salle du tribunal, où les avocats sont
mieux assis que chez nous, et l'établi où travaillait
le tailleur qui s'appelait Jean Beukelz, Bokelson,
Bocold ou Békold, fut connu sous le nom de Jean
de Leyde et régna dans Munster comme chef des
anabaptistes. Malgré moi, et vous qui connaissez
mon admiration pour la musique de Meyerbeer,
vous me croirez, je chantais le final du *Prophète*,
qui est un chef-d'œuvre de rage contenue et d'eni-
vrement affolé. On montre encore ici la maison de
ce Jean, ou plutôt la maison qui a été construite
sur l'emplacement de la sienne; dans la muraille on
a mis une pierre qui porte des ciseaux et la date
de 1664; or, comme Jean fut mis à mort le 22 janvier 1536, à l'âge de vingt-six ans, il me paraît difficile qu'il ait habité cette demeure qu'on donne
comme sienne. Ce fut un homme très-fort et surtout très-calomnié par les historiens catholiques et
protestants; car les anabaptistes, révolutionnaires
trop logiques, furent en horreur aux deux partis
principaux qui divisent la secte des Nazaréens. Il
était jeune, il avait souffert, il eut sa folie; lui,
peuple, une fois parvenu à la plus haute des puis-

sances, la puissance religieuse, il fut pris de vertige
et voulut vivre à son tour, une bonne fois, comme
tous ces petits seigneurs, électeurs, évêques, princes
et ducs qui étaient d'insupportables tyranneaux,
d'autant plus cruels et sensuels qu'ils étaient plus
petits; il s'enivra de femmes, de vin, de sang et
d'or, et regarda Luther comme l'ennemi dangereux,
car Luther s'arrêtait timidement dans la Réformation et reculait devant ses conséquences relatives
au temporel : « Il y a quatre prophètes, deux vrais,
et deux faux ; les vrais sont David et Jean de Leyde;
les faux, le pape et Luther; mais Luther est pire
que le pape! » Ses espérances trompées lui donnaient presque raison. Il se défendit jusqu'au dernier jour dans Munster, à travers la famine et la
trahison; son interrogatoire le montre intrépide,
convaincu et très-supérieur à ses juges. Il soulève
la question, résolue à cette heure, du fameux verset : Mon royaume n'est pas de ce monde; Jésus a
dit : Mon royaume n'est pas *maintenant* de ce monde;
ce royaume, lui et ses anabaptistes ont voulu le
fonder; ces pauvres gens étaient sincères. Sur la
la transsubstantiation, il dit un mot sublime qui
est une révolution dans le dogme et dans la mo-

rale : « Elle ne s'opère que dans celui qui a la foi !»
Dieu meurt dans l'incrédule ! Quand, le jour de sa
mort, on le torture pendant deux heures ; quand on
lui mordait les chairs avec des tenailles rouges, on
ne lui arracha qu'un cri : Père, ayez pitié de moi !
On l'acheva d'un coup de couteau, puis on mit son
corps dans un panier de fer et on le hissa au sommet de la cathédrale. L'évêque de Munster présida
à tout ; que dites-vous de ce représentant d'un Dieu
qui a dit : Tu ne tueras pas ?

Je vous ai déjà parlé souvent, et avec admiration,
de la propreté des Hollandais ; dans les rues, les
marteaux et les clous en cuivre des portes reluisent
comme un système planétaire sur un ciel noir. Or,
pendant que je me hâtais de déjeuner, j'ai entendu
une musique militaire. Je suis Parisien et badaud.
J'ai ouvert ma fenêtre pour voir et mieux écouter.
C'étai. la garde montante qui allait relever les pos-
tes, car Leyde est ville de guerre. Jugez de mon
étonnement et presque de mon effroi en voyant les
musiciens souffler à toute haleine dans des clairons
et des bugles ternes, oxydés, vert-de-grisés et dont
l'état de malpropreté eût fait honte aux dangereuses
casseroles de nos cuisinières ! Des cuivres sales, en

Hollande, et à la bouche des soldats qui sont si coquets de leur équipement ! il y avait là un mystère que je voulus éclaircir, et, à force de questions, j'arrivai à savoir que c'était par ordre supérieur que les instruments de musique militaire languissaient dans cet état de honteuse négligence qui les fait rougir d'eux-mêmes. En effet, avant cette ordonnance, on frottait tant et si bien, et si fréquemment les trompettes, qu'on en réduisait les cuivres à l'état de pelure d'oignon, que des crevasses s'y déclaraient et que l'instrument devenait impropre au service ; ce que voyant, le ministre de la guerre, estimant que tout son budget s'épuiserait à renouveler incessamment les trombones et les ophicléides, a fait supprimer courageusement le tripoli dans l'armée musicale et a ordonné que nul instrument de musique ne serait plus fourbi ; il n'y a point d'exception, même pour les clarinettes.

J'ai été au musée d'histoire naturelle : je comptais y voir les sirènes, les vraies sirènes, les seules sirènes qu'on ait jamais aperçues et qui descendent en ligne directe, par généalogie prouvée, de celles qui chantaient si bien pour le fils de Laërte assourdi par la cire molle ; mais, hélas ! il se trouve que l'ancien directeur a été remplacé, et que son successeur, un esprit fort, voulant faire du zèle et prouver qu'il n'était pas de ces âmes naïves qui croient aveuglément aux fables de l'antiquité, a donné ordre d'enlever les susdits monstres, composés, sans doute, de baudruche rembourrée de vieux foin et peinturlurée de goudron. Tant bien que mal, je me suis consolé de cette déconvenue, en parcourant le musée qui est très-riche, surtout au point de vue de l'ostéologie, bien emménagé, éclairé suffisamment et traité avec le respect que méritent ses belles collections. Les fossiles y sont peu nombreux : quelques coquilles, des feuilles d'ardoises engravées d'images bizarres, des moulages du plesiosaurus dolichodeirus et de l'animal de Maëstricht, donnés par Cuvier, et c'est tout. La collection des reptiles empaillés, surtout pour les sauriens, est d'un intérêt réel. L'ornithologie est au grand complet ; je me suis arrêté longtemps, retenu par les bavardages de mon souvenir, à regarder ces chers oiseaux d'Égypte et de Nubie que j'ai tant poursuivis et parfois atteints jadis ; j'ai retrouvé les spatules, les flammants roses, les goîtreux pélicans si lents à se mouvoir à terre et si rapides sous le ciel, les demoiselles

de Nubie qui ne sont point aisées à saisir quand
elles sont démontées, les vautours au cou déplumé
renfoncé dans les épaules, et cent autres qui, cette
fois, se tenaient immobiles à jamais et me regardaient en vain par leurs yeux d'émail. A côté des
oiseaux, il y a sous des vitrines précieusement fermées une réunion de nids des plus curieuse. Je ne
connais rien de plus attendrissant à voir que ces
pauvres petites demeures aériennes bâties par tant
d'efforts, de peine et de courage, avec la plume em-
portée au vent et ravie au passage, avec le brin
d'herbe desséché, avec la mousse des bois, avec ces
mille éléments perdus qui vont devenir le lit tiède
et douillet où éclora, où pépiera, où s'ébattra la
jeune famille ; je les ai tous contemplés avec re-
cueillement, depuis le nid de l'eider, doux et léger,
trouvé sur quelque rocher glacé du Groënland, depuis le large nid d'algues marines qui vogue sur les
flots, ainsi qu'un radeau de sauvetage ; jusqu'à ces
nids suspendus aux branches comme des balancelles
de nouveau-né ; jusqu'à ces nids artistement entre-
lacés par les fauvettes d'eau, autour des rotins flexibles de marécage. Plus loin, ce sont les œufs : œufs
de tortues, ronds et blancs, semblables à des billes

de billard ; œufs de casoars, noirs, tachetés de blanc comme un granit oriental ; œufs de crocodiles, allongés et arrondis aux extrémités ainsi qu'un gros étui grisâtre ; œufs de toutes formes et de toutes couleurs.

La collection conchyliologique passe pour être la plus complète qu'on connaisse : je crois qu'elle mérite sa réputation, du moins elle en a l'air, car je dois avouer que j'y ai trouvé peu de charme pour ma part ; je distingue avec une certaine perspicacité une huître d'un colimaçon, mais c'est à peu près à cela que se borne mon savoir. Cependant, j'ai vu là des huîtres perlières très-intéressantes en ce sens qu'elles montrent la formation de la perle à ses différents degrés et dans les différents pays : Panama, Beyrouth, Baharem, Hong-Kong, et aussi des huîtres traitées par les procédés des ingénieux Chinois pour obtenir une production artificielle ; les soulèvements de nacre que j'y ai remarqués ressemblent plus à un feston de broderie qu'à des perles, je dois le dire : mais le procédé, que vous connaissez sans doute et qui consiste à blesser l'huître et à imiter la piqûre qui lui ait fait former une perle, n'en est pas moins curieux. Je vous citerai quelques

argonautes qui m'ont paru les plus grands que jamais j'aie aperçus, et j'arrive enfin au *taret*, pour
lequel la Hollande a un intérêt national facile à
comprendre, car le taret a failli l'inonder et la faire
rentrer sous les eaux dont elle était sortie avec tant
de courage et de persévérance. On a dit qu'il avait
rongé les digues; c'est une niaiserie; les digues sont
en fascines; il avait troué, perforé, dévoré les écluses qui, rompues, auraient livré passage à l'Océan.
On s'est aperçu à temps de ce sinistre, on y a remédié, et maintenant les battants d'écluses sont garnis
et doublés de cuivre comme la coque des vaisseaux.
Le bois rongé par le taret, et dont il y a là plusieurs
spécimens, ressemble à une éponge coupée; un
nombre infini de trous s'entre-croisent irrégulièrement, mais sont d'un diamètre presque toujours
semblable. Les Hollandais ont tenu à coquetterie de
réunir auprès de leur taret particulier tous ceux
qu'ils ont pu se procurer en pays étranger : celui
de Bruxelles est très-médiocre; celui des Indes occidentales ressemble à un énorme salsifis à la sauce
blanche.

Le musée des antiques, célèbre autrefois pour
sa collection égyptienne, m'a peu étonné; nous

6

sommes gâtés à Paris sous ce rapport, et puis après l'Italie, l'Angleterre et la France, il faut, pour m'émouvoir, autre chose que les modèles en liége des temples et de la basilique de Pœstum, que les moulages des statues d'Égine et que la représentation en miniature d'une tombe de Corneto; les antiquités romaines trouvées dans le pays, près de la Haye même, n'ont qu'un intérêt d'amour-propre local; les quelques vases étrusques que j'ai aperçus m'ont remis en mémoire le fameux musée du Vatican; et comme la plupart des papyrus sont pour moi lettre morte, j'ai passé vite devant cette collection qui, cependant, est extrêmement importante au point de vue scientifique. En revanche, je me suis arrêté longtemps dans une salle du rez-de-chaussée où l'on a réuni un nombre fort respectable d'idoles hindoues.

Une vache mélancolique, celle sans doute qui vomit le Gange, est couchée dans sa rigidité de granit au milieu de la chambre. Plus loin, voilà un Ganésa à tête d'éléphant comme il convient au dieu de la Sagesse, assis ou plutôt accroupi à la mode orientale, au milieu d'un cercle formé par des têtes de morts. Vous connaissez l'histoire de Ganésa? Il est le fils de Siva et de Parvati ; il venait de naître et recevait la bénédiction de tous les dieux ; le terrible Sani, monté sur son vautour, était accouru comme les autres ; mais sachant que ses yeux consument tout ce qu'ils regardent, il les détournait, au grand scandale de Parvati, qui, prenant sa prudente action pour une insulte, le contraignit, à force d'insistance, à contempler son fils, dont la tête disparut immédiatement en fumée. La déesse voulut tuer le meurtrier ; mais Brahma s'avança et dit à Sani d'aller prendre la tête du premier être qu'il trouverait endormi vers le nord, qui fait toujours mourir ceux qui dorment tournés vers sa direction. Sani rencontra un éléphant, lui coupa la tête, la plaça sur les épaules du jeune Ganésa. Pour consoler la mère affligée du sort de son fils ainsi défiguré, Brahma lui promit que dans les prières il serait invoqué avant les autres dieux. Un nouveau malheur attendait Ganésa ; un jour que Wichnou, dans son avatara de Parasou-Rama, voulait parler à Siva, il trouva Ganésa qui, ne le reconnaissant pas sous cette apparence nouvelle, lui défendit l'entrée du palais ; les deux divinités se battirent ; dans la lutte, Wichnou brisa d'un coup de poing une des défenses de Ganésa. A côté, voici sa mère, Parvati, sous forme d'Ouma-Kali, la féroce déesse qui danse sur le corps du géant Dourga; elle ébranle la terre, les montagnes s'écroulent, les dieux épouvantés ne savent que faire pour sauver le monde; tout à coup son mari, Siva, se jette au-devant d'elle, et, au moment de le fouler aux pieds, elle s'arrête en le reconnaissant, et l'univers n'est point trop bouleversé. Il est là lui-même, ce Siva farouche, le dieu destructeur et impitoyable, coiffé, enguirlandé, ceint et entouré de crânes, en tenant un dans une de ses quatre mains, et avec les trois autres brandissant des instruments de guerre. Il est assis sur son loup et regarde en menaçant. Auprès de lui s'élève un *Trimurti* paisible et contemplatif; les trois dieux réunis semblent méditer les grandes choses de la création, et Brahma est absorbé dans la contemplation de l'œuf du monde qu'il tient dans ses mains réunies. Bouddha est là aussi, ce Christ des Indes, ce calme et beau Bouddha, avec ses cheveux bouclés, ses yeux fendus en amande, son visage imberbe, ses épaules larges à porter la terre et à ouvrir le ciel, ce Bouddha qui créa une si merveilleuse religion dont les lamas ont fait la jonglerie que vous savez.

Puisque nous sommes au Thibet, traversons la Chine, enjambons la mer et entrons au Japon. Le docteur Siéboldt, qui y vécut longtemps, tantôt prisonnier et tantôt médecin de l'empereur, en a rapporté une collection d'objets qui, même après celle de la Haye, mérite d'occuper sérieusement. Moins nombreuse, moins variée, moins complète sous beaucoup de rapports, sous d'autres elle lui est supérieure, ne serait-ce que par les bronzes anciens et par les vieux ivoires. Il n'y en a pas en grande quantité, mais les échantillons que M. Siéboldt possède sont d'une qualité sans prix. Rien n'est plus fantastique et en même temps d'un goût plus précieux que ces flambeaux de bronze formés de cigognes debout sur une tortue, contournant leur cou démesuré pour couper du bec une fleur de roseau. Des yaks au galop portant un paysan ahuri, des vases gravés comme des pierres fines, des gardes de poignards, ouvragées comme par un Benvenuto Cellini à bouton de jade ; des bijoux, véritables merveilles d'art en bronze noir relevé d'ornements d'or, comme les bronzes dits de Tonquin, sont précieusement couchés dans des boites vitrées qui permettent de les voir, mais prudemment ne les laissent

6.

pas toucher aux visiteurs. A côté de ces fantaisies violentes, ce peuple baroque, qui a l'air de marcher sur les mains et de faire la roue à chaque pas, sait, quand il le veut, imiter la nature jusqu'à l'illusion; les vieux ivoires figurent, pour la plupart, des animaux pris sur le fait et dans l'exercice de leurs habitudes les plus familières; ce sont des coqs, des tigres, des buffles, des lapins blancs; c'est étudié plume à plume, poil à poil, c'est étourdissant de vérité, d'exactitude : c'est comme une seconde création refaite par l'homme. Il n'y a pas un sculpteur de Dieppe qui ne se pendit de désespoir en voyant ces chefs-d'œuvre extraordinaires. Au reste, ils sont rares aujourd'hui, même au Japon, et à grande somme on ne pourrait s'en procurer.

Au musée d'anatomie (vous voyez que Leyde ne manque pas de musées de toutes sortes), j'ai rapidement vu la collection de crânes humains qui contient toutes les races et leurs principales variétés; mais je m'étais attardé en assistant dans une salle voisine, et grâce à l'obligeance des opérateurs, à l'autopsie d'un pauvre diable qui était mort l'avant-veille de la petite vérole; je ne vous ferai aucune description pour n'être pas désagréable à la délica-

tesse de vos nerfs, mais c'est à mon vif regret, car
je ne connais rien de plus beau que l'étude *in animâ
vili* de cette magnifique machine qui est le corps
humain. J'ai donc eu à peine le temps de parcourir
les galeries, mais cependant j'ai pu apercevoir deux
objets qui veulent qu'on en parle. Ce sont simplement deux têtes coupées conservées dans un bocal
plein d'esprit-de-vin. La première appartenait jadis
à un homme de la côte de Coromandel, un Zingar
sans doute. Cette tête est d'une beauté admirable,
couverte d'une longue chevelure si noire qu'elle en
est bleue, ornée d'un front intelligent où se dessi-
nent deux larges sourcils abritant un œil profond
qui devait regarder loin et ferme lorsqu'il vivait;
le nez est droit et mince: il s'abat sur une moustache très-longue dont les poils séparés laissent voir
la bouche ouverte et les dents qui mordent la lèvre
inférieure, épaisse et sensuelle; le menton, carré,
s'harmonise bien avec les pommettes aplaties; c'est
le plus beau chef de saint Jean-Baptiste que jamais
j'aie vu : Salomé aurait hésité. Cette tête se trouve
au musée par suite d'une gracieuseté d'un capitaine
hollandais. Ce brave homme était en relâche; le
Zingar mourut; le capitaine acheta le corps, mit la

tête dans une dame-jeanne de tafia et, revenu à
Leyde, en fit honnêtement hommage à sa patrie.
Son pendant est d'une grâce moins plastique; il
grimaça autrefois sur les épaules d'un Namaquois
qui fut pendu au Cap de Bonne-Espérance pour
avoir commandé quelques-uns de ses amis qui ne
respectaient pas suffisamment la propriété. Jamais
figure entrevue dans les rêves désordonnés d'un
cauchemar, jamais guivre, jamais gorgone, jamais
vampire, jamais face de coquin branché à dix pieds
de terre avec un corbeau qui croasse sur son crâne,
jamais idole des îles Sandwich ne fut plus lippue,
plus hideuse, plus sinistre, plus épouvantable à voir
que cette tête formidable nageant dans son liquide
transparent et jaunâtre. Une mousse de corruption
flotte vaguement autour de ses babines froncées,
ses oreilles sont larges et écailleuses comme des
huitres fermées, un poil rare et grisonnant court
sur sa peau plus ridée qu'une pomme de reinette
centenaire; son front fuit et semble se prolonger
par derrière jusqu'à son cou, qui n'est plus qu'un
moignon livide; son nez aplati, ses lèvres épaisses
comme les rebords d'un vase et collées contre les
parois de verre, donnent à tous les traits un air

épaté et une mollesse repoussante. Jadis ce visage était noir, naturellement, puisqu'il appartenait à un nègre; il a déteint dans l'alcool, aujourd'hui il est vert-chou : c'est à en rêver.

Ces monstres, les idoles hindoues, les fantaisies japonaises, les squelettes, les vautours empaillés, les dieux égyptiens me martelaient un peu le cerveau, je l'avoue sans honte; pour me reposer et me remettre dans mon assiette, je voulus aller voir le quartier de Rapembourg, où les Elzévirs eurent leur imprimerie. C'est l'aimable et pompeux Parival qui me servait encore de guide : « Or, dit-il, notre académie a ses auditoires séparés, pour chaque faculté, et dans la grande cour, du côté du nord, est l'imprimerie de M. Jean Elzévier, tant renommée par toute la chrétienté pour son beau caractère, et qui met derrière elle les plus glorieuses de ce siècle et des précédents. Elle est bâtie sur le Rapembourg, non-seulement la plus belle rue de la ville, mais de tout le pays. Il passe au milieu un canal fort large, et des deux costés des grands arbres plantés depuis un bout jusqu'à l'autre, qui rendent un très-agréable ombrage et un promenoir délicieux. » Hélas! je ne vis rien que deux grandes places bordant un canal et que maintenant on appelle la Ruine. En 1807, un bâtiment chargé de poudre de guerre était amarré contre le quai, il fit explosion et renversa les quartiers environnants. La maison des Elzévirs disparut. Ce fut un réel chagrin pour moi, car j'aurais aimé à voir le lieu d'où sont sortis tant de chefs-d'œuvre typographiques d'un prix inestimable et qui maintenant n'apparaissent plus que portant ces *marques* chères aux bibliophiles, et par lesquelles un volume acquiert une valeur extrême : *Ex museo Caroli Nodier ; Un livre est un ami qui ne change jamais, Pixérécourt ;* l'ancre aldine et l'*R de Renouard ;* ou enfin d'une grosse et ronde écriture, ces mots qui sont le vrai signe de noblesse pour un livre : *Collationné, complet, J. J. de Bure l'aîné c. d. m. m.* J'essayai de me consoler en relisant la lettre suivante que Balzac, l'épistolier, écrivait, à grand renfort de phébus, aux célèbres éditeurs, qui sont moins une famille qu'une dynastie :

« MESSIEURS,

» Je vous suis obligé à peut-être plus que vous ne pensez. Le droit de bourgeoisie romaine étoit quel-

que chose de moins que la faveur que vous m'avez
faite : car que croyez-vous que ce soit d'être mis au
nombre de vos auteurs? C'est avoir rang parmi les
consuls et les sénateurs de Rome ; c'est être mêlé
parmi les Cicéron et les Salluste. Quelle gloire de
pouvoir dire : Je fais partie de cette république im-
mortelle! J'ai été vu dans cette société de demi-
dieux! En effet, nous habitons tous Leyde sous un
même toit. De votre grâce, je suis tantôt vis-à-vis
de Pline, tantôt à côté de Sénèque, quelquefois au
dessus de Tacite ou de Tite-Live; et quoique j'y
tienne peu de place, aussi bien qu'eux, je ne laisse
pas que d'y être fort à mon aise et de m'y plaire en
si bonne compagnie. Pour le moins, j'y suis tout
entier, encore que je sois à l'étroit. Homère, notre
patriarche, a bien été plus pressé que moi, et celui
qui le logea dans une coque de noix était encore
meilleur ménager de la matière dont il bâtissoit.
L'art s'étend et se resserre avec une égale louange
de l'artisan. Il y a eu des ouvriers que les pyramides et les colosses ont mis en réputation. Il y en a
qui se sont rendus célèbres par des bagues et par
des cachets. L'histoire ne parle-t-elle pas avec es-
time d'un chariot à quatre chevaux qu'une mouche

couvroit de ses ailes? Puisque cela est, et que la perfection des ouvrages se trouve plutôt dans le bon usage de l'étoffe que dans la profusion, je n'ai garde de me plaindre que vous m'avez mis en petit volume, et pour n'être pas in-folio, je n'en suis pas moins, messieurs, votre très-humble et très-obéissant serviteur,

» BALZAC. »

Mais j'avoue que ce pathos n'eut pas le don de me divertir.

J'allai visiter l'église, autrefois dédiée à saint Pierre, et aujourd'hui consacrée au culte réformé. Elle est fort belle et de la bonne époque du XIVe siècle. Extérieurement, elle est pressée de maisons qui cependant laissent apercevoir son entrée principale, énorme pinacle escorté de deux frêles et élégantes tourelles qui élèvent haut leur toiture pointue. Intérieurement, elle est badigeonnée de frais, à l'exception de la voûte, composée d'un vaste vaisseau de charpente qui a des tons bruns presque noirs. Elle a un transept, un chœur avec une galerie semicirculaire et une grande nef accompagnée, sur chaque côté, par deux nefs latérales. Elle contient le tombeau monumental d'un certain Jean Kerchove, représenté en marbre couché sur son sépulcre ; la sculpture n'est pas mauvaise ; elle est signée : Verhulst, 1663. Ce qui m'a frappé dans cette statue, c'est que la tête à longs cheveux, fortement modelée et bien accentuée, a quelque rapport avec celle de Molière. Plus loin est le monument élevé à Boerhaave. C'est noir et blanc et d'une médiocrité absolue.

J'ai parcouru la ville, j'ai admiré ses quais, ses promenades, ses canaux et ses jolies maisons en briques, dont les pignons à redans s'élèvent comme les hauts degrés d'un escalier triangulaire. Tout cela est tranquille et peut-être un peu trop solitaire ; puis, je suis rentré à mon auberge, et comme j'allais me mettre à vous écrire ces notes rapides, j'ai entendu un tumulte de rires et d'éclats de voix qui bruissait dans la rue. Surpris que des Hollandais, ces hommes si doux, si réservés et d'apparence si triste, pussent s'amuser avec tant de fracas, je me suis avancé et j'ai vu des étudiants qui jouaient en se poursuivant dans la rue. On regardait sans trop s'émouvoir, car Leyde possède une des trois universités de la Hollande, les deux autres sont à Groningue et à Utrecht.

7

VI

Hollande. — Politesse. — Haarlem.— Tête de Pont.— Tulipes.
— Musée moderne. — Cathédrale. — Boucherie. — Hôtel de
Ville.— Le signe des naissances. — Le lac de Haarlem.— A
Amsterdam.

18 Février.

Je voudrais en vain le cacher, cher ami, je suis
amoureux de la Hollande ; il n'y a rien en Europe
de plus charmant que ses larges paysages, uniformes peut-être au premier aspect, mais pleins, pour
l'observateur, d'une variété sans cesse renouvelée
et toujours souriante. De Leyde à Haarlem, le chemin de fer parcourt des prairies vertes comme le
printemps, plates, s'étendant à l'infini sous le regard, et montrant aux yeux mille chaumières enviables. Il y a beaucoup de ces cottages devant lesquels
j'ai poussé l'exclamation familière aux voyageurs :
Je voudrais vivre là ! Quelle étrange et perpétuelle
contradiction de l'esprit ! Quand la vapeur vous
emporte à grand fracas, rapide comme le vent et
forte comme la mer, on pense au repos dans une

maison tranquille, auprès d'un petit jardin, avec les livres aimés, le soleil à la fenêtre et la porte fermée pour tous, excepté pour ceux qui savent dire : Sésame, ouvre-toi ! Puis, lorsqu'on est dans cette maison, dans ce repos, dans ce bien-être de l'âme et du corps, le rêve vient et nous montre les pays inconnus, les vaisseaux à larges voiles voguant sur les océans bleus, les longues caravanes traversant le désert, les gîtes imprévus, et, chaque soir, la route inachevée qu'on recommence le lendemain. J'ai souvent cru que c'étaient les promesses de la vie future ou les réminiscences indécises des existences premières qui, formulées ainsi par ces vagues aspirations, nous font inquiets et nous poussent à travers le voyage.

Ici, du moins, il n'y a pas de dromadaires aux yeux tristes ni de campement sous les étoiles ; nous sommes dans un pays aussi civilisé que possible ; les auberges sont bonnes et les wagons du chemin de fer d'un confortable qui n'a rien à envier aux autres nations. Dans certaines caisses de première classe on peut fumer : une inscription vous l'apprend ; à côté de chaque voyageur, près de la glace, on a disposé une petite boîte carrée en cui-

vre, solidement fixée, et qui est destinée à recevoir
là cendre des cigares; les wagons, doublés pour la
plupart en beau velours d'Utrecht rouge, sont larges et capitonnés d'importance; de grosses cordes
de soie très-artistement tressées et rappelant le travail des Orientaux, qui excellent en ce genre, forment les brassières. En me promenant, j'ai déjà remarqué à des voitures campagnardes des rênes ainsi
cordelées, en même temps solides et flexibles comme
il convient. C'est sans doute à leurs relations japonaises que les Hollandais doivent l'art de ces élégantes corderies.

L'observation que j'ai faite à Roosenwaal pour
les douaniers n'a point été démentie depuis; la politesse, l'empressement même de tous les employés,
à la poste, aux musées, aux chemins de fer, paraissent extraordinaires, surtout pour nous qui n'y
sommes point trop accoutumés, comme vous le savez. Dans les hôtels, les garçons qui vous servent
et qui parlent souvent un français à faire dresser
Lhomond dans sa tombe, ne vous offrent jamais
rien sans dire : S'il vous plait, qu'ils prononcent
volontiers : siviplé. A Amsterdam, d'où je vous
écris maintenant, il y en a un qui a renchéri encore

sur les autres; à table, il m'offrait des légumes et me dit avec un sourire engageant : Excusez-moi de haricolles ! La transition m'emmènerait trop loin, car nous ne sommes pas encore à Amsterdam; arrêtons-nous à Haarlem avec le chemin de fer.

La ville est petite, bâtie sur le modèle de ses sœurs plus grandes : rues bordées de constructions en briques lavées, peintes, rechampies de blanc; canaux enfermés entre des quais plantés d'arbres et où passent des bateaux au ventre rebondi. Beaucoup de maisons, qui sont vieilles et d'une époque déjà respectable, paraissent bâties d'hier, grâce aux soins méticuleux dont elles sont l'objet. Elles sembleraient presque neuves si leurs pignons ne s'avançaient quelquefois un peu trop pour voir ce qui se passe dans la rue, et si la date de leur fondation ne se lisait sur le linteau de la porte : 1617, 1620, 1683. J'ai traversé un vieux quartier qui va vers la porte de l'Est. C'est là qu'habitent les pauvres, dans de petites maisons, toutes pareilles, et qui forment une rue entière; ils sont logés là gratuitement; une femme charitable a fait ce legs en 1617 aux malheureux de Haarlem: les fenêtres sont encore garnies de vitres étroites serties dans des croisillons de

plomb; c'est bien la vieille maison telle que nous
nous la figurons, avec ses couloirs étroits, ses escaliers tournants, ses plafonds à poutres saillantes et
ses croisées en guillotine, près desquelles verdoie
un pot de basilic; c'est la maison peinte par Ostade,
par Téniers, et où Rembrandt fait glisser le rayon
de soleil qui éclaire la mère allaitant son enfant.
Au bout de cette rue, tout aussi soignée que si elle
était habitée par des millionnaires, je me trouve
sur les bords d'un canal qui jadis servait de fossé à
la ville lorsqu'elle était fortifiée. On démolit les
remparts aujourd'hui; il n'en reste plus qu'une
demi-tour fort insignifiante et un curieux bastion
qui a dû servir de tête de pont. Il est carré à sa
base, portant quatre échauguettes (une à chaque
angle) en nid d'aronde, coiffées en éteignoir, et reliées les unes aux autres, par une galerie à machicoulis dont on a bloqué les ouvertures avec du
mortier. Il est surmonté d'une grosse tourelle, forte
et résistante, en apparence du moins, que termine
un haut toit pointu. L'ensemble est plaisant à l'œil,
brique et ardoise; le soleil qui frisait dessus en des-
sinait nettement les lignes et en faisait ressortir la
pureté. L'intérieur est une voûte à nervures, à re-

tombées d'arcs, à pendentifs de bon style; les baies
où jouaient les bras du pont-levis, les rainures de
la herse se voient encore. Un pont de bois dormant
enjambe le canal et conduit au quartier habité par
les marchands de fleurs; vous savez avec quel emportement les Hollandais aimèrent les tulipes : ce
fut de la folie furieuse. L'oignon l'*amiral Lieksens*
valait 4,400 florins; le *semper augustus*, 2,000. Un
jour, de ce dernier il ne resta plus que deux exem-
plaires, l'un à Haarlem, l'autre à Amsterdam ; on
offrit pour l'un 4,600 florins et une voiture attelée
de deux chevaux frisons harnachés; pour l'autre,
on offrit douze arpents de terre, et l'on ne put les
obtenir. Vous avez lu dans tous les *ana* l'histoire
de ce marin qui, fatigué d'attendre chez son armateur et voyant des oignons sur une planche, s'ima-
gina de déjeuner pour tuer le temps; il tira un
morceau de pain de sa poche, prit un oignon, mor-
dit dedans, le trouva amer, le jeta, en prit un autre
et ainsi de suite pendant onze fois. L'armateur in-
tervint trop tard et chassa à coups de trique le matelot
dont le repas frugal lui coûtait plus de trente mille florins. Un déjeuner de Cléopâtre! Le malotru avait
assaisonné son pain sec avec onze oignons uniques.

Une assez agréable route m'a conduit jusqu'au palais habité par le roi lorsqu'il vient à Haarlem. C'est un palais comme tous les palais; il fut bâti par le banquier Hope et fait face à une immense pelouse entourée de hêtres, sur laquelle des daims se promènent en paissant. Il contient une collection de tableaux modernes qui est presque aussi mauvaise que notre musée du Luxembourg, dont elle est l'équivalent.

Dans le nôtre, il y a peu de choses, trois ou quatre paysages au plus; ici, il n'y a rien. Un monsieur Navez, quel nom prédestiné et qui est digne de lui être un surnom! se signale par deux immenses toiles, genre noble, qui représentent *Élie ressuscitant le fils de la Sunamite*, et la *Rencontre d'Isaac et de Rébecca*. C'est à en rire pour le reste de sa vie, et quand on a vu cet Isaac blond, frisé, potelé, rose et frais, vêtu d'un simple caleçon, portant sa houlette et regardant avec admiration une Rébecca habillée en singe de foire, on n'a plus le droit de se plaindre de l'existence. Une *Toilette de Psyché*, par M. Paelinck, m'a beaucoup réjoui aussi; c'est à dégoûter pour toujours de l'antiquité, puisqu'on peut la comprendre et la traduire ainsi. La

meilleure toile est la *Bataille de Waterloo*, par
M. Pienemann ; on y voit, du moins, quelques portraits curieux, et ce n'est pas, en somme, moins
mauvais que toutes les batailles qui encombrent le
musée de Versailles ; seulement, M. Pienemann
s'est beaucoup trop inspiré, comme composition
générale, de la *Bataille d'Austerlitz* de Gérard.

Je suis rentré dans la ville. La cathédrale est
d'un grand style : une nef, une galerie à chaque
bas-côté et un transept ; la voûte en bois est d'un
agençement fort précieux, simulant les nervures,
les coupoles renversées et les pendentifs de la maçonnerie ; au-dessus du transept, elle est fond blanc
égayé de fleurs rouges et de feuillages verts. Elle
porte deux dates, 1530, 1532, sans doute celles de
sa restauration. Dans la muraille, badigeonnée à
grand lait de chaux, je n'ai pas besoin de vous le
dire, on montre encore un boulet avec le millésime
1577 ; c'est un souvenir du siége soutenu contre les
Espagnols. Le chœur est séparé de la nef par une
grille en cuivre et par des balustrades en bois d'un
travail précieux et réellement d'orfévrerie ; toutes
sortes de figures, jusqu'à des chiens habillés et portant des rats dans leurs capuchons, grimacent dans

les cartouches entourés de rinceaux ; malheureusement, une affreuse peinture jaunâtre déshonore
toutes ces curiosités. Les orgues de Haarlem ont
une réputation européenne que semblent bien mé-
riter leurs dimensions considérables, et que je ne
leur contesterai point, car je ne les ai pas entendues [1]. Au-dessous d'elles, et en guise d'autel,
s'élève un groupe de trois femmes allégoriques en
marbre blanc, d'un bon aspect, d'une sculpture savante, quoique un peu amollie par les afféteries du
dix-huitième siècle, et qui est signée Xavery, 1731.
Près de la chaire s'alignent des bancs symétrique-
ment rangés, couverts en crin noir, et portant à
leur extrémité un bec de gaz, qu'on allume pendant
les services du soir. Le gaz dans une église, c'est un
peu le diable dans un bénitier.

Sur la place où se dresse la cathédrale, entourée,
selon l'habitude du moyen âge, par de basses maisons qu'elle domine de sa vaste tour où sonne un

[1]. « Cet orgue est un superbe et excellent instrument de
soixante-huit registres : tout est en étain ; le bois ne dure pas
dans ce pays humide, » dit le père de Wolfgang dans sa très-
curieuse correspondance publiée par M. Goschler. Voir MOZART,
Vie d'un artiste chrétien au dix-huitième siècle, etc., par Goschler. Paris, 1857, p. 32.

carillon, je vois la statue élevée à Laurent Koster,
que les Hollandais proclament opiniâtrément l'in-
venteur de l'imprimerie avant Gutenberg ; une
inscription malmène fort ceux qui oseraient en
douter. Si les Hollandais ont raison, ce serait donc
toujours l'histoire de Christophe Colomb, l'éternel
Sic vos non nobis dont sont faites les annales de
l'humanité! En face de la statue s'étend l'hôtel de
ville, qui est une belle vieille maison en briques,
innocemment crénelée, précédée d'un avant-corps
ajouté après coup avec la date de 1663 et la devise
à écouter : *Vicit vim virtus!* A droite de la statue
de Koster et tout proche de la cathédrale, s'élève
un de ces monuments singuliers, dans le genre de
l'hôtel de ville de Leyde, et qui offrent comme une
aberration du goût espagnol mêlée à quelque chose
d'exotique et d'indien. Ça a l'air fait à l'emporte-
pièce dans d'immenses feuilles de papier rouge et
blanc. Un énorme pinacle sur la façade, un pinacle
moins grand sur les deux faces latérales, pointus
tous les trois, anguleux, chargés de petits obélisques, de petits éteignoirs ; puis une frise ornée de
têtes de bœufs et de béliers. C'est papillotant à l'œil,
malgré une certaine lourdeur essentielle qu'on ne

sait trop définir. Autrefois c'était la boucherie, aujourd'hui c'est l'hôtel des ventes publiques.

En rôdant par les rues, en béant aux corneilles, en m'arrêtant pour voir un bateau filer dans un canal, ou passer une fille frisonne coiffée de ses ornements d'or, j'aperçus sur une porte une sorte de large pelote en soie rose enrichie de dentelles. J'allai vite aux renseignements et j'appris qu'à Haarlem, lorsqu'une femme vient d'accoucher, on l'apprend aux passants en mettant sur la porte cet objet dont le nom hollandais, impossible à retenir, à prononcer et même à écrire, signifie : preuve de naissance. Il est rose pour les filles et bleu pour les garçons. Ce bizarre usage fut introduit ici, dit-on, du temps des Espagnols. Quand le *signe de naissance* était sur une porte, les créanciers devaient respecter pendant neuf jours le mari de l'accouchée. Quel admirable moyen pour augmenter la population !

J'ai repris le chemin de fer. Le rail-way court sur une digue qui, d'un côté, est battue par les lames du détroit de l'Y, et de l'autre borde une immense prairie veloutée, sombre et s'étendant à perte de vue. C'est l'ancienne *mer de Haarlem*, aujourd'hui desséchée, cultivée; jadis le centre de cette plaine

était un marais auquel une violente inondation sur-
venue à la fin du seizième siècle réunit quatre lacs
voisins; les terrains adjacents furent engloutis avec
les villages qui les couvraient et la mer de Haarlem
fut formée, une mer de onze lieues de circonfé-
rence. En 1839, les États généraux décidèrent le
desséchement de ce lac immense; des canaux furent
creusés qui le mirent en communication avec les
écluses de Katvyck, trois machines à vapeur furent
construites sur des emplacements désignés à l'a-
vance, et, ces préparatifs une fois faits, on se mit à
l'œuvre, dix ans après le vote des chambres, en 1849.
Cinq années suffirent pour pousser cette mer dans
l'Océan et pour donner à l'agriculture une terre
merveilleuse où les prairies verdissent comme par
enchantement, où des villages apparaissent au lointain, où des maisons de campagne commencent à
s'entourer d'arbres, où les troupeaux marchent par
centaines : c'est un miracle! Que deviennent les
travaux d'Hercule? que pensez-vous de ce *petit*
peuple qui a tiré sa patrie du fond de la mer et qui
rejette la mer hors de son sein quand cela lui plaît?
Il n'en est pas plus fier et il pense modestement à
dessécher le Zuyderzée. Nous devrions bien tâcher

d'imiter ses grandeurs, nous qui sommes la nation
la plus injustement vaniteuse du monde et qui avons
en France, selon les rapports officiels, neuf millions
deux cent quatre-vingt-cinq mille quatre cent trente
et un hectares de terres improductives; nous qui
avons six cent mille hectares de marécages et qui
n'avons pas encore trouvé le moyen de nous mettre
à l'abri des inondations [1].

Nous entrons à Amsterdam, la grande cité bâtie
sur pilotis, la Venise du nord, comme disent les
gens à belles manières. Je la traverse en voiture
pour me rendre à l'hôtel du vieux Doëlen; ce que
j'en vois me rappelle *le Marché aux herbes* de Metzu
qui est au Louvre; en passant sur le quai j'aperçois
une flottille de bateaux pêcheurs qui voguent vers
le Zuyderzée, avec leurs voiles rouges brillant au
soleil et déjà bleuies par le brouillard de la mer.

1. « La superficie du sol marécageux de la France est évaluée
approximativement à six cent mille hectares, » dit M. Casa-
bianca dans son rapport sur le Code rural. Voir le *Moniteur* du
25 août 1857.

VII

Amsterdam. — *Marché aux herbes* de Metzu. — Le Palais. —
Quos ego ! — Le Dam. — Armée, — *Ne contempseris.* — La
nouvelle Église. — Ruyter. — L'ancienne Église. — Vitraux.
— La fête des Cloches. — Jardin zoologique. — Les Juifs. —
La Coupe des Diamants.

19 Février.

J'ai couru aujourd'hui dans Amsterdam, et cette
visite a confirmé ma première impression; c'est
bien la ville représentée dans *le Marché aux Herbes*,
elle n'a pas changé; des maisons en briques, des
fenêtres peintes en noir, un haut pignon orné au
sommet d'une poulie abritée sous un petit appentis
en bois peint, des canaux bordés d'arbres où passent des barques sans voiles, des échoppes où sont
étalés des légumes; des gens affairés qui vont,
viennent, se hâtent et ne se retournent pas ; une
ville populeuse et pleine, une vraie capitale com-
merciale, en un mot. Le dieu Mercure semble cependant l'avoir délaissée ; il a touché de son caducée
fécondant la jeune Rotterdam qui maintenant, et

chaque jour de plus en plus, appelle et retient le
commerce de la Hollande ; la facilité des arrivages,
je ne sais quel esprit plus moderne et plus hardi, y
attirent le vrai et respectable négoce, pour ne laisser
à Amsterdam que l'agiotage et le jeu de Bourse.
Ceux de Rotterdam parlent de leurs rivaux avec un
certain mépris : ce sont des tailleurs de coupons,
disent-ils. Cela peut être exact, je les crois sur parole, mais ce n'est pas à un voyageur qui passe,
aime les paysages et regarde amoureusement les tableaux, à décider si grave et si grosse question.

C'est jour de liesse aujourd'hui pour la Hollande,
à propos de la fête, de l'anniversaire de la naissance
ou de l'avénement du roi, je ne sais au juste ; la
ville est pavoisée ; les consuls ont hissé leurs pavillons et le drapeau tricolore des Pays-Bas flotte dans
l'atmosphère introublée. J'ai visité le musée d'abord
et avant toute chose, vous devez vous en rapporter
à moi ; mais je ne veux rien vous en dire encore ; je
n'ai fait que l'apercevoir ; j'ai pris langue simplement ; mes impressions sont confuses ; demain je
vous en parlerai en détail, car j'y passerai la journée. Le palais royal, auquel je suis parvenu à travers des rues animées, bruyantes et parcourues par

une foule rapide, est un grand quadrilatère bâti en
pierres de taille, avec de hauts pilastres corinthiens
appliqués à sa façade, un fronton très-embrouillé,
trois statues décorant le sommet du tympan et les
angles de la corniche, et une coupole en dôme soutenue par des arcades plein-cintre appuyées sur des
colonnes ; c'est froid, prétentieux, et, quoi qu'on
ait tenté, un peu caserne. Comme presque toute la
ville, il est bâti sur pilotis ; il en a fallu treize mille
neuf cent quatre-vingt-quinze pour soutenir sa
masse, une forêt ! c'est là son côté vraiment curieux.
Je l'ai visité néanmoins, quoique j'aime peu à me
promener au milieu de ces demeures désertes, froi-
des et humides, dans lesquelles plane je ne sais quel
fade parfum de fainéantise et de servilité. Ce sont
des chambres, des salons, des galeries et encore des
galeries, des salons et des chambres. Une haleine
glaciale s'abat sur les épaules, à chaque nouvelle
porte que l'on ouvre ; quelques rares gardiens
errent comme des ombres et récitent aux voyageurs
d'aujourd'hui la leçon qu'ils ont psalmodiée aux
voyageurs d'hier. C'est l'ancien hôtel de ville ; c'est
là que se réunissaient les vaillants bourgmestres,
pour la plupart oubliés à cette heure, qui, s'appuyant

sur le droit et l'équité, ont affranchi leur pays, ont
poussé dehors les Espagnols et ont tenu en échec
ce qu'on est convenu d'appeler les deux plus grandes nations du monde : l'Angleterre et la France ; ce
sont eux, quand Louis XIV s'écriait : *Quos ego!* qui
avaient le droit de répondre :

> Maturate fugam, regique hæc dicite vestro:
> Non illi imperium pelagi!

Qu'y ai-je vu ? je ne me le rappelle pas trop. Qui
a parcouru un palais les connaît tous. Essayons cependant de me souvenir! A tout seigneur, tout honneur : la chambre du roi! Elle en dit philosophiquement plus long que bien des livres, car elle a
conservé l'ameublement empire qui l'ornait au commencement de ce siècle, alors qu'un parvenu couronné couchait dans ce lit à bateau, tout brillanté
de rinceaux de cuivre doré. C'est la même tenture
en soie jaune plissée, ce sont les mêmes fauteuils,
c'est le même tapis. Le dessus de la cheminée est
curieux par le tableau qu'il contient, toile importante de Nicolas de Helde Stokade, représentant le
*Marché aux blés en Égypte sous l'administration de
Joseph.* Ce Joseph passe encore aujourd'hui pour un

modèle de timidité et de vertu, et cependant c'est par sa *rouerie*, passez-moi le mot, que, pendant les années de disette, les Pharaons s'emparèrent successivement des biens meubles d'abord, ensuite des terres et enfin de la liberté de leurs peuples ; ce petit manége est assez habile pour un innocent. Peu importent l'histoire et ses appréciations ; le tableau n'est pas manvais, vif en couleur, mais il aurait besoin d'être mieux éclairé pour être vu dans ses détails. Aux murs d'un salon voisin, je vois un *M. C. Dentatus refusant les présents des Samnites*, peint par Govert Flink, dans ce haut style de fantaisie orientale que Rembrandt avait mis à la mode en Hollande ; c'est assez bon ; seulement les ambassadeurs samnites sont habillés en Turcs du temps de Soliman le Magnifique, et Curius Dentatus ressemble à un vieux juif qui tient une bourse ; à part cet anachronisme de pittoresque, cela ne manque pas de tournure ; les hommes sont fièrement campés et le coloris est plaisant ; en pendant, je regarde un *Fabricius dans le camp de Pyrrhus*, par Ferdinand Bol, qui est d'un mélodramatique outré et en dehors de toute proportion. En me penchant du haut d'une balustrade, je puis apercevoir le vestibule où descend l'escalier spécialement réservé au roi; c'est l'ancien tribunal de la ville. Une frise de marbre soutenue par quatre cariatides, abrite trois bas-reliefs très-saillants représentant : *Brutus faisant décapiter ses fils*; *le Jugement de Salomon* et un troisième sujet que je ne puis définir : ce que je réussis à distinguer, aussi mal commodément placé que je suis, me laisse croire que cette sculpture, un peu violente, a de bonnes qualités de modelé et de mouvement. La salle du trône est une salle sans grandeur et sans caractère; au fond, sous un dais, le fauteuil orné des armes des Pays-Bas et de leur vieille devise : *Je maintiendrai*; au plafond, le nom des provinces qui composent le royaume; dans une armoire vitrée, quelques pennons usés, fanés, réduits en étoupe, jadis conquis pendant les guerres. La galerie de la salle de bal est pavoisée aussi de ces sortes de trophées troués dans des batailles dont nul ne parle plus; pourquoi ne pas brûler ces loques inutiles qui ne servent qu'à entretenir des animosités regrettables et dont les peuples ont fait justice depuis longtemps? Cette salle où l'on danse, et qui ne devrai point être affligée de semblables oripeaux, est ornée

en outre de lustres et de girandoles, sujet-empire,
à cercles de cuivre, à paillons de cristal, que désa-
vouerait la dernière guinguette des environs de Paris. Je n'ai pas besoin de vous dire qu'il y a là beaucoup de marbre, de pilastres, de cartouches, de
statues, de bas-reliefs, enfin tout ce qui constitue
l'appareil nécessaire et usité en pareil cas. Cela
pouvait être très-beau lorsque c'était un hôtel de
ville, lorsque ces grands appartements déserts
s'animaient aux libres discussions, lorsque la justice s'y rendait, qu'on y envoyait des ordres par
delà les océans; mais maintenant, déshabité et re-
froidi par la solitude, c'est triste et navrant à parcourir.

Je suis monté sur le dôme pour voir la ville.
Au-dessous de moi s'arrondit la place du *Dam*, au milieu de laquelle s'élève un petit monument en granit gris que je ne m'attendais guère à voir là, car
il est commémoratif de la guerre soutenue en 1832
par la Hollande contre les Belges. Si la Hollande
célèbre sa défaite par de telles architectures, que
fera donc la Belgique afin d'honorer son triomphe?
Il me semble que, pour être dans la vérité, ce monument devrait être expiatoire. A cause de cette fête

royale dont je vous ai parlé en commençant ma
lettre, la place est pleine de troupes qui évolution-
nent au battement des tambours et aux fanfares des
clairons; il y a presque autant de soldats que dans
les pantomimes de Franconi. Ne riez pas, j'en ai été
touché. Un peuple qui, à notre époque, après le
vertige dont l'Europe a été saisie récemment, a le
courage de n'avoir qu'une armée absolument inutile, est un peuple sage, sérieux, et qu'il faut respecter. Il y a peu de soldats en Hollande, c'est vrai;
mais il n'y a pas un pouce de terrain qui ne soit
cultivé, mais les villes s'épanouissent en réel commerce, mais on va aux Indes, on a des colonies
immenses, on a fait des prairies avec une mer, on
va conduire l'Océan à la Haye, on travaille, on élève
ses enfants et l'on meurt après avoir bien mérité de
la vie. La France a quatre ou cinq cent mille hommes
sous les armes, soit; mais l'Algérie, à l'heure où
j'écris, après trente ans de possession, n'a pas encore
un kilomètre de chemin de fer. Ces quelques com-
pagnies en uniforme que, de si haut, je voyais ma-
nœuvrer, m'ont ému plus que n'aurait fait le spectacle de dix armées rangées en bataille.

Sur la place descendent les marches de la Bourse,

précédée d'un portique d'ordre ionique ; la nôtre est
corinthienne ou fait semblant ; le Veau d'Or n'est
pas mal logé à notre époque, et Moïse aurait peut-
être quelques raisons de redescendre de la montagne. Des toits rouges, des cheminées qui fument,
de hauts clochers pleins de sonneries, des canaux
dont l'eau paraît dormir, les mâts des navires qui,
dans la brume transparente, s'élèvent comme une
forêt ébranchée, le détroit de l'Y, et tout à l'horizon,
à peine visible à travers un brouillard de couleur
rousse, le Zuyderzée ; dans une prairie un canal
s'allonge à perte de vue sous le soleil, et ressemble
à une route bleue damasquinée d'argent.

Près du palais s'ouvre, non point le portail, mais
la porte de la nouvelle église (Niewe-Kerke) ; c'est
son nom actuel et je ne sais à qui elle était dédiée
jadis ; elle a chœur, transept et deux bas-côtés ; elle
est badigeonnée à frais, cela va de soi ; la retombée
des arcs de la voûte médiale du transept est soutenue par des amours bouffis, peints à neuf et qui se
penchent en avant comme s'ils voulaient cracher
sur les fidèles. C'est là qu'est ensépulturé l'amiral
Ruyter, qui sincèrement fut un très-grand homme.
Son tombeau est lourd, d'un style qui rappelle cet

insupportable *cavalier* Bernin qui a perdu Saint-Pierre de Rome avec ses œuvres; cet artiste fut le Jordaens de la sculpture; de pareilles mollesses sans la couleur qui peut, au besoin, les excuser, jugez de ce que ça doit être. Je ne vous parlerai donc pas de la grosse Renommée ventrue qui sonne de la trompette, ni des Génies éplorés qui crèvent de gras-fondu, ni des Tritons qui soufflent dans leurs conques et qui cependant sont très-habilement enguirlandés de plantes et de coquilles marines; mais je vous dirai que Ruyter, vêtu de son armure, tête nue et le bâton de commandement à la main, dort sur sa tombe les yeux clos et les sourcils froncés encore. Si j'en crois ses portraits peints (et ils sont nombreux en Hollande), il doit être fort ressemblant; son front très-large et aplati sur sa façade, son nez carré, ses lèvres épaisses, son menton accusé, ses joues puissantes, quoique amollies par l'âge et l'obésité, donnent à sa physionomie une expression peu commune de fermeté et de volonté implacables. Cet homme devait avoir l'entêtement du devoir et de la droiture.

De la nouvelle église à l'ancienne église (Oude-Kerke), il n'y a que quelques rues, quelques canaux,

quelques ponts; cela fut vite franchi. En passant
par la maison du gardien, maison proprette à corri-
dors garnis de carreaux blancs de faïence, j'arrivai
dans une belle nef qui date évidemment du douzième
siècle; l'ogive est ferme et en lancette; une galerie
à contre-arcatures la surmonte; l'église est droite,
sans transept; il n'y a latéralement qu'un seul bas-
côté et quelques chapelles; elle menace ruine et
s'écroulerait vite, sans doute, si elle n'était soutenue
par de fortes poutres qui traversent le vaisseau et
prennent leur point d'appui contre les pendentifs
au-dessus des piliers; des clefs de fer consolident
aussi les murailles qu'éclairent, le soir, des candé-
labres allumés au gaz, comme dans la cathédrale
de Haarlem. Sur des vitraux brillent en transparence de grandes peintures et les armes des bourgmestres. Il y aurait, je crois, un grand parti à tirer
du vitrail dans l'architecture moderne; la facilité
que l'on a maintenant de couler le verre par vastes
plaques, les fours à cuisson que l'on peut faire bâtir
de toute proportion, permettent de donner à ce
genre de peinture des dimensions que l'insuffisance
des moyens industriels lui interdisait autrefois. Nul
tableau, de quelque façon qu'il soit éclairé, n'aura

jamais la vigueur des tons que l'on admire dans les verrières. L'avenir, qui certainement ne tardera pas à formuler une nouvelle architecture, trouvera là, je n'en doute pas, un de ses meilleurs et un de ses plus sûrs éléments.

Tous les carillons de la ville étaient en danse et jetaient leurs vives chansons dans les airs; du haut des clochers, des voix d'airain, parfois graves comme un mugissement de taureau et parfois claires comme un cri d'alouette, s'appellent, se répondent et sautent allègrement, cadençant leurs mesures et babillant à perdre haleine; ce sont des cascades de notes cuivrées, de trilles affolées, des fioritures extravagantes, des gammes sonores qui s'élancent sous le ciel, ainsi qu'un concert aérien; on dirait la fête des cloches.

Savez-vous où j'ai été ensuite, tout en écoutant ces bruits joyeux? je vous le donne en cent! Au jardin zoologique, comme un vrai badaud que je suis. Il est petit, peu ombragé, mais bien distribué. Son entrée n'est pas gratuite, et je n'ai pas regretté le demi-florin que j'ai donné en franchissant le tourniquet. Dans d'étroits enclos où s'élèvent des cabanes, j'ai vu des bisons, des bœufs de l'Inde, avec leur bosse graisseuse sur le cou, leur pelage gris de fer et leurs cornes rabattues derrière les oreilles; des buffles au museau noir et humide; des cerfs dont on a scié le bois, par prudence sans doute; des axis mouchetés; des lamas à la mâchoire inférieure si disgracieusement avancée; des yacks aux longs poils et des kangourous au museau pointu. Accroupis derrière les barreaux de leurs cages, trois lions et deux tigres m'ont regardé de leurs yeux jaunes, fixes et pleins d'étincelles; je passe devant des jaguars, des onces, des chacals, un gros ours blanc couché la tête dans un baquet; des perroquets piaillards, des hoccos, des grues, d'énormes pélicans qui ont poussé à mon aspect un rugissement guttural très-étrange, des outardes et des phénicoptères. Je me suis arrêté près de cygnes noirs qui allongeaient leur cou à travers les grillages pour attraper du bec quelques brins d'herbe verte. Ils se sont mis à chanter; le grincement d'une tabatière déjetée est plus harmonieux que leur rauquement aigu. Au reste, ils n'étaient pas mourants, ils n'étaient pas blancs comme ceux de l'Eurotas, et je n'avais pas le droit d'exiger d'eux une symphonie suprême. J'aurais été heureux cependant de vérifier l'assertion de l'auteur de la *Description des eaux de Chantilly*, qui affirme, *de auditu*, que le cygne mâle mourant chante les tons *mi, fa,* et la femelle les tons *mi, re.*

La petite rivière de l'Amstel, qui a donné son nom à la ville (*Amstel-Dam, digue de l'Amstel*), coule près du quartier juif, que j'allai visiter. Figurez-vous ce que peut être, dans une de ces villes de la Hollande, villes propres, soignées, fourbies et dont on dirait que chaque matin on a fait la toilette, figurez-vous l'effet que produit sur le voyageur une sorte de *ghetto* boueux, pouilleux, lépreux, une Babylone d'immondices, une Ninive d'ordures et de trognons. C'est là, dans ce quartier traditionnellement spécial, autrefois fermé chaque nuit par de lourdes portes, que vit, grouille et pullule une population en haillons troués, en savates éculées, en chapeaux effondrés ; c'est là que, pour la dernière fois, au milieu du dix-septième siècle, fut vu le Juif errant. Dans les rues puantes, des vendeuses de vieux chiffons étalent leurs sales marchandises à l'odeur fade, des friturières font crier la graisse infecte ; sur les portes, des enfants qu'on n'a jamais débarbouillés se roulent pêle-mêle avec des épluchures de salade et des arêtes de hareng saur; aux fenêtres, le long des perches, pendent et flottent au vent les guenilles rapiécées, les chemises effilochées, les jupons sordides. Il sort de là un nauséabond parfum de vieille crasse doublé d'humidité malsaine. Les mendiants vous y assiégent avec des mines quémandeuses, des yeux de travers, des nez crochus et des barbes grisonnantes qui leur couvrent le menton comme une moisissure de mauvais aloi. Ils croupissent dans leur pourriture, poursuivis par le préjugé qui les pourchasse partout, dans tous les pays du globe, au milieu de toutes les religions, expiation terrible qui ne peut prendre fin, malgré les efforts des hommes sages, et que leur valut le crime d'avoir voulu tuer l'Esprit. Et cependant leurs livres ont dit : « Celui qui tuera Caïn sera puni sept fois comme Caïn! »

Au milieu de ces tanières s'élève un haut bâtiment de bonne mine, à larges fenêtres, où j'entend ronfler le bruit d'une machine à vapeur. C'est l'établissement où se taillent les diamants; vous savez que c'est ici que sont taillées toutes les belles pierres de l'Europe; j'entrai; les ouvriers sont israélites pour la plupart, mais c'est entretenu par des Hol-

landais, donc c'est propre! On m'a montré complai-
samment et en grand détail la manière de procéder,
c'est fort simple.

Le diamant natif, tel qu'il sort des mines, ressemble assez exactement à un morceau terni de
gomme arabique; quelquefois on le livre dans cet
état à la taille, mais le plus souvent on le coupe.
Ainsi que vous le savez, le diamant seul entame le
diamant.

J'ai assisté à trois opérations; toutes trois exigent
une longue habitude et une adresse extrême.

Première opération. COUPE. — Sur un court mandrin de bois, on fixe, dans un ciment malléable à la
chaleur et très-facilement durci par le refroidissement, la pierre brute; on étudie et on reconnaît sa
veine; puis, à l'aide d'un fragment de diamant
tranchant, également assujetti dans la pâte, on appuie avec force sur l'endroit précisément choisi de
la pierre qu'on veut couper, en donnant un mouvement de va-et-vient; quand la fente est obtenue, on
y introduit la lame d'un couteau très-trempé, on
frappe un coup sec dessus et la pierre se sépare en
deux fragments.

Seconde opération. PREMIÈRE TAILLE. — Un dia-

mant, fixé comme ci-dessus, est frotté fortement
contre un autre diamant également immobilisé de
la même manière; c'est une sorte de polissage qui
a besoin, pour être bien exécuté, d'une force considérable. Les mains des ouvriers sont entourées de
gants qui ressemblent à de véritables armures. Le
travail se fait, dans les deux cas, au-dessus d'une
petite boîte profonde, afin qu'aucune molécule, si
impalpable qu'elle soit, de la poudre de diamant
ne soit perdue. Cette première taille se fait en rose
ou en brillant, selon le choix des pierres, ou suivant l'indication du contre-maître.

Troisième opération. LA TAILLE DÉFINITIVE. — Le
diamant coupé et poli est serti dans un œuf de
plomb, de façon à ne laisser paraître que la portion
qu'on veut tailler; à l'œuf est fixée une tige qu'on
saisit dans une pince très-forte manœuvrée comme
un étau. On applique la facette du diamant sur une
meule de fer plate, qu'une machine à vapeur met
en mouvement, qui fait deux mille tours à la minute et qui est enduite de poudre de diamant mêlée
avec de l'huile. La pince qui maintient le diamant
demeure absolument immobile entre deux pieux de
fer, dont l'un s'appuie à sa gauche et l'autre à sa

droite, aux extrémités. On charge cette pince avec des poids en plomb, afin d'appuyer plus fortement la pierre contre la meule, et, ainsi, d'accélérer la taille. L'ouvrier qui me donnait ces renseignements en travaillant devant moi est un vieux juif, le plus habile qui soit dans son métier ; sa besogne lui est payée à la tâche, et il gagne facilement deux cent cinquante francs par semaine. C'est lui qui a taillé le fameux Koynor, ce dont il parle avec fierté, et ce qui lui a valu dix mille florins et en outre un beau cadeau de la reine d'Angleterre ; à l'Exposition universelle de Paris, en 1855, il a obtenu une grande première médaille d'honneur [1].

VIII

Synagogue. — Léproserie. — Les Lépreux. — Tourelles. — Peine de Mort. — Musée. — Rembrandt : *La garde de nuit.* — Van der Helst. — Les Frères de Witt, par J. de Baan. — Nomenclature.

20 Février.

Les portes du musée n'étaient pas encore ouvertes ; je suis retourné vers le quartier juif, non pas,

1. Voir l'*Appendice* : La Taillerie de diamants.

comme vous pourriez le croire, afin de parcourir de nouveau ses rues malflairantes, mais pour visiter la grande synagogue que les Israélites portugais y firent bâtir en 1670. Extérieurement, avec ses murs en briques percés de nombreuses et larges fenêtres, elle ressemble à une de nos fabriques de Normandie; intérieurement, elle a l'air, avec ses bancs alignés, sa chaire peu élevée et sa malpropreté générale, d'une vaste salle d'école primaire. En haut, derrière des grillages, usage importé d'Orient, les femmes se tiennent dans des galeries particulières; ce gynécée est soutenu de chaque côté par deux énormes colonnes ioniques. Au fond de la salle, une sorte d'armoire monumentale en bois du Brésil, sert de tabernacle pour enfermer les livres de la Loi; du plafond pendent les chaînettes qui supportent quatre énormes lustres flamands à boule de cuivre et à flambeaux contournés. Cela n'a ni la pompe des cathédrales, ni la froideur sèche des temples protestants, ni la gracieuse élégance des mosquées; c'est terne et suranné.

En face de cette synagogue, dont les juifs d'Amsterdam semblent très-fiers, et où, selon la coutume orientale, on demeure la tête couverte, s'ouvre un petit portail surmonté des armes de la ville et de deux figurines peinturlurées représentant un mendiant et une mendiante. Je sonnai, on ouvrit, et je me trouvai dans l'ancienne léproserie fondée en 1402, et qui maintenant sert d'asile à des indigents et à quelques fous tranquilles. C'est petit, très-retiré, et les pauvres ladres d'autrefois devaient y vivre en paix. J'ai vu là, dans les chambres de l'établissement, un assez curieux tableau (historiquement parlant) de Van Nieuwland; il représente la procession que les lépreux avaient coutume de faire le premier lundi de janvier; on les voit dans de grands traineaux sans roues, vêtus de manteaux rouges et recueillant sur un plat d'étain les aumônes qu'on leur jette de loin; ils s'avancent en tournant des crécelles dont le bruit avertit de cette contagion qui passe; le peintre les a représentés bien proprets pour des lépreux, car s'ils étaient en Hollande ce que je les ai encore vus à Damas, ils devaient être horribles. Une toile tout à fait magistrale de Ferdinand Bol montre cinq administrateurs admettant un petit garçon coiffé d'une gourme épaisse : n'est-ce pas ce que les nourrices appellent le *chapeau*? Les personnages sont fort bien peints, dans la manière un peu froide du maître, mais avec des détails savamment étudiés, des mains merveilleuses et des têtes vivantes qui font penser aux bonnes toiles de Van Dyck. Le nom des recteurs de l'ancienne léproserie et de l'hospice moderne se lit dans un coin sur une belle pancarte de satin; le premier est Jean-Lambert Hygh, 1511 ; le dernier, Gilles Van der Woort, 1849.

J'aurais voulu me procurer le règlement de l'ancienne léproserie, cela m'a été impossible; mais à son défaut, j'ai trouvé dans une très-curieuse brochure [1] la façon dont on procédait en France contre les lépreux, pour les reléguer loin de la société ; écoutez ces terribles formules et pensez à ce que devait être la vie de ces pauvres misérables :

« C'est la manière de recepvoir le ladre et mettre hors du siècle et rendre en sa borde [2].

» Primo. La iournée quand on le veult recepvoir, fault qu'il viene à l'église et soit à la messe, laquelle est chantée du iour, ou aultrement selon la condi-

1. *Notice historique sur la léproserie de la ville de Troyes*, etc. Troyes, Bouquot, 1849. (Sans nom.) M. Harmand, bibliothécaire de la ville de Troyes, est l'auteur de cet important opuscule.

2. Maisonnette, du mot saxon : *bord*.

tion du curé, et ne doit point estre des morts, si comme aucuns curés ont accoustumé de faire.

» Item. A icelle messe le malade doibt estre séparé des austres gens : et doibt avoir son visage couvert et embrunche comme iour trespassés.

» Item. Icelle messe doibt offrir ledict ladre, et doibt baiser le pied du prebstre et non pas la main.

» Item. L'yssue de l'église, le curé doibt avoir une pele en sa main : et à icelle pele doibt prendre de la terre du cimetière par trois fois, et mettre sur la tête du ladre en disant : Mon amy, c'est signe que tu 'est mort quant au monde : et pour ce aye patience en toy.

» Item. La messe chantée, le curé avec sa croix et l'eau béniste le doibt mener à sa borde comme par manière de procession.

» Item. Quand il est à l'entrée de ladicte borde, le curé lui doibt faire faire les serments et instructions après escriptes, en disant en ceste manière :

» Amy, tu scez, et il est vrai, que monseigneur l'official, par ses lettres présentées à moi, comme bien esprouvé et battu de la maladie de la lèpre te dénonce ladre. Pourquoy ie te deffens que aucunement tu ne trespasse, ne offense es articles cy apres escripts :

» Primo. Que tant que tu seras malade, te n'entreras en maison nulle aultre que en ta dicte borde : ne ne coucheras de nuict, ne en moulins tu n'entreras.

» Item. Que en puys ne en fontaine tu ne regarderas et que tu ne mangeras que tout par toy.

» Item. Que tu nentreras plus en nul jugement.

» Item. Que tu nentreras plus en l'église tant comme on fera le service.

» Item. Quand tu parleras à aucune personne, va au dessoubs du vent.

» Item. Si tu rencontre aucune personne, va au dessoubs du vent.

» Item. Quand tu demanderas l'aulmosne, que tu sonnes ta clicquette.

» Item. Que tu ne voise point loing de ta borde sans avoir vestue ta housse : et quelle soit de camelin, sans aultre couleur aucune.

» Item. Que tu ne boyve à aultre vaisseau que au tien.

» Item. Que tu aye ton puys et ta fontaine devant ta borde : et que tu ne puyse à aultre.

9

» Item. Que tu aye devant ta borde une escuelle fichée sur ung droict baston.

» Item. Que tu ne voise nulle part hors que tu ne puisse retourner pour coucher le soir en ta borde sans congé ou licence de ton curé du lieu, et de mon dict seigneur lofficial.

» Item. Si tu vas loing dehors par licence comme dict est, que tu ne voise point sans aucune lettre de ton dict curé et approbation du dict official. »

Qui écrira l'histoire vraie de cette effroyable maladie qui a épouvanté le moyen âge? Au xive siècle, il y avait dix-neuf mille léproseries en Europe (deux mille en France seulement). Aujourd'hui, dans nos pays, on sait le nom de la lèpre et voilà tout ; en Orient, sa contrée natale, elle existe à peine. J'ai rencontré quelques lépreux à Rhodes et à Jérusalem ; à Damas, il existe encore une léproserie ; je vous fais grâce des monstres que j'y ai vus ; les têtes que j'ai regardées, verdissantes dans les bocaux du musée de Leyde, sont gracieuses et d'un agréable souvenir en comparaison de ces êtres innommables qui me demandaient l'aumône avec une voix sans palais, sans lèvre, sans langue, sans dents, et qui tendaient vers moi une main dont les doigts pour-

ris retombaient comme de la charpie humide et en-
sanglantée.

En revenant sur mes pas, je me suis arrêté à un
faisceau de tourelles qui étaient les anciennes prisons de la ville et qui aujourd'hui servent de magasin à un marchand de meubles. Elles sont au
nombre de six, élégantes, coiffées en éteignoir, et
ceignent de leur gerbe une maîtresse tour bien bâtie. En face s'arrondit une place où se font les exé-
cutions, qui, grâce à Dieu, deviennent de plus en
plus rares en Hollande, où l'on pend encore par le
vieux système. Les gens progressifs réclament la
guillotine comme amélioration ; il me semble qu'il
n'y a qu'à abolir la peine de mort purement et simplement ; cela vaudra mieux que les outils les mieux
perfectionnés et constituera un réel et vivant progrès.

Avant de vous promener dans le musée, je dois
vous dire que je n'en connais pas un au monde qui
soit plus mal éclairé ; les jours viennent de côté, et,
par conséquent, noient les tableaux, frisent dessus
ou les laissent dans l'obscurité ; il y a donc bien
des toiles que je n'ai pu voir qu'imparfaitement ;
quelques-unes m'ont absolument échappé et j'ai dû
prier les gardiens, fort complaisants comme tou-

jours, de vouloir bien en décrocher deux ou trois
petites afin que je pusse les regarder. Il faudrait que
les gouvernements sussent bien qu'il ne suffit pas,
pour avoir un musée curieux, d'accrocher de bons
tableaux dans une chambre ; il faut qu'ils soient
disposés de certaine façon, sous un angle facile à
trouver, exposés à une lumière d'en haut appropriée à leur nature ; certaines toiles ont besoin du
grand jour, d'autres d'un éclat très-modéré ; enfin,
et pour ne pas me laisser entraîner dans cette digression qui me mènerait trop loin, chaque tableau
a, pour ainsi dire, son tempérament particulier qui
exige des soins particuliers aussi. Parler de ce sujet,
c'est parler dans le désert. Avez-vous jamais, à notre
époque, rencontré quelque part un gouvernement
qui se souciât des arts! Je le cherche encore.

Les honneurs de la meilleure salle ont été faits à
la *Garde de nuit* de Rembrandt. C'est peut-être le tableau le plus étrange que j'aie vu, et j'en ai vu beaucoup. On n'est pas encore d'accord sur ceci : l'artiste a-t-il voulu représenter une scène de nuit ou
une scène de jour ? Le sujet n'est point un chaos,
comme on l'a dit ; il est fort simple et se débrouille
de lui-même avec facilité.

Un tambour bat le *rappel* et tous les bourgeois de la milice arrivent en se hâtant derrière le capitaine et le lieutenant, qui marchent les premiers. Il n'y avait point d'uniforme dans ce temps-là, chacun s'équipait à sa guise,

S'habillant d'une loque et s'armant d'un poignard,

selon sa fortune, les circonstances ou son goût. Rembrandt a su tirer un merveilleux parti, au point de vue du coloris, de cette diversité de chapeaux ronds ou pointus, de casques, de morions, desquels la lumière tire de larges reflets ; hauts-de-chausse, pourpoints, fraises à l'espagnole, rabats, manteaux, vestes courtes, vestes longues, aiguillettes, nœuds de rubans, bottes à entonnoir, souliers à hauts talons, bas de toutes couleurs, se côtoient et s'avoisinent sans se heurter jamais, tant leurs teintes diverses sont réunies et comme jumellées par des glacis habiles et merveilleusement choisis. L'harmonie générale de la composition est fauve clair s'appuyant sur un ton brun, où presque toutes les têtes se détachent en vigueur. Le vrai soleil du tableau, l'astre éblouissant qui projette ses lueurs et d'où rayonne une lumière essentielle, est placé au second plan.

C'est une petite fille d'une douzaine d'années qui, à travers les jambes de ces gens pressés, court, le corps placé de profil et la tête tournée de trois quarts vers le spectateur. Pour les autres personnages, Rembrandt n'était point libre; ils étaient des *portraits*, et l'artiste devait les traduire dans leur réalité; c'est à cause de cela, sans doute, que, pour sa fantaisie grandiose, ce personnage secondaire est devenu principal, et que de cette petite fille il a fait l'héroïne de ce tumultueux rassemblement. Elle est charmante; la vie jaillit autour d'elle comme la clarté d'une étoile. Il lui a donné cette façon de costume oriental qu'il a toujours affectionné et qu'il sait traiter mieux que nul peintre. Une pèlerine vert très-pâle, orpaillée d'orfévrerie, couvre ses minces épaules et jette un ruban d'ombre transparente sur sa large robe en moire blanche glacée de tons blonds comme du miel; à sa ceinture pend un poulet blanc attaché par les pattes et une bourse pleine flottant au bout de ses longs cordons. (Je vous dirai plus tard pourquoi ce détail, insignifiant en apparence, me semble prouver que la scène ne représente pas une *ronde de nuit* et se passe en plein jour.) Ses cheveux débouclés, d'un

ton roux et presque léonin, tombent autour de son
cou et sont serrés sur le front par un cordelet de
perles d'où s'échappent quelques plumes si légè-
res, si fines, qu'on les voit à peine, et qui n'apparaissent plus que comme *repentir*. Devant cette enfant, lumineuse et belle comme une petite reine de
Saba, s'avance précipitamment un vigoureux gail-
lard, jeune, brun, accentué, vêtu de rouge, qui
marche à grands pas en tirant la baguette de son
fusil. On parle, pour la louer, de la couleur de Rembrandt; soit, c'est là un lieu commun sur lequel je
ne veux pas revenir; mais que dire de son dessin
après avoir vu cet homme le pied levé, la tête en
avant, le dos incliné, qui paraît s'élancer hors du
cadre, tant il est merveilleusement compris et jus-
tement saisi dans l'harmonie complète d'un mouvement auquel concourent tous les muscles du corps?
A droite s'avance le capitaine : pourpoint de velours noir serré d'une écharpe rouge, sombrero,
fraise tombante et gaufrée, laide figure, rouge et
enluminée malgré sa maigreur qui laisse deviner
une grosse charpente; il va, tenant sa canne et son
gant à la main, montrant de face son visage ombragé d'une lourde moustache blonde et éclairé de

deux yeux bruns ; près de lui, et comme établissant
le parallélisme lumineux avec la jeune fille du second plan, marche le lieutenant, vêtu d'un justau-
corps blanc, le cou défendu par un gorgerin d'acier
damasquiné d'or exécuté en manière de trompe-
l'œil, et portant, de son bras détendu, une halle-
barde dont le dessin en raccourci ferait aujourd'hui
reculer tous nos peintres ; il est petit, maigre ou
plutôt chétif ; de profil son visage, où pend une
longue moustache acajou, accuse une certaine fermeté ; il est impassible, et pourtant un imprudent,
encasqué d'une salade ornée d'une couronne de
feuilles de chêne, et qu'on n'aperçoit que de dos,
flambe une arquebuse jusque sur le bord de son
chapeau de couleur grise. Dans le coin, un homme
déjà vieux, à la face épatée, un buveur sans doute,
pour ne pas dire un ivrogne, tape sur son gros
tambour constellé de clous d'argent. Derrière eux
la compagnie se presse en désordre, pêle-mêle : les
uns, ceux du fond, tenant leurs piques ; les autres,
ceux du premier plan, arrangeant leurs mousquets,
les chargeant ou avivant la mèche ; debout sur les
marches d'un monument qui se dessine confusément, l'enseigne agite le drapeau ; à gauche de la

bannière déployée se montre un groupe de trois
hommes, dont l'un porte une rondache, et qui ont
des têtes accentuées avec un si profond sentiment
de la vie, que l'œil ne peut s'en détacher. De ce
côté, la toile se ferme par un garde tenant sa pique
et assis à moitié sur une borne ; près de lui court
un enfant portant une large poudrière. Je n'ai pu
détailler tous les personnages, dont, au reste, les
noms sont écrits sur un cartouche fixé à une colonne qui surgit au fond ; je n'ai pu vous décrire
une à une toutes ces physionomies qui regardent,
qui parlent, qui écoutent. Ces figures sont des portraits, je vous l'ai dit ; quelques-unes sont donc forcément, pour rester dans la vérité du sujet, communes, lourdes, sans beauté ; d'autres, au contraire,
sont charmantes et d'une finesse extraordinaire ;
je citerai, entre autres, celle d'un jeune homme
debout, à droite, près de la colonne ; il tient sa
pique en main et a la tête serrée d'un morion ; ses
traits délicats et un peu maladifs, la douceur de
son regard, la régularité ingénieuse de ses yeux et
de ses lèvres en font un des plus parfaits modèles
de beauté qu'on puisse rencontrer. Au reste, vous
l'avez remarqué souvent, sans doute, dans les têtes

les plus laides, dans les bourgeois les plus impossibles, dans les servantes les plus dépenaillées,
Rembrand sait toujours découvrir et faire voir le
côté saillant, le trait divin, celui qui, entre tous,
sépare l'être de la brute. Chez les uns, et je parle
des plus repoussants, ce sont les yeux, auxquels il
sait donner une profondeur qui traverse l'âme et
une intensité de regard qui fait presque peur à la
longue; chez les autres, c'est la bouche, qu'il sait
entr'ouvrir pour des douceurs d'haleines inconnues,
pour des sourires sérieux que l'intelligence connaît
seule, pour la vie, enfin, qu'il sait surprendre et
fixer dans chaque trait , dans chaque ligne, dans
chaque geste, et cela, chose étrange, sans une seule
exagération de mouvements, sans violence d'attitudes, par la seule force et la seule connaissance de
la vérité. Ce tableau de la *Garde de nuit* est une
preuve de ce que je vous dis : au premier aspect,
c'est une grande confusion, c'est une sorte de tohu-
bohu d'ombres et de clartés où l'œil cherche en
vain son point de repère ; ces gens courent et se
heurtent ; ce n'est pas une foule, c'est une bouscu-
lade ; puis, peu à peu, quand le regard, accoutumé
à cette surprise de la couleur, a reconquis sa séré-

nité, on voit la scène se débrouiller, chaque personnage prendre sa place, chaque figure s'animer de
son expression, et on comprend alors que ce qu'on
avait cru être du tumulte n'est que la vie telle
qu'elle a dû se manifester au moment même choisi
par l'artiste, et on ne conçoit pas que ces miliciens
empressés puissent avoir, à cet instant précis qui
les représente, d'autres attitudes, d'autres gestes,
d'autres physionomies. C'est là le comble de l'art,
et c'est là ce que j'admire surtout et avant tout dans
Rembrandt.

Quant à la façon dont il a distribué la lumière
dans cette toile, elle est tout à fait arbitraire, ce
qui, je le dis à regret, lui est arrivé souvent et selon
les besoins de ses colorations préconçues. Les deux
points lumineux sont la petite fille et le lieutenant,
deux *blancs* qui se détachent et reluisent sur l'ensemble général ; tout le reste de la composition est
dans l'ombre ou du moins dans la demi-teinte, à
l'exception des têtes qui brillent en relief sur les
fonds bruns. Je crois l'art des clairs-obscurs moins
difficile à pratiquer savamment qu'on ne l'a dit ;
les oppositions violentes d'ombre et de lumière sont
d'une réussite presque toujours certaine au premier

aspect; souvent renouvelées elles fatiguent, car leurs effets sont presque constamment et forcément les mêmes. Je crois qu'il est plus aisé de peindre des personnages sous des jours frisants, éclaircis par des clartés de convention et distribuées, avec préméditation, en dehors des lois physiques, que de les représenter en pleine lumière, je dirais même en plein air, avec l'éclat presque uniforme d'une atmosphère ambiante autour d'eux, comme excellait à le faire Paul Véronèse, qui est certainement le plus grand luminariste de tous les peintres. Il est facile de donner du relief et de la vigueur à un visage, lorsqu'on noie d'ombre toutes les parties qui l'environnent; mais c'est un inconcevable tour de force que de peindre des personnages, sous le ciel ouvert, sans projection d'ombre, sans autre modelé que celui de leurs propres formes, dans un jour d'aplomb qui ne cherche pas ses angles pour obtenir des oppositions factices, ainsi que je le vois dans les *Noces de Cana* que nous possédons, ou dans l'*Enlèvement d'Europe*, du palais des Doges, à Venise. Dans la *Garde de nuit*, l'effet obtenu est immense, mais le moyen est trop visible; or, il ne faut jamais dévoiler son dieu. La couleur de ce ta-

bleau est devenue proverbiale; elle est étourdis-
sante, elle aveugle, elle est poussée aussi loin que
possible, au delà elle serait dangereuse, j'allais dire
coupable; elle procède par empâtements violents
reliés entre eux par des glacis que les restaurations
ont un peu fatigués; mais, parfois aussi, elle semble
affolée et comme prise de vertige lorsqu'elle s'élève
en reliefs réels sur les fraises blanches et sur les
damasquinures des gorgerins.

Quoi qu'il en soit de ces observations, que l'im-
partialité placée dans l'absolu a toujours le droit
de faire, ce tableau est un chef-d'œuvre, moins
peut-être par sa beauté que par son étrangeté et sa
force saisissante. Il étonne, il éblouit, il écrase,
mais il ne charme pas; il manque de ce qui fait la
grandeur des maîtres, même dans leurs violences
les plus excessives, il manque de sérénité et n'a
point modifié en moi cette opinion que la *Leçon
d'anatomie*, peinte dix ans avant, est la véritable
pièce capitale de l'œuvre de Rembrandt.

Dans cette dernière toile je trouve autant de lumière, autant de composition, autant de dessin,
autant de difficultés vaincues, autant de vérité,
autant de coloris, et je ne vois pas ces exaspéra-

tions inutiles de la brosse; ces effets conquis à force de recherches, ces négligences intentionnelles, il est vrai, mais blâmables. Dans la *Leçon d'anatomie*, il me paraît un maître absolu; dans la *Garde de nuit*, il me semble presque en décadence sur lui-même; car l'exagération outrée n'est souvent que de la faiblesse.

Est-ce une garde de nuit? je ne le crois pas! Nulle torche! nulle lanterne! Ce ne sont pas, comme on l'a cru, des bourgeois qui sortent en hâte, le soir, pour aller recevoir je ne sais quel prince étranger; ce sont de braves miliciens de la ville qui se réunissent, au son du tambour, pour aller faire l'exercice de la cible, et qui recevront des mains d'une jeune fille, selon l'habitude, le modeste prix de leur adresse, cette volaille qu'elle porte pendue à sa ceinture; les piquiers qui les escortent feront, selon l'usage, la haie autour d'eux; car c'est ici un simple service commandé, et non point de ces importants concours d'arquebusiers où les prix, décernés en grande pompe, étaient des vidercômes d'ivoire orfévrés d'argent ou des rœhmer montés en vermeil. Rembrandt a *été payé* par un certain nombre de miliciens pour faire leur portrait (leurs noms inscrits en font foi), il les a groupés, selon les besoins de sa composition, dans l'exercice d'une de leurs occupations les plus fréquentes. S'ils s'élancent le soir afin de recevoir un prince, pourquoi chargent-ils leurs armes, et pourquoi le lieutenant est-il si peu surpris qu'on lui flambe un fusil jusque sur son chapeau? Ils vont à la cible, et voilà tout; la scène se passe en plein jour. Le doute seul est une preuve que, trop emporté par ses rêveries de clair-obscur, l'artiste n'a point donné à son tableau la coloration que le sujet exigeait.

Il y a aussi dans une autre salle un tableau de Rembrandt qui représente les *Syndics de l'ancienne corporation des marchands de draps à Amsterdam*. Ce sont six hommes vêtus de noir, à rabats blancs, assis derrière une table couverte d'un tapis de Smyrne rouge. C'est fort beau, plus sage que la *Garde de nuit*, quoique trop empâté aussi et déjà fait dans cette dernière manière qui a donné à quelques-uns de ses tableaux l'apparence de bas-reliefs coloriés.

Le *Banquet de la garde civique à Amsterdam, à l'occasion de la paix de Munster en 1648*, fait pendant, dans la salle principale, à la *Garde de nuit*. Ce ta-

bleau est de Van der Helst; une belle gravure en a
été envoyée à notre exposition universelle de 1855.
C'est le diamant de la Hollande, dit-on : je ne trouve
pas. Le sujet était ingrat à traiter; des bourgeois,
plus ou moins habillés en soldats, ne sont pas faits
pour donner naissance à un bien illustre chef-
d'œuvre, à moins qu'ils ne soient *traités* par un artiste surhumain, comme Rembrandt; les uns boi-
vent, les autres mangent, assez malproprement
même, car ils tiennent sans façon leur viande d'une
main et leur couteau de l'autre; ils causent entre
eux, se serrent les mains, s'offrent des coupes d'orfévrerie, tiennent de longs verres de Bohême où
moussent les vins dorés du Rhin, et se livrent à une
joie hollandaisement calme. Je reconnais toutes les
qualités qui dominent dans cette vaste composition,
où chaque figure est un portrait ; j'admire le modelé, je dirai mieux, la ressemblance des têtes, le
fini des mains, l'habileté des étoffes; mais je vois des
nuances mal associées et criardes, je vois des contours secs et nerveux ; je vois, au premier plan, un
étrange abus de détails, qui donne toute l'importance au tambour qui a joyeusement battu pour répandre la bonne nouvelle; je vois, pour tant de per-

sonnages, une toile trop basse qui ne laisse pas au
ciel le développement dont il a besoin pour faire
suffisamment valoir les figures ; je vois au centre de
la composition des bleus exagérés qui tirent l'œil et
le fatiguent ; enfin je vois que c'est une première
toile de troisième ou quatrième ordre, mais je vois
que ce n'est point un chef-d'œuvre.

A la Haye je vous ai parlé des frères de Witt ;
voici leurs portraits peints par J. de Baan. Jean, le
grand pensionnaire, est costumé de velours noir ;
son visage busqué, aux yeux foncés, à la lèvre au-
trichienne, est d'une grande bienveillance ; il est
maigre, grand et d'une élégance qu'augmente encore la beauté extraordinaire de ses mains. Son
frère Cornélis a une physionomie plus douce encore,
et ressemble quelque peu à un chien épagneul ;
ses traits sont à la fois maigres et mous et indiquent, par leurs grosses lèvres et leurs yeux franchement ouverts, une bonté prévoyante et pleine
de pardon. Le même peintre a représenté les deux
frères après leur mort, pendus par les pieds à un
gibet, noyés de sang, la tête coupée, la poitrine
ouverte, le cœur arraché, le ventre déchiré, horribles, effroyables.

On montre ici avec orgueil un Gérard Dov qui a une réputation européenne, c'est l'*École du soir* ; c'est puéril à force de minutie, c'est peint avec des cils d'enfant nouveau-né, et j'avoue que je ne me suis pas senti le courage, les yeux encore pleins des lumières de Rembrandt, de m'extasier sur quatre différents effets de chandelle.

Je cite simplement, et pour mémoire, de très-vigoureuses *Natures mortes* de Hondekoeter ; un beau cadre de Van Dyck, contenant le doux et radieux portrait des *Enfants de Charles Ier* ; deux harmonieux tableaux de Van Ostade, l'un représentant l'*Intérieur de son atelier* et l'autre un *Paysage* ; une magnifique et verte *Cascade* de Ruysdaël ; un joli sujet de genre de Terburg, très-semblable à celui que nous possédons à Paris ; une *Bénédiction de Jacob par Isaac*, qui a un grand style et de fort belles têtes, par Flinck ; un terne et assez grisâtre tableau représentant *Une femme et un enfant dans un vestibule*, par P. Hoog, peintre souvent trop vanté, selon moi ; une *Descente de croix*, par Crayer, théâtrale, molle, mais bien composée ; un très-beau *Paysage* de Guyp, vert, transparent et profond ; un *Massacre de Innocents*, par Van Haarlem, qui n'est

que la reproduction légèrement modifiée de celui
que j'ai vu à la Haye; un *Orphée*, une *Vache rousse*
de Paul Potter, qui ont des qualités de paysage
très-remarquables, et enfin, de ce même maître,
une *Chasse à l'ours* que je trouve hideuse, dure,
sèche, en bois, sans vérité et ridicule de mouvement, car j'y aperçois un chien, ceci est littéral,
qui grimpe à un arbre pour atteindre un ourson
fuyant à travers les branches.

IX

Pèlerinage. — Zaandam et non pas Saardam. — La Maison de
Pierre-le-Grand. — *Nomina stultorum*. — Le Canal du Nord.
—Le Village de Broeck.—Hystérie de propreté.—Une Ferme.
— La queue des Vaches. — Crépuscule.

21 Février.

J'ai fait aujourd'hui ce que les touristes aiment à
appeler « le pèlerinage à la maison de Pierre le
Grand. » A neuf heures du matin, j'étais sur un des
quais d'Amsterdam qui baigne dans le détroit de l'Y,
et je montais à bord d'un bateau, ou plutôt d'un bac
à vapeur. La ville, toute voilée encore par les brumes

matinales, s'élevait confusément dans le brouillard. En face de moi débouche, par de larges écluses, le grand canal de la Hollande, canal qui, partant du Texel pour aboutir à Amsterdam, est, au dire des gens du métier, un chef-d'œuvre de difficultés vaincues, et qui, par la cherté et la lenteur obligée du halage, donne à Rotterdam un avantage dont elle abuse aujourd'hui pour se développer sans mesure aux dépens de son ancienne capitale. Nous sommes partis, nous avons côtoyé un beau brick revenant des Indes, et qui entrait, les vergues en berne, remorqué par un steamer. Dix minutes après, nous étions débarqués sur une languette de terre, c'est-à-dire sur une digue, où nous trouvions une voiture qui promptement fut attelée et prête à partir pour Saardam.

La route suit la digue : d'un côté elle s'appuie contre des prairies quadrillées de canaux ; de l'autre elle descend, par une pente talonnée de larges dalles, jusque dans la mer, où j'aperçois des goëlands qui se laissent bercer paresseusement par les vagues et qui ressemblent de loin à un chapelet d'œufs posé sur les flots. Tout est calme ; le soleil se lève et dévore le brouillard ; dans les prés, les paysans travaillent parmi les troupeaux : montés dans une sorte de bateau plat, ils curent les canaux à l'aide d'une large cuiller emmanchée d'une perche, et retirent une vase épaisse et noire qui leur sert plus tard à engraisser leurs terres, qu'ils exhaussent ainsi peu à peu. A l'horizon, parfois le ciel est rayé par le panache de fumée d'un paquebot qui passe; çà et là apparaissent de petites maisons abritées sous des arbres, et d'où sortent des enfants qui courent en criant après la voiture; au loin on voit poindre, comme un guidon, le clocher de Saardam.

Mais ce n'est point Saardam qu'il faut dire, c'est *Zaandam*. En effet, la petite rivière de Zaan, qui traverse la ville, lui a donné son nom; la géographie a été trop bonne courtisane, car, en commémoration du séjour du czar Pierre, elle a débaptisé la ville et l'a appelée Saardam (*czardam*). Les Hollandais ne se laissent point prendre à cette flatterie, et ils ont conservé l'ancienne et seule vraie dénomination; je ferai comme eux, si vous voulez bien le permettre.

Zaandam s'arrondit autour d'une anse mignonne formée par le détroit de l'Y. C'est vif, joyeux et très-monté en couleur. Les bateaux avancent leur beaupré jusque sur les quais, où sont rangées des maisons

de bois peintes en vert, en gris, en rose, rechampies de nuances claires qui sont d'un effet imprévu
et d'une gaieté agréable pour les yeux fatigués, en
Hollande, par les tons uniformément rouges de la
brique. La construction de ces espèces de chalets,
couverts en tuiles souvent vernies, ressemble à
celle des barques normandes : elle est à *clins*, c'est-
à-dire que les planches qui forment les murailles
sont légèrement superposées les unes aux autres,
comme les ardoises d'un toit; cela tend encore à
rompre la monotonie des surfaces planes, et donne
à ces petites demeures des apparences pleines d'une
fantaisie amusante. J'ai vu bien des moulins depuis
que je suis dans les Pays-Bas, mais jamais encore
je n'en avais tant vu qu'autour de Zaandam : c'est
un tourbillon d'ailes qui voltigent à tous les coins
de l'horizon. Dans les prairies même, les cultivateurs en mettent sur les bords des canaux, moulins
dignes de Lilliput, il est vrai, mais qui, vannant
les eaux de leurs petites aubes, en facilitent l'écoulement.

Sous l'apparente modestie de cette ville étroite,
on sent je ne sais quelle richesse de bon aloi : elle
est cossue, comme on dit à Paris; aussi les gens y

sont peu empressés, et c'est avec bien du mal, bien
des lenteurs, bien des pourparlers, que j'ai enfin
obtenu de manger à peu près un bifteck qui n'était
pas cuit. Il n'y a qu'une auberge dans la ville, et
l'on s'en aperçoit vite à la façon piteuse dont on y
est servi. N'en déplaise au Monopole, j'aime assez
la concurrence; chacun y gagne.

La fameuse maison de Pierre le Grand tombe en
ruines, elle craque, elle se disjoint, elle est à jour.
Pour la protéger, on l'a enveloppée d'une construction en briques, de sorte qu'elle ressemble à ces
miniatures de chalets qu'on achète en Suisse et qui
sont contenues dans des boîtes qui ont elles-mêmes
la forme d'un chalet. C'est une vraie cahute de pêcheur, composée de deux pièces, garnie de fenêtres
croisillonnées de plomb, et si basse qu'on touche
de la main les poutres du plafond. Le lit ressemble
à une planche dans une armoire; la table est large;
les fauteuils, il y en a trois, ont un siége triangulaire en bois dont le sommet s'appuie contre un dos-
sier formé d'un simple rondin d'où s'élancent deux
bâtons qui sont les bras. C'est peu douillet, et le
cuir de Russie seul peut s'en accommoder. Dans la
chambre à coucher, une haute cheminée à cham-

branle plat de faïence émaillée, à plaque de fonte, à manteau de bois noir, s'élève contre un des panneaux. Dans le linteau supérieur on a encastré une tablette de marbre blanc sur laquelle je lis : *Petro magno, Alexander.* Cette familière inscription m'a paru d'une modestie douteuse. Plusieurs souverains, venus en curieux dans cette chaumière à laquelle je trouve, malgré moi, quelque chose de puéril et de *poseur*, ont fait graver leurs noms, leurs titres, la date de leur visite, sur des marbres blancs accrochés aux murailles. Ces murailles, du reste, disparaissent littéralement sous les inscriptions de toutes sortes dont on les a affligées; tous les badauds, tous les béotiens des quatre parties du monde ont tenu à honneur de graver là leurs noms inconnus et ridicules. J'espère que le gouvernement hollandais aura un jour la bonne idée de faire donner quelques coups de rabot sur cet amas d'inepties, qui rappelle involontairement ce vers si fréquemment cité au collége :

Nomina stultorum semper parietibus insunt.

Et cependant, sur une table, trente-deux cahiers très gros sont entassés, qui contiennent les noms de tous les visiteurs. Des drapeaux russes et hollandais s'étendent contre le plafond comme une tenture bigarrée de blanc, de rouge et de bleu.

A côté de cette chambre s'en ouvre une autre *décorée* des portraits de Pierre et de sa femme et d'un tableau donné par M. Anatole Demidoff. Là aussi, sur les portes, les murs, les solives, les linteaux, les volets, je vois des noms plus nombreux que les sables du désert. Ai-je besoin de vous dire que quelques riches enthousiastes ont abusé de leurs bagues en diamant pour rayer les vitres, toujours sous le prétexte d'inscription. C'est révoltant de bêtise.

Dans cette maison de bois, datée 1696, qui a été durement secouée par une inondation en 1825, et dont le parquet est tout déjeté, je n'ai eu aucune pensée philosophique de circonstance, je ne me suis point attendri à l'idée de ce législateur à coups de hache dormant sur ces quatre planches, je n'ai point fait de parallèle historique, je n'ai point récité les vers de la *Pétréide*, je n'ai point admiré l'inscription dictée par l'empereur Alexandre : *Rien n'est trop petit pour un grand homme;* je n'ai point évoqué l'ombre des vieux rois; je n'ai point frémi en pensant à l'avenir de la puissance russe, parce que je n'y crois guère, et je m'en suis allé, comme un simple mortel, sans demander à Dieu de donner au monde un génie pour le diriger, car j'ai cette conviction baroque que les peuples sont assez grands pour se gouverner tout seuls.

Il y a, selon moi, à Zaandam, quelque chose de bien plus curieux que cette impériale masure, c'est la rivière, c'est la Zaan, qui, au moment où je la regardais, brillait au soleil avec de longs filets d'argent. Elle est large, limpide, peu encaissée; je n'ai pas besoin de vous le dire, l'encaissement des fleuves est inconnu en Hollande; sur chacune de ses rives s'élèvent ces jolies maisons coloriées, tout entourées d'arbres, de jardins, et derrière lesquelles on voit tourner les moulins agiles. Ces constructions peintes m'ont presque rappelé les maisons de Constantinople. Grâce à une batelière, qui n'avait rien de commun avec celles qu'on célèbre dans les romances, j'ai traversé la Zaan; puis je me suis promené dans la ville, admirant son bien-être, son élégance irrégulière et le repos profond dans lequel elle paraît endormie. L'habitude de voir fréquemment des étrangers a donné aux Zaandamois l'usage de les saluer indifféremment d'un *bonjour* ou d'un *good night*, quelle que soit l'heure de la journée.

Je suis remonté dans ma carriole; nous avons refait en partie la route que nous avions déjà parcourue sur le dos de cette large digue serpentant à grandes courbes au-dessus des prairies qui semblent plus basses que le niveau de la mer; puis nous avons brusquement tourné à gauche, vers le nord, à travers un village étalé au bord du détroit. Nous longeons un canal où passent des navires remorqués et des bateaux qui reviennent d'Amsterdam, où ils ont été le matin porter du lait au marché. L'air est froid, l'horizon est clair; la prairie, galonnée par l'argent des canelets, s'étend douce et grasse sous les yeux avec un charme infini; au lointain, quelques bouquets d'arbres se groupent autour de maisons à toit rouge; des vanneaux fouillent la terre et voltigent auprès des moutons; des canards s'ébattent dans les petits étangs; des oies, blanches comme des cygnes, lustrent leurs plumes à coups de bec; des vaches noires lèvent la tête en mugissant; les paysans qui cheminent soulèvent leur bonnet pour nous saluer; c'est la sérénité du calme, de l'abondance et de la force. C'est un beau pays que la Hollande, et je ne puis me lasser de l'admirer.

Cependant, malgré cette admiration, il faut que je vous dise quelques mots du village de Broeck, qui est bien la fantaisie la plus cocasse que jamais Chinois ivre d'opium ait pu rêver. Quitte à me répéter souvent, je vous ai parlé plusieurs fois de cette méticuleuse propreté qui donne à la Hollande, entre les autres pays, un caractère absolument spécial. Dans les villes, j'ai vu des marchands parcourir les rues et vendre aux ménagères toutes les poudres et tous les liquides en usage pour le polissage et le nettoiement : émeri pour les fers, rouge de Venise pour l'argenterie, blanc d'Espagne pour les vitres, tripoli et charbon pulvérisé pour les cuivres, briques anglaises pour les planchers, grès porphyrisé pour les dalles de marbre, eau-forte, eau seconde, brosses, peaux, tampons, plumeaux; une pharmacie et une quincaillerie complètes; j'ai lu, sur des placards, qu'il est interdit aux domestiques de jeter devant les maisons des eaux et des ordures; j'ai vu des conducteurs de tombereau aller chaque matin frapper aux portes et recueillir, les uns les cendres de tourbe brûlée, les autres les épluchures

de cuisine; j'ai vu partout, chez les Hollandaises,
un besoin de frotter, de laver, de nettoyer; j'ai vu
partout une inconcevable propreté; mais à Broeck,
cette manie devient furieuse, c'est de l'hystérie. Il
est défendu d'entrer dans le village avec des chevaux
ou des chiens, dans un but que vous comprendrez
facilement; les rues sont formées de briques de
trois espèces : les unes agencées en trottoirs, les
autres en bordures, les dernières enfin en chaussée
proprement dite : toutes sont, chaque jour, fourbies
et savonnées à la main : les premières avec de
larges brosses, les secondes avec des brosses à ongles, les troisièmes avec des brosses à moustaches;
les interstices même sont soigneusement nettoyés
avec des cure-dents; on n'y aperçoit pas un brin
d'herbe folle, pas une plume d'oiseau, pas un grain
de poussière, ça en est aride. Le long des maisons
on voit de larges crachoirs en pierre, garnis de grès
pilé, à l'usage des fumeurs, qui ne peuvent se promener qu'avec une pipe garnie d'un couvercle, et
jamais, sous aucun prétexte, avec un cigare allumé,
afin d'éviter que les cendres se répandent sur ce
pays immaculé. Les domestiques sont tenus d'aller
le matin, à cinq heures en été, à six heures en

hiver, battre les vêtements et cirer les chaussures dans les prairies voisines, à cinq cents pas au moins du village et sous le vent. En automne, des enfants payés *ad hoc* sont chargés de ramasser les feuilles au fur et à mesure qu'elles tombent, et vont les jeter dans des trous recouverts d'un plancher et d'où le vent ne peut les enlever pour les éparpiller de son haleine. Si la salle de la loterie, à la Haye, est le paradis des araignées de la Hollande, Broeck en est l'enfer.

J'ai visité un jardin : sur sa grille principale je lis ces mots : *Vrede zydeningang* : Paix en entrant ! On ne peut savoir jusqu'où va la puérilité humaine, et je ne sais comment des hommes peuvent vivre dans cette nature factice, rapetissée et odieusement mesquine. Sur de petits canaux, de petits ponts rustiques et japonais ont jeté leurs petites arches ; de petits obélisques s'élèvent à côté de petits pavillons chinois, de petites chapelles gothiques, de petits temples corinthiens ; sur les bassins nagent des cygnes et des canards en zinc qui se heurtent avec un bruit de casseroles quand le vent souffle trop fort ; dans une chaumière, des automates, grandeur naturelle, d'hommes et de femmes, mis en mouvement par une criarde mécanique, filent, tissent et dévident; çà et là, sous des bosquets taillés en losanges, en berceaux, en triangles, en couronnes, en étoiles et en croix, apparaissent des divinités de l'Olympe, si fort badigeonnées tous les ans que leurs formes englucées de peinture n'offrent plus que des contours empâtés et douteux. On fait la barbe tous les matins au buis des allées, on peigne les arbres verts, et d'heure en heure on ratisse les allées pour effacer la trace des pieds indiscrets empreinte sur leur sable bluté au tamis. Chaque maison a deux portes : l'une sert aux usages journaliers : l'autre ne s'ouvre que dans les trois grandes circonstances de la vie : le baptême, le mariage et l'enterrement. Une couche de frais badigeon est chaque année appliquée à ces maisons reluisantes ; on visite leurs toits pour arracher les mousses parasites ; on lave les tuyaux de cheminées salies quelquefois par les oiseaux du ciel, et l'on change de chaussure avant de franchir le seuil. La vie doit être horrible ici, et cependant cette propreté folle est préférable à l'outrecuidante et catholique saleté de nos villages français.

Par la même route, je regagne mon point de départ, mais en chemin je m'arrête pour visiter une métairie.

Là, j'admire. Ce n'est point une ferme, à proprement parler, c'est une vacherie; car, dans ce canton, il n'y a que des prés et point de champs; la litière des animaux est en foin. C'est d'une santé et d'un confortable extraordinaires. Dans une chambre où jouaient cinq marmots frais, roses, blonds et débarbouillés, ce qui ne s'est jamais vu dans une ferme française, je suis reçu par une jeune femme d'aspect maladif, qui me montre la maison où tout est solide et reluisant; par une salle pavée de dalles de marbre blanches et noires, et où sonne une belle horloge à carillon, nous entrons dans la laiterie, si propre qu'elle n'a point d'odeur, où sont rangés sur de larges tables ces gros et ronds fromages de Hollande, à la célébrité desquels je ne me sens pas le courage de concourir, car ils me rappellent trop les tristes soupers du collége. Les meubles sont lustrés, les cuivres brillent; aux murailles pendent quelques images encadrées, sur le plancher s'étendent des nattes de roseaux. Nous parcourons la vacherie; une sorte d'ornière, ménagée dans la brique, suit l'étable dans toute sa lon-

gueur et arrive juste au niveau des pieds de derrière des vaches; vous comprendrez facilement à
quel usage cette fosse étroite est destinée. A l'aide
d'une corde fixée au plafond, la queue de l'animal
est attachée de manière à lui laisser sa position
naturelle et la faculté de s'émoucher lorsqu'il est
debout, mais aussi de façon à la lui retrousser lorsqu'il se couche et à le garantir des souillures gros-
sières qu'elle ne manquerait pas de ramasser et de
répandre. C'est fort ingénieux, très-simple et ne
peut être que bon pour la santé des animaux, qui,
je crois, n'ont rien à gagner en se vautrant, comme
chez nous, à travers les ordures dont leur litière
est toujours encombrée. Autour de la maison s'élèvent des tas de foin, carrés et abrités par un toit
mobile, glissant à volonté à ses quatre angles sur
des poutres fichées en terre, ce qui permet de le
monter ou de le descendre suivant la hauteur de
meules.

Les paysans sont très-riches dans cette partie de
la Hollande; les bestiaux et le fromage leur rap-
portent gros. Leur luxe principal, celui dont ils
font volontiers parade, consiste en une tabatière
d'or massif, d'une dimension et d'une pesanteur

extraordinaires; ils ont presque tous une voiture particulière, et quand ils vont à la ville, les jours de marché, ils ne reculent pas devant un copieux déjeuner arrosé de plusieurs bouteilles de vin de Champagne.

Nous sommes repartis, nous hâtant pour ne pas manquer le bateau à vapeur, mais en vain, car il fumait déjà au milieu du petit détroit lorsque nous arrivâmes. Nous prîmes un canot qui nous conduisit facilement à Amsterdam, en passant à travers les barques de pêcheurs qui rentraient.

La nuit planait déjà au-dessus de la ville lorsque j'ai mis pied à terre sur ses quais; les rues étaient presque désertes; la brume bleuâtre donnait aux canaux des profondeurs inaccoutumées de perspective; les clochers carillonnaient dans le lointain; les mâts des navires noyaient leur sommet dans l'obscurité; cela était calme et très-grand.

X

La Venise du Nord.—En mer.—Le Zuyderzée.—Banquises.—
Harlingen.— La croix des chiens.— Carriole.— Franeker.—
Devises.— Soleil couchant.

22 Février.

J'ai traversé bien des rues et bien des ponts ce
matin pour arriver au bateau à vapeur qui doit me
conduire à Harlingen. C'est en passant dans les
quartiers peu fréquentés, où les canaux sans quai
et sans bordure baignent directement le pied des
maisons, que j'ai compris la ressemblance qui
existe entre Amsterdam et Venise. Cette ressemblance est bien lointaine, en tous cas, car à la cité
hollandaise il manquera toujours le silence, la solitude et l'aspect artistiquement monumental qui
font de la vieille « reine de l'Adriatique » une ville
unique et incomparable. C'était la première fois de
l'hiver que les glaces chassées de la mer du Nord
dans le Zuyderzée permettaient au steamer de reprendre son service; aussi le pont était-il fort encombré de passagers, parmi lesquels un groupe
animé se distinguait par ses rires et ses éclats de

voix. C'étaient des commis voyageurs belges ou français; j'eus soin de m'en tenir prudemment à l'écart.

Amsterdam eut bientôt disparu derrière nous.

Les villages que nous apercevons ressemblent, dans l'éloignement, à des ombres chinoises de couleur grise; les toits des maisons construites derrière les digues, paraissent comme de petites pyramides ou comme ces tumulus gaulois qui, sur les côtes de notre Bretagne, servent de point de repère aux navigateurs. Au-dessus des flots, et les rasant de leur aile infatigable, passent des bandes de canards, de cette espèce que les Orientaux nomment des âmes en peine; les voyant sans cesse parcourir la surface de leurs mers bleues, ils pensent que ce sont des esprits criminels que Dieu a condamnés à errer toujours, sans jamais pouvoir se reposer.

Les rivages sont naturellement si bas en Hollande, que, par moments, on les perd de vue dans le Zuyderzée; parfois nous sommes, selon la vieille expression, entre le ciel et l'eau, et l'on peut s'imaginer qu'on est emporté sur les océans lointains. Chaudement enveloppé, assis sur un banc, bercé par la monotonie des flots, j'avais fermé les yeux et je m'étais assoupi. J'entendais vaguement le bruit des roues, je ressentais, à travers mon demi-sommeil, les secousses de la machine; la fraîche haleine de la mer glissait sur mon visage; je retrouvais une à une et involontairement toutes les sensations que j'avais éprouvées jadis, pendant ma traversée de Marseille à Alexandrie. Souvent dans votre vie n'avez-vous pas été tout à coup rejeté en arrière par une impression rapide et inattendue, par un air qui résonne, par un parfum qui passe, par un aspect qui surgit? Je rouvris les yeux. Ce n'est point la Méditerranée bleue et *perfide*, car c'est bien pour elle que les poëtes ont inventé cette épithète, que je vois se dérouler devant moi; c'est une mer calme, verte et brumeuse. En face de nous un haut clocher se dresse vers lequel nous nous dirigeons; c'est Enkhuizen, où nous relâchons quelques minutes pour charger des sacs de blé, pendant que le carillon chante onze heures et demie.

Le capitaine se tenait sur la passerelle, deux timoniers servaient la barre, le mécanicien était sur le pont prêt à crier des ordres à ses chauffeurs, un matelot en vigie regardait à l'avant, car on redoutait des glaces; elles ne tardèrent pas à paraître, d'un gris sale et jaunâtre, immobiles au centre et légèrement agitées sur leur bord que ronge le mouvement des flots. Des goëlands, des mouettes, des mauves courent sur elles en glapissant. Beaucoup de glaçons ont déjà fondu, car nous traversons les longues traînées blanches qu'ils laissent en s'effaçant et qui ressemblent à ces sentiers d'écume que trace le sillage des navires. Nous côtoyons pendant près d'une lieue une énorme banquise mamelonnée de petits monticules pareils à des tas de neige salie; sur l'un d'eux une grande pygargue à tête blanche nous regarde, immobile comme une aigle de bronze, puis elle étend ses lourdes ailes et prend son vol en poussant un cri.

Lorsque nous arrivâmes à Harlingen, toute la population du dimanche nous attendait sur la double jetée du port, où nous entrions au moment où la marée baissait si fort que nous faillîmes ne plus trouver assez d'eau. Croiriez-vous que cette ville est si propre qu'elle ne sent pas même le poisson? C'est à n'y rien comprendre. Pendant qu'on attelait et qu'on chargeait les voitures, ce qui exige en Hollande un temps considérable, je me promenai sur la place, à la vive inquiétude des gamins que ma casquette ronde intriguait beaucoup, et je vis passer un chien qui portait une croix de bois pendue au cou; puis un second, puis un troisième, enfin je m'aperçus que tous les chiens de la ville étaient décorés d'un ornement semblable. Cela me parut d'une dévotion si outrée et, en général, si peu en rapport avec les mœurs de la race canine, que je pris des informations à ce sujet, et j'appris que tout chien non muni de sa croix était, dans le canton de Harlingen, immédiatement appréhendé aux oreilles et conduit en fourrière; car les croix sont remises par la municipalité et prouvent que le chien a acquitté la taxe dont il est frappé en Frise comme en France.

La voiture où je montai, et qui devait me descendre à Leuwarden, pouvait avec quelque peine contenir six voyageurs; on les tassa si bien, les uns par-dessus les autres, que je m'y plaçai moi neuvième. La carriole ainsi bourrée de créatures humaines, surchargée de paquets, s'ébranla à grand'-peine et partit enfin traînée par deux pauvres rosses qui n'avaient rien de commun avec les chevaux frisons si célèbres jadis; elles allaient au petit trot; quand cela les fatiguait elles allaient au petit pas,

et puis elles s'arrêtaient; le cocher donnait un coup
de fouet et on repartait cahin-caha. Il y a cinq lieues
de Harlingen à Leuwarden; nous restâmes cinq
heures en route, mais l'on s'arrêta deux fois, d'a-
bord pour donner l'avoine aux chevaux, ensuite
pour les faire boire.

Je prenais philosophiquement mon mal en patience et regardais le paysage, sans même prêter
attention à des matelots qui se disputaient de belle
sorte et s'aboyaient force injures, à plein museau,
dans cette affreuse langue hollandaise, langue bâtarde qui ressemble à de l'allemand mâtiné d'anglais. Nous traversâmes la petite ville de Franeker
où j'ai le temps d'apercevoir, comme toujours ici,
des canaux, des bateaux, des ponts tournants, des
rues proprettes, et, sur les maisons peintes, quelques devises avec une date : 1741, *Nosce te ipsum;*
1640, *Ou bien, ou rien.*

Des prés verts, des canelets, des saules, des moulins immobiles, car ils chôment le dimanche, des
paysans endimanchés qui passent, quelque village
fumant à l'horizon; coucher de soleil magnifique;
le ciel est un champ de feu labouré dont les sillons
roses bordent un océan d'or.

La nuit est close quand nous arrivons à Leuwarden ; les commis voyageurs ont si bien rempli l'auberge du Nieuw-Doëlen, où je voulais m'arrêter,
qu'il n'y a plus de place ; je ne m'en plains pas, car
je trouve un bon gite à l'hôtel du Phénix, qui est
excellent.

XI

Leuwarden.—Tour penchée.—Maisons peintes.—Palazzino.—
Hôtel de Ville.—Conscription.—Coiffures frisonnes.—Maison.
—Comme on soupe en voyage.

23 Février.

Ici c'est la vieille Hollande, mais elle a été net-
toyée si souvent qu'elle parait neuve. La petite ville
de Leuwarden a eu l'esprit de faire des promenades
avec ses anciens remparts ; elle plait aux yeux par
ses canaux frangés d'arbres et par ses rues claires
où le soleil entre à pleins rayons. Jadis elle avait
une vieille église importante, d'un beau et simple
gothique ; mais, dans le cours du dix-septième siècle, un ouragan formidable se déchaina sur elle, la

renversa et n'en laissa debout que le clocher, qui, maintenant lézardé, fendillé, ouvert, s'incline comme la tour penchée de Pise. La construction remonte au commencement du quatorzième siècle; les ogives en lancette, la pureté des nervures, l'élégance et l'élancement des meneaux le prouvent suffisamment. J'y suis entré; elle sert de magasin à tourbe et d'atelier à un menuisier qui sifflait joyeusement en agençant à coups de marteau une boiserie d'orgues pour un village voisin. Du sommet de la tour la vue embrasse la ville couchée sous la fumée de ses toits rouges, et la verte campagne qui, avec ses mille canaux brillantés par le soleil, semble un immense écusson de sinople échiqueté d'argent. Quelques vapeurs blanches et abondantes montent au loin vers le ciel comme les tourbillons d'un holocauste: c'est l'haleine des fours à chaux, qui sont nombreux autour de Leuwarden. A l'horizon, les prairies noyées paraissent une petite mer semée d'ilots. Les inondations doivent être fréquentes par ici, car il n'est pas rare de voir les maisons bâties sur des monticules faits à mains d'hommes.

Ce qui rend Leuwarden agréable et toute curieuse, c'est qu'elle a conservé la bonne et joyeuse habitude de peindre ses maisons. Depuis le brun rouge jusqu'au vert clair, en passant par les nuances du lilas, du rose et du gris, toutes les couleurs s'étalent gaiement sur les vieilles murailles qu'elles rajeunisent. C'est un peu papillotant à l'œil, mais qu'importe, cela donne aux villes un air de santé et d'allégresse que n'aura jamais une grande cité uniformément badigeonnée en ocre jaune ou en beurre frais.

Sur la place du marché, je me suis arrêté longtemps devant une de ces maisons, au grand étonnement de son propriétaire qui suivait attentivement la direction de mes regards et aurait bien voulu savoir, sans doute, ce que j'écrivais sur mon calepin. La muraille est peinte en rose rechampi de blanc; elle est tout en briques, soulevée entre les fenêtres par de petites arcades cintrées abritant deux médaillons qui, à la distance où je les voyais, m'ont paru remarquables. L'un représente un soldat nu jusqu'aux épaules ; la tête, à longues moustaches, à sourcils proéminents, est couverte d'un casque qui laisse flotter la chevelure bouclée sur le cou musculeux; l'autre est une jeune femme dont un lourd collier de perles entoure les seins nus;

elle est coiffée de cheveux très-frisés, relevés en torsade; son masque un peu écrasé lui donne une apparence orientale tout à fait réussie.

La maison de détention est plus qu'une maison plaisante, c'est un petit palais qui ne déshonorerait aucune capitale. Elle est en briques rouges naturelles, zébrées de longues assises blanches; elle a deux étages surmontés par un toit d'une élévation extraordinaire; les fenêtres carrées, à arêtes vives, s'ouvrent sous des arcades plein cintre dont la retombée s'appuie sur des modillons sculptés qui, par leur ornementation, rappellent les rares bons monuments de la renaissance; au tiers de la longueur du bâtiment environ, s'élance le pinacle ressorti sur la façade en colonnettes qui lui donnent l'apparence d'un vaste jeu d'orgues burelé de gueules et d'argent, comme on dirait en langage héraldique; il se compose de quatre redans sur chaque côté et d'un degré de couronnement; neuf statues y sont debout, statues blanches et figurant allégoriquement la Vertu, la Prudence, la Justice, etc., etc. Devant la porte descend un perron protégé par une balustrade où quatre lions tiennent dans leurs griffes supérieures l'écusson des quatre principales villes du Friseland.

Quel était ce monument avant d'être une prison?
Je n'en sais rien ; il porte sur sa balustrade la date
1621, mais ce n'est évidemment pas celle de la construction ; peut-être indique-t-elle celle de sa desti-
nation actuelle. Était-il la résidence des anciens
stathouders de la Frise ? Cela est possible, et pourtant, sur une inscription effacée à dessein, je puis
déchiffrer encore : ... *ptori MDLXXI, VII-id-nov.;*
ce qui semblerait indiquer que ce fut une église
consacrée au *Rédempteur* le 19 novembre 1571. La
rue était déserte ; une sentinelle se promenait gravement au pied du perron ; un petit canal poussait
lentement ses eaux profondes ; le ciel était tout bleu,
je regardais ce *palazzino*, et pendant un instant j'ai
pu me croire à Venise.

Je viens de vous parler des stathouders du Friseland ; j'ai voulu voir leurs tombeaux, qui jadis
existaient dans je ne sais plus quelle église d'où ils
furent transportés au palais de justice. Dans « la demeure de Thémis, » à qui l'on a bâti un temple
antique avec portique soutenu par quatre colonnes
corinthiennes, personne ne savait ce que je deman-
dais ; mon guide s'escrimait de son mieux, sans résultat, et l'on commençait à me prendre pour un de

ces Anglais entêtés qui s'obstinent à vouloir voir
l'impossible, lorsqu'un grand jeune homme élé-
gamment vêtu et d'une allure distinguée vint à moi
et me demanda en bon français ce que je désirais :
j'avais affaire au conservateur de la bibliothèque
de la ville. Il m'expliqua que les tombes que je
cherchais avaient été brisées, et qu'on avait enterré
leurs fragments; puis, avec une grâce de bonne
compagnie, il me fit parcourir la bibliothèque et
un musée que l'on commence à former avec les
antiquités frisonnes; il est encore peu complet,
mais l'idée en est excellente, et si l'on avait soin
partout de réunir ainsi les ustensiles et les costumes
provinciaux, les histoires locales seraient bien plus
faciles à écrire, et, partant, les histoires générales.
Je remerciai le jeune Hollandais de son accueil et
je me retirai.

La ville était pleine de bruit; des gamins la par-
couraient en chantant; je crus d'abord que le carnaval était pour quelque chose dans cette expan-
sion de gaieté; mais j'appris bientôt que le tirage
à la conscription excitait seul tout ce tumulte. Les
enfants que je voyais passer étaient des conscrits.
En Hollande, on les prend à dix-huit ans, mais on

ne les appelle au service que l'année qui suit le tirage. Aussi tous les soldats que j'ai vus, à part quelques vétérans, ressemblent plus à des collégiens qu'à des militaires.

La Frise a la réputation d'avoir conservé encore intacts les vieux costumes et les anciens usages ; quant aux usages, je n'en puis rien dire, ne restant pas assez longtemps dans le pays pour les étudier ; mais en ce qui touche les costumes, cette réputation sera bientôt usurpée, car chaque jour les modes françaises envahissent de plus en plus le pays, et bientôt, des pittoresques accoutrements du temps jadis, il ne restera plus que le souvenir. Déjà les paysans et les matelots hollandais sont vêtus comme nos matelots et nos paysans ; quant aux citadins, vous devez penser s'ils ont hâte d'être habillés *à l'instar de Paris*. C'est donc chez les femmes qu'il faut chercher les vestiges des modes d'autrefois ; celles de la Frise, de leur ancien habillement n'ont gardé que la coiffure, large cercle d'or qui entoure le crâne, presse les tempes et s'ouvre sur le front comme les élytres d'un énorme scarabée ; un bonnet de dentelles, retombant jusque sur le cou, enveloppe de ses plis légers ce morion brillant ; cepen-

dant quelques femmes dissimulent leurs cheveux
sous un serre-tête noir et appliquent dessus leur
coiffure nationale qui, dans ce cas, n'est plus composée que de deux plaques latérales reliées en arrière par un mince filet en métal; ainsi, de loin,
leurs visages ressemblent à de colossales têtes de
mouches dont les yeux seraient en or. C'est plus
étrange que joli, car cette coiffure a le tort impar-
donnable de cacher absolument les cheveux, qu'un
lieu commun bien souvent répété a appelé, avec
raison, le plus bel ornement de la femme. Ici, en
effet, la chevelure n'apparaît point, et presque toujours elle est coupée ras, *à la Titus*, comme disaient
nos grand'mères. Mais, hélas! de quoi les Hollandaises ne sont-elles pas capables? N'ont-elles point
inventé, pour la plupart, d'enfermer leurs têtes brillantes et dorées dans des *bibis*, dans des chapeaux
Paméla, ornés de toutes sortes de fleurs et de fruits.
C'est désolant. J'ai tenu dans mes mains, chez un
orfévre, un de ces *gouden-hoofdyzer*; la lame d'or
est mince, flexible à peu près comme du papier
Bristol peu épais, de sorte qu'elle peut prendre facilement toutes les formes de la tête sans jamais la
blesser.

L'heure de partir est arrivée, et pendant qu'on attelle les chevaux, longue opération, je regarde la maison qui s'élève en face de moi ; elle est de couleur rose tirant sur le lilas. Elle a un rez-de-chaussée, un premier étage et un second dont la fenêtre s'ouvre dans le pignon qui la surmonte. La porte, évidemment moderne, est en bois noir, avec quelques ornements dans le goût Louis XVI. Les deux fenêtres du premier étage sont contenues dans des arcades plein-cintre plates qui s'appuient sur des pilastres couronnés d'un simple tailloir et montés sur une petite base à deux moulures ; la fenêtre du second est abritée par une arcade également plein-cintre dont les retombées sont soutenues par des pilastres à chapiteaux approchant de l'ionique. Les arcades sont alternées de briques et de voussoirs en pierre. Le pinacle, à deux redans de chaque côté, est terminé par un couronnement cintré. Les corniches, les chapiteaux, les linteaux et les chambranles sont peints en jaune gris. Sur deux tablettes je lis : *Anno* 1668, et sur une troisième, je vois un fer à cheval banderolé d'un nœud de rubans : quelque ancienne marque de maréchal - ferrant sans doute. Devant elle s'étend un petit trottoir en marbre

noir où s'élèvent quatre bornes pentagones reliées
par une chaîne de fer dont chaque anneau rond et
armé de deux pointes figure assez exactement un
collier de force. Toutes les maisons de Leuwarden
ressemblent à peu près à celle que je viens de vous
décrire : *Ab unâ disce omnes !*

On appela les voyageurs et nous montâmes dans
la voiture, voiture primitive et quelque peu sau-
vage, composée d'un seul compartiment encombré
de trois banquettes. Je regarde par la vitre qui est
à côté de moi ; ce ne sont plus des prairies, ce sont
des marais dont les joncs, grisonnés par la gelée,
inclinent jusque dans l'eau leur tête courbée par le
vent ; des canards volent au loin comme des points
noirs sur le soleil couchant ; les canaux sortis de
leurs lits se sont répandus autour d'eux ; sans les
cépées d'arbres qui apparaissent çà et là, on croirait
que la digue où nous roulons est construite au milieu d'un lac immense ; les teintes empourprées du
ciel se reflètent dans les eaux immobiles et donnent au paysage des colorations fulgurantes et
splendides.

J'étais parti trop tôt de Leuwarden pour avoir
dîné. La nuit nous enveloppait depuis longtemps

déjà, la route devait durer plusieurs heures encore
et j'avais faim. A trois relais successifs, je descendis
dans des cabarets très-soignés, aux murailles desquels pendent de jolies gravures anglaises coloriées
représentant des enfants jouant la comédie et la tra-
gédie; dans chacune de ces auberges je demandai
à manger; à la première, on m'offrit du pain, du
beurre et du fromage; à la seconde, du fromage, du
pain et du beurre; à la troisième, du beurre, du
fromage et du pain. Je n'avais plus d'appétit en arrivant à Groningue; le fromage de Hollande se ven-
geait des mauvais propos que j'ai toujours tenus
sur son compte.

XII

Groningue. — Église Saint-Mathieu. — Les Époques ogivales. —
Mardi-gras. — Mélodies.

24 Février.

Groningue, où je suis arrivé hier à onze heures
du soir, n'a rien de curieux et me semble même
une ville déplaisante. C'est ce que nous appellerions,

en France, une belle ville de province; c'est-à-dire
trop et trop peu; ça n'a pas le cachet original des
petites villes oubliées par la civilisation, et ça n'a
pas non plus l'animation des vastes cités populeuses
et industrielles. C'est quelque chose de bâtard entre
les deux; c'est indéfini et, par conséquent, désagréable. Je ne vous en dirais rien, si son église, jadis dédiée à saint Matthieu, n'était fort belle et
réellement importante comme spécimen des différentes époques du gothique.

C'est une nef avec deux bas-côtés; pas de transept. Le chœur, dont les hautes ogives rétrécies en
lancette sont supportées par d'énormes piliers, est
du commencement du quatorzième siècle; il est
abandonné aujourd'hui, et, quoique fort bien entretenu, il ne sert plus au culte qui, avec ses bancs de
chêne protestants, ses chaires et ses becs de gaz,
s'est réfugié dans la nef, dont l'ogive plus ouverte
et le fleuronnement des piliers indiquent le quinzième siècle. Les dalles de marbre noir ne sont
qu'écussons et armoiries couvrant des tombes; j'y
aperçois celle d'une princesse Anne de Ligne de
Barbançon. Quelques salles latérales, destinées actuellement aux assemblées d'administration inté-

rieure, sont soutenues au milieu par un pilier décagone d'où s'élancent, comme une gerbe de palmiers, toutes les nervures de la voûte; de longs et minces meneaux à biseau séparent les fenêtres, jadis vitrées d'écussons dont quelques-uns ont échappé aux mains françaises.

La tour du clocher est à cinq étages, en retrait l'un sur l'autre, et s'appuie sur une base carrée percée d'une voûte élevée qui sert de passage. Les deux premiers étages, troués de hautes ogives bouchées par des abat-son, ornés de gargouilles aux angles, couronnés par des balustrades tréflées et trilobées, indiquent le quinzième siècle, mais le quinzième siècle encore sobre et n'étant pas déjà tombé dans les folles exagérations du *flamboyant*. Le troisième étage est octogone; mais les tourelles parasites apparaissent aux angles, l'ogive s'aplatit, les meneaux se surchargent, les gargouilles se multiplient, la décadence apparaît; les deux derniers étages ne sont d'aucun ordre, d'aucun genre; le seizième et peut-être le dix-septième siècle y ont travaillé; le goût hollandais y a ajouté ses petits obélisques et l'a couronné d'une boule à jour surmontée d'une croix.

J'y suis monté, j'y ai vu fonctionner le carillon, qui a trente-six cloches et cinquante-deux marteaux. Figurez-vous un énorme rouleau d'orgue de Barbarie, mis en jeu par le mécanisme de l'horloge, et dont les pointes, heurtant les touches d'un clavier de fer, soulèvent et font retomber le marteau qui doit frapper les cloches.

Il y a bien encore l'hôtel de ville, qu'on montre avec orgueil et qui porte sur sa frise la date de son érection, MDCCGX; mais c'est affreux; une chose carrée avec application de pilastres et portique corinthiens. En Hollande, un hôtel de ville antique! Passe encore à Athènes, ce serait de tradition; mais ici, c'est aussi bête que la Bourse de Paris, l'église de la Madeleine et le reste, et ce n'est pas peu dire.

C'est aujourd'hui le mardi-gras; on ne s'en douterait guère; chacun vaque à ses occupations le plus paisiblement du monde et sans paraître savoir que c'est jour de liesse et de réjouissance. Il y a marché sur la place de Breemarkt qui s'étend sous mes fenêtres, j'entends grogner les cochons et bramer les veaux, et quand je regarde, je vois la coiffure des femmes qui reluit au soleil comme des casques de pompiers.

Cinq lieues me séparaient d'Assen, où je voulais aller coucher; je les franchis dans une carriole comme celle qui, la veille, m'avait amené à Groningue, mais avec le désagrément fort sensible d'avoir pour voisin un paysan ivre qui braillait à tue-tête et à chaque cahot retombait sur moi. Malgré l'ennui de subir un pareil compagnon, ce qu'il chantait m'a vengé de bien des admirations toutes faites qui m'ont agacé souvent; il détonnait, et en hollandais! la *Normandie* de M. Bérat et le *Di tanti palpiti* de M. Rossini; à ces deux ponts-neufs, il ajoutait en onomatopées inénarrables les polkas qu'il avait entendues et dansées aux *musicos* d'Amsterdam. Quand il eut épuisé son répertoire, il s'endormit; j'en fis autant et je ne fus réveillé qu'à Assen par des jeunes gens qui, sortis d'un café, crièrent trois fois : Hip! hip! hip! hourra! et tirèrent un coup de pistolet; je crois que cette manifestation hollando-saxonne avait lieu en l'honneur du mardi-gras.

XIII

Assen. — Celtologie. — Légende.— Coche hollandais.— Le Canal.— Le Parfum des Nations.— Pays plat. — Souvenir de Palestine.— Meppel.

25 Février.

Un canal ombragé d'arbres, une grande rue bordée de maisons basses et neuves, c'est là tout Assen, où il n'y a rien à voir. Il fallait faire deux lieues pour aller visiter un monument druidique qu'on appelle ici *Hunnebeden* (le lit des Huns); mais ma curiosité celtique est tellement émoussée depuis mon voyage en Bretagne; j'ai touché de la main tant de dolmens, de menhirs, de peulvans, de gasgals, de barrows, de pierres branlantes et de lichavens; j'ai parcouru tant de cromlechs, d'alignements et de roches aux fées, que je demeurai insensible à la nouvelle séduction de cette archéologie monotone. Cependant, ce Hunnebeden offre cet intérêt singulier qu'il s'élève dans un pays absolument dépourvu de pierres, dans un pays où, faute de cailloux pour le macadam, on dalle les routes avec des briques, où l'on importe à grands frais d'Allemagne le pavé des rues, le marbre gris des palais et la meulière des moulins. De quelle Islande, de quelles Ferroë, de quelle Scandinavie furent apportées les six pierres énormes qui composent ce dolmen? Sur quelle barque en bois de Norwége sont-elles venues? Quels efforts les ont poussées jusqu'à Assen? Quel langage parlait le druide qui les a consacrées au dieu Kirk ou au dieu Tarann? Voilà ce que je n'aurais jamais pu vous apprendre, cher ami, quand bien même j'aurais visité, examiné, mesuré et dessiné ce muet témoin d'une civilisation disparue. J'aurais bien pu, il est vrai, faire une petite digression archéologique, vous parler du concile d'Arles, en 452, et de celui de Tours, en 587, qui défendirent le culte des pierres druidiques; vous dire que les gas-gals sont partout dans l'univers; que Pallas en a vu sur les bords de l'Oural, Spartmann chez les Cafres, Barow chez les Hottentots, Jefferson en Virginie; que Wormius décrit ceux du Danemarck, et que Rudbeck en a compté plus de douze mille aux environs d'Upsal. J'aurais pu ajouter quelques paroles sur l'îlot de Gavr'Innis, à propos duquel on n'a encore dit que des niaiseries ; mais à quoi bon? Vous rappelez-vous la légende? La fille du roi a quitté le château bâti sur le bord de la mer ; à l'aide d'une longue corde tressée d'algues et de goëmons, elle s'est laissée glisser du haut de la tourelle ; elle s'est enfuie avec son amant. Le père, furieux, a juré par la corne profonde, cerclée d'or et reluisante d'émeraudes, où il boit l'hydromel, qu'il retrouverait sa fille ; il la cherche à grand fracas de cavaliers, de fanfares et de hennissements ; il fouille les forteresses, les villes, les hameaux, les masures, les cavernes et jusqu'aux huttes des bergers. Mais c'est en vain, il ne la rencontre jamais ; car, chaque nuit, les génies dressent pour les jeunes amants *le lit de roches*, où ils s'aiment et dorment en paix, lit qui devient pour eux plus doux qu'une peau d'ours blanc, et dont la vertu les rend invisibles. Voilà certainement ce que l'on a raconté de plus sage et de plus probable sur l'archéologie celtique ; aussi je m'y tiens et je vous engage à en faire autant.

D'après ce que je vous en ai dit, vous comprenez que la ville d'Assen fut bientôt vue : un coup d'œil m'avait suffi. Je voulais aller coucher à Meppel ;

mais j'étais las des voitures hollandaises, caho-
tantes machines, peu suspendues et à peine traînées
par deux rosses poussives, boîtes incommodes, point
rembourrées, garnies de paille, et où les voyageurs
ont la fâcheuse habitude de dormir sur l'épaule les
uns des autres. Je pris donc un *treschuit*. Le treschuit est un coche, non pas le coche d'Auxerre, qui
fit tant parler de lui autrefois, plein de futailles, de
vaches, de soldats, de trop galants mariniers, de
maris inquiets, et d'où sortaient indéfiniment des
nourrices rebondies, mais un petit coche hollandais, peint à neuf, poncé, verni, coquet, abritant
deux chambres bien chauffées sous son habitacle, et
tout à fait engageant.

Je m'y installai. L'heure du départ allait son-
ner; on agitait une cloche pour appeler les retarda-
taires; le cheval qui devait nous haler arriva, monté
par un enfant d'une douzaine d'années, blond, disparu dans une redingote trop large, bleui par le
froid, abrité d'une casquette tombée sur ses yeux,
un peu bancal, tout à fait bossu, juché sur un pail-
lasson qui faisait office de selle, et soufflant à toute
poitrine dans une trompette d'où une nichée de
canards s'envolaient en faisant des *couacs* abomina-

bles. Le cheval ne valait guère mieux que son cavalier, avec ses jambes qui se heurtaient aux genoux, ses naseaux flétris, ses sabots en pied de
vache, son étroite poitrine, sa queue absente, sa
lèvre trop longue, ses côtes trop visibles et son poil
de caniche qui fumait à l'air froid du matin. Derrière lui, fixé à deux traits, pend un palonnier auquel on attache la corde de traîne ; la bête prit un
petit trot balancé, le gamin écorcha une fanfare, et
nous partîmes.

Nulle façon de voyager n'est plus agréable que
celle-là : on va lentement, il est vrai, mais les eaux
du canal sont si paisibles, la traction est si douce,
qu'on ne sent aucun mouvement et qu'on n'entend,
pour tout bruit, que le sillage presque muet du
bateau, à moins, toutefois, qu'un coup de barre
mal donné ne jette le treschuit sur une grosse
barque chargée de briques, ce qui nous arriva ; alors
le poêle se démantibule, les *colis* roulent sur les passagers, les femmes s'effrayent, les hommes rient
un peu, le patron jure comme un templier ; on
échange quelques injures à bonne distance avec les
autres mariniers, et l'on repart, chacun s'accom-
modant de son mieux, les uns pour dormir, les

autres pour causer en fumant, et moi pour regarder.

En Hollande, le canal s'entretient par le péage
des ponts, comme la route par le péage des barrières. Les ponts sont fréquents, les écluses nombreuses; le petit conducteur sonne de la trompette ;
d'une maison sort quelqu'un, presque toujours une
femme; elle se pend aux chaînes du pont, les mon-
tants s'abaissent peu à peu, par secousse, le tablier
se redresse, puis la lourde machine s'ouvre tout à
fait et nous passons.

Aux écluses on s'arrête ; lentement et à grands
efforts de leviers on soulève la vanne ; l'eau se gon-
fle, se crève en quelques bulles dont les cercles blanchâtres tournoient comme des anneaux d'argent,
se brise en petites vagues heurtées les unes contre
les autres, s'étend en longs ruisseaux rapides, bouil-
lonne avec fracas, et, pénétrée par le soleil, brunie
par les tourbières qu'elle traverse, elle ressemble
aux tourbillonnements d'une cuve immense pleine
de curaçao en ébullition; puis, tout se calme peu à
peu, l'eau a gagné son niveau. les grandes portes
roulent avec bruit sur leurs gonds humides, et la
barque entre dans le bassin en attendant que la

seconde écluse s'ouvre à son tour. Alors, les voyageurs descendent, ils entrent au *bouchon ;* on boit un verre de genièvre, on allume sa pipe et l'on repart aux appels du patron.

Tout le long du canal, qui est le *Suilder Waart,* il y a des maisons, petites et pauvres, presque des chaumières. Beaucoup de monde en vit, de ce canal ; à chaque écluse, à chaque pont, à chaque passerelle, il y a des cabarets ou des magasins de combustibles. C'est ici surtout le canton où l'on fabrique la tourbe ; les bateaux que nous côtoyons en sont chargés jusqu'à demi-hauteur du mât. Avez-vous remarqué, vous qui avez beaucoup voyagé, qu'en dehors de son aspect particulier chaque pays a une odeur spéciale qui le fait reconnaître : l'Égypte sent la fleur des fèves, l'Italie sent la cire et l'encens, l'Angleterre sent la fumée de houille, la Grèce sent l'araki, la France sent le pain de munition ; la Hollande a aussi son parfum à elle et tout à fait distinct : elle sent la tourbe humide.

Le soleil, plus haut sur l'horizon, avait fondu peu à peu la gelée blanche qui argentait les plats-bords, le temps s'était adouci ; je suis monté sur l'habita-

cle et je me suis accroupi dans cette posture musul-
mane que j'affectionnais à l'époque où ma cange
remontait le Nil toujours regretté. Ce n'est plus la
terre légère et noire des environs de Haarlem ; ce
ne sont plus les prairies verdoyantes qui bordent
le grand canal du nord, entre Zaandam et Broeck,
ce sont des terrains sablonneux que je vois, couverts
de maigres bruyères brûlées par le froid, plantés de
pins parmi lesquels s'élance la haute tige de quelques épicéas ; ce sont des marais où des vaches vont
paisiblement avec de l'eau jusqu'aux genoux et de
l'herbe jusqu'au ventre.

Le paysage s'étend à perte de vue sans soulèvements, sans ondulations, uniforme et plat. A le
considérer attentivement, on y découvre mille sin-
gularités d'aspect, mille variétés de lignes et de couleurs, et, malgré son apparente monotonie, on ne
se lasse pas de le regarder. Et puis, vous l'avouerai-
je, j'aime les paysages plats ; les pays accidentés ne
me sont pas agréables et les montagnes ne me plai-
sent plus ; non pas que je les trouve inutiles dans
l'harmonie générale, non pas que je veuille faire
du monde une grande machine sans relief et sans
imprévu, non ; mais, une fois en ma vie actuelle,

j'ai contemplé de telles montagnes, que maintenant
je ferme les yeux lorsque j'en rencontre.

Quand, debout sur les crêtes décharnées, pleines
de serpents et de chacals, par où, suivant les méan-
dres pierreux d'un sentier désolé, l'on se rend au
monastère de Saint-Saba, on a vu, au delà de la
mer Morte miroitant sous le ciel implacable comme
un lac d'étain en fusion, les montagnes du pays de
Hauran soulevées ainsi que des mamelles gonflées
de lait, profiler sur l'horizon bleu leurs lignes largement découpées et d'une simplicité magnifique,
pousser en avant leurs contre-forts rebondissants
jusque sur les grèves stérilisées par les eaux mau-
dites, rejeter en arrière leurs fronts couronnés de
laves, montrer à nu leurs flancs blanchis par des
rochers de sel, s'envelopper de tons si éclatants et
si blonds qu'elles paraissent dans le lointain un
écrin gigantesque où les aigues-marines, les saphirs,
les rubis, les opales, les topazes brûlées, les amé-
thystes se mêlent et se superposent sans se confondre, gardant chacun sa nuance particulière et s'har-
monisant par transparence dans ce merveilleux
concert de couleurs; quand, charmé, ravi, stupé-
fait, on est resté de longues heures immobile, re-

gardant ces teintes limpides changer insensiblement
du bleu pâle au violet foncé, du lilas au pourpre,
et prendre, sous le soleil couchant qui les pénètre,
un éclat violent, profond et toujours si doux qu'il
en est attendrissant; quand on a vu la montagne
entière évanouie dans le crépuscule verdâtre, repa-
raître tout à coup sous la lune, ainsi qu'un cône
d'argent brodé de perles fines, on a vu alors la nature dans sa plus grandiose manifestation de forme
et de couleur, on conserve dans son souvenir cette
apparition supérieure, on détourne les yeux des
monts les plus renommés, et, quelles que soient les
montagnes que le hasard des voyages fait surgir sur
votre route, que ce soient les chaînes apennines
blanches de neige et noires de sapins, que ce soient
ces belles collines qui, portant Albano et Rocca-di-
Papa, ferment de leurs croupes gracieuses la mélancolique verdure de la campagne romaine, que ce
soient les Pyrénées bleuissantes et coiffées de gla-
ciers roses, que ce soit le Parnasse où coulent des
fontaines sacrées, que ce soit l'Olympe d'où les
dieux sont partis, jamais on ne peut chasser de sa
pensée cette montagne forte, lumineuse et péné-
trante; elle reste dans votre mémoire comme un

des chefs-d'œuvre de la création, comme une de
ces rares merveilles que Dieu a jetées sur la terre
pour donner aux hommes un exemple inimitable,
et, semblable à ce paysan de l'Attique qui, après
avoir vu Vénus en songe, avait pris toutes les
femmes en dédain, on a pitié de ces pauvres mame-
lons qui arrondissent leurs lignes, renforcent leurs
teintes, se blanchissent de neige, s'empanachent de
forêts et versent bruyamment leurs cascades, sans
jamais parvenir à vous faire oublier cette immense
pierre précieuse que, pendant tout un jour, on a
contemplée du haut des collines qui descendent
vers Jéricho.

Ah! comme les souvenirs sont bavards et comme
les transitions de la pensée sont pleines de trahison; me voici loin, bien loin de cette paisible Hollande, du canal où glisse notre bateau et des
bruyères, qui peu à peu s'amoindrissent, se mêlent
à quelques rares bouquets, et finissent par céder la
place à des prés qui n'ont pas besoin d'engrais, car
chaque année ils sont inondés naturellement, et qui
me rappellent, malgré leur très-vaste étendue, ces
plaisantes prairies de Sotteville qu'on aperçoit en
arrivant à Rouen par le chemin de fer; seulement,

au lieu de la haute tour de Saint-Ouen, de la ferron-
nerie inachevée qui sert ridiculement de flèche à la
cathédrale, des beaux ponts et des larges quais, j'aperçois une petite ville tapie derrière des arbres, entourée de moulins et sur laquelle le soleil projette ses
dernières lueurs avant de se coucher : c'est Meppel.

La ville est franchement de province et n'affiche
point d'exorbitantes allures de capitale comme Groningue; elle est simple, coupée de canaux sans
quais ni parapets, où des bateaux carguent leurs
voiles rouges, et percée de trois ou quatre grandes
rues patriarcalement solitaires. A la bonne heure,
voici de nouveau les jolies maisons à pignons éta-
gés, et en voilà une, assez étrange, en plâtre ru-
gueux peint en noir avec application de fragments
de vitres; c'est d'un aspect sombre, praliné, relevé
par quelques points brillants de l'effet le plus singulier. Ici, plus de coiffures d'or, plus de ces beaux
clinquants qui scintillent sur la tête des Frisonnes
de Leuwarden, mais de grands bonnets gaufrés,
tuyautés, godronnés, à coiffe plissée, à barbes tom-
bantes, qui cachent les cheveux, amaigrissent le
visage et donnent aux femmes un aspect monacal
déplaisant et prétentieux.

XIV

Soleil. — Landes. — Colonies pénitentiaires. — Ommerschans. — Questions difficiles. — Canards sauvages. — Zwolle. — Forteresse. — Architectures.

26 Février.

La route qui conduit de Meppel à Zwolle laisse loin à sa gauche, vers l'est, la colonie pénitentiaire d'Ommerschans que je voulais visiter; je ne pouvais donc penser à prendre la diligence; je fis prix avec un loueur de voitures, qui mit à ma disposition une carriole où je m'établis assez commodément. La journée devait être fort occupée; aussi, presque au lever du jour, nous partîmes par un petit froid sec et une atmosphère limpide comme du cristal de roche. Partout j'ai lu, et vous aussi sans doute : « la brumeuse Hollande; » jusqu'à présent je n'y ai vu que du soleil et fort peu de nuages ; le dieu des voyages a reconnu en moi son plus fervent adorateur, et, en signe de protection, il m'envoie un de ces temps inespérés et joyeux qui embellissent toute chose, qui brillent sur les prairies, découpent en

lignes pures la silhouette des villes et donnent aux
horizons d'incalculables profondeurs; les Hollandais eux-mêmes n'en reviennent pas, si les arbres
avaient des feuilles, je serais l'homme le plus heureux de la terre.

La route est sablonneuse; nos deux chevaux y
vont au pas, tirant à grand'peine la voiture, dont
les roues enfoncent jusqu'au moyeu; sur les talus
quelques pins poussent leurs tiges résineuses hors
des terrains blanchâtres; au delà, des bruyères, des
bruyères et encore des bruyères : cela me rappelle
cette lande de Lanvaux qui, dans le Morbihan, va
d'Elven à Malestroit. Les défrichements commencent, mais ils sont rares et difficiles, car les canaux
ne coulent pas ici par où l'on apporte les engrais.
La route est presque animée; c'est jour de marché
à Meppel, et les paysans qui s'y rendent sur leurs
longs et étroits chariots passent près de nous en nous
donnant le bonjour dans un patois particulier à
cette partie de la Hollande et qui offre quelque
analogie avec l'anglais parlé en Cornouailles. Le
costume est bien moins spécial que le langage, je
vous jure : redingote, pantalon et casquette en
drap gros bleu pour les hommes; pour les femmes,

robes de mérinos, bonnet et fichu blanc, tablier en soie gorge-de-pigeon et parapluie; à les voir, on les prendrait pour de minces propriétaires des environs de Paris, de Carpentras ou de Lyon, si l'on ne se savait sur la limite des provinces de Drenthe et d'Over-Yssel.

Pendant que notre voiture s'en allait cahin-caha, criant dans les sables et me secouant de ses cahots, je lisais la brochure du docteur Haring [1] sur les colonies que j'allais visiter et dont voici rapidement l'historique.

Les années 1816 et 1817 furent calamiteuses; les récoltes de céréales manquèrent; ce fut plus que de la disette, ce fut presque de la famine. Le pain atteignit un prix exorbitant; les petits cultivateurs ruinés, les paysans sans ouvrage, les artisans incapables de se nourrir se répandirent en Hollande, racontant leurs misères et tendant la main; la mendicité acquit de telles proportions qu'elle devint une sorte de danger public et que de grands efforts

---

1. *Notice sur les colonies agricoles de la Société néerlandaise de bienfaisance*, adressée à M. V. N., à Bonn, par W. C. Haring, phil. doct. mag. Arnhem, G. J. Thience. 1849.

furent faits pour y remédier. Dans ce but, une société de charité, fondée sous les auspices du roi Guillaume Ier, présidée par le prince Frédéric des Pays-Bas, se constitua avec le titre de *Société néerlandaise de bienfaisance*. Vingt mille personnes s'inscrivirent pour une cotisation annuelle de trois florins et demi, et l'on put ainsi réunir une somme d'environ cent cinquante mille francs, à l'aide de laquelle on acheta dans la province de Drenthe, aux confins de l'Over-Yssel, treize cents acres de terre passable et deux mille six cents acres de landes stériles. Sur ces terrains, quatre colonies furent établies : deux, celles de Frederiksoord et Wilemsoord, réservées aux mendiants valides et aux familles pauvres qui obtiendraient l'autorisation d'y résider; les deux autres, Veenhuizen et Ommerschans, destinées à servir de maisons pénitentiaires aux colons libres réfractaires, aux mendiants récidivistes, et enfin d'asile et d'école aux orphelins abandonnés. On avait fondé aussi quelques colonies dans la province d'Anvers, mais depuis la révolution de Belgique elles ont cessé d'exister.

La pensée qui avait donné naissance à ces établissements mérite des éloges: la méthode d'entretien des mendiants y est fort économique, car on a rigoureusement calculé, sur un laps de vingt-deux ans, de 1818 à 1840, qu'ils n'y reviennent pas annuellement à plus de soixante-dix florins par tête; mais la cotisation est réduite à deux florins et demi, et le nombre des souscriptions va s'affaiblissant chaque jour. De 20,000 qu'il était au début, en 1839 il n'est plus que de 10,666,; à la fin de décembre 1847, il tombe à 7,300; j'ignore ce qu'il est aujourd'hui, mais je le crois absolument insuffisant, car il est, dit-on, très-sérieusement question d'abandonner ces établissements de charité.

Le but de la Société était :

1° D'entretenir, non pas dans l'aisance, mais du moins dans la possibilité de vivre, des familles libres auxquelles, en échange d'une somme de 1,700 florins une fois versée, on donnait quatre hectares et demi de terre, une maison, un cochon et des instruments aratoires;

2° De former des ouvriers et des agriculteurs, en détenant pénitentiairement et en faisant travailler, soit à des métiers, soit à la terre, pendant trois ans au plus, les pauvres arrêtés en flagrant délit de mendicité;

3° De donner un état et une instruction primaire aux orphelins qu'on garde jusqu'à leur dix-huitième année, et au besoin, mais sur leur demande, jusqu'à l'âge de vingt ans accomplis. On comptait, pour entretenir ces colonies de bienfaisance, sur des souscriptions charitables et sur la vente des produits fabriqués ou obtenus par les colons.

Malheureusement les résultats ne furent point aussi brillants que ceux que l'on espérait. On avait cru trop facilement, dans le principe, qu'on parviendrait à transformer des familles urbaines et artisanes en familles d'agriculteurs, et qu'avec la terre et les outils donnés, on en ferait de petits fermiers, vivant de leurs produits et pouvant en outre payer un bail à la Société. L'expérience a prouvé que ce projet n'était point aisément réalisable. En effet, en 1848, sur quatre cent vingt fermes organisées d'après ce système, vingt seulement étaient libres et louées à bail; les quatre cents autres étaient occupées, pour le compte de la Société, par des ouvriers soldés par elle.

On avait cru aussi que la plupart des mendiants, dont on évaluait le nombre à huit mille environ, étaient des gens *valides*, qui, hommes ou femmes, pourraient, se livrant sous une surveillance continuelle aux travaux de l'agriculture et des fabriques, arriver à se procurer ainsi leur entretien. L'expérience a encore démenti cette idée, car elle a prouvé que, sur neuf personnes expédiées aux colonies, quatre au moins était invalides, incapables de se livrer à un labeur régulier, et devaient être nourries, habillées et logées. Le gouvernement a eu beau payer une pension plus élevée pour ces mendiants inutiles, afin de soulager la Société écrasée par ses charges, les colonies n'en sont pas moins encombrées de pauvres diables qu'il faut entretenir et soigner sans dédommagement.

Quant à la situation pécuniaire de la Société, elle me paraît singulièrement compromise aujourd'hui. En effet, « peu de temps après la fondation, en 1848, dit M. Haring, auquel j'ai emprunté les renseignements qui précèdent et que maintenant je copie, on a parfaitement compris qu'on ne pourrait continuer d'après le plan primitif, et que les colonies ne se soutiendraient jamais de leur propre fait et au moyen des secours pécuniaires résultant des contrats conclus avec le gouvernement et les particuliers. Mais, au lieu d'en convenir franchement, on a célé

de son mieux l'état des choses, on a tellement con-
fondu les dépenses des différentes colonies, qu'il est
à présent (1849) presque impossible de démontrer
laquelle a le plus besoin de secours; on s'est procuré
clandestinement, et par suite d'ordonnances du feu
roi des Pays-Bas, les fonds nécessaires, en y affec-
tant les revenus des possessions néerlandaises aux
Indes orientales, jusqu'à ce qu'enfin, en 1841, on
s'est vu forcé de demander du secours au pouvoir
législatif. Après de grands différends et beaucoup
de négociations, la Société s'est reconnue débitrice
de l'État pour la somme de 3,604,464 florins qu'elle
avait reçue depuis 1831. Elle a donné hypothèque
pour cette dette, et l'État est devenu propriétaire
des colonies de l'Ommerschans et de Veenhuizen.
Depuis ce temps, les affaires restent *in statu quo*,
parce que ni le gouvernement, ni les États-Généraux
n'ont le courage de régler, par un grand coup, les
affaires embrouillées de la Société. En attendant
une réforme quelconque, la Société a reçu, en 1843,
un subside de 74,635 florins; en 1846, de 80,000;
en 1847, de 161,000; et en 1848, de 86,000, pour
subvenir aux pertes énormes que les colonies ont
souffertes par suite de la maladie des pommes de

terre, et de la mauvaise récolte de seigle en 1846. »
A ces détails précis, j'ajouterai, d'après des renseignements particuliers dont je n'ai pu contrôler
l'exactitude, que, depuis 1849, la Société reçoit une
subvention anuelle de 80,000 florins.

Les mendiants ne peuvent rester plus de trois
ans dans les colonies (il est bien entendu que je ne
parle point des *colons libres*, qui demeurent à vie
dans leurs fermes acquises au prix de 1,700 florins
une fois payés), et c'est là, il faut le dire, un déplorable système. Trois ans ne suffisent pas pour
changer des habitudes de paresse en habitudes de
travail, ou pour donner à un homme accoutumé aux
secours publics la volonté et l'énergie de chercher,
de trouver, d'accomplir un travail et d'en vivre.
Aussi, dès qu'un pauvre est congédié après les trois
ans de *maximum* expirés, il se hâte de mendier de
nouveau, afin de retourner aux colonies, où, du
moins, il est abrité, nourri et couché.

J'aurais voulu visiter tous ces établissements,
mais ils sont trop éloignés les uns des autres, et le
temps me manquait pour parcourir la distance qui
les sépare; je dus donc me contenter de l'Ommerschans. Voici ce qu'en dit le docteur Haring :

« L'Ommerschans, près d'Ommers en Over-Yssel,
sert de dépôt de mendicité. Un bâtiment central y
est entouré de dix-huit fermes à trente-deux hectares chacune, ce qui forme en tout sept cent
quarante hectares de terre cultivée. Il s'y trouve
une église réformée et une école qui sert en même
temps d'église catholique, en attendant que le plan
projeté de construire celle-ci soit effectué, et une
hôtellerie..... Il y a quelques maisonnettes où l'on
place par mesure pénitentiaire, pour un temps pro-
portionné aux délits, des colons libres qui y sont
tenus sous une discipline sévère.

» Les orphelins et enfants abandonnés par leurs
parents sont placés, pour la plupart, par les grandes
villes de la Hollande, ou ce sont des enfants dont
les parents se trouvent aux colonies parmi les mendiants... On paye (la commune ou la ville) au gouvernement, par an, pour chaque orphelin de deux
à six ans, soixante-dix florins; de six à treize,
soixante-trois florins; de treize à dix-huit, trente-
cinq; pour un orphelin impropre à un travail quelconque, quatre-vingt-cinq; et pour frais d'admission, par tête, quinze florins.

» Les mendiants sont : 1° des personnes condamnées par les tribunaux, pour délit de mendicité, à un emprisonnement de trois à six mois, puis à une détention dans un dépôt de mendicité, selon l'article 274 du Code pénal français, qui est encore en vigueur dans les Pays-Bas; 2° un petit nombre de mendiants envoyés par des communes, pour leur propre compte, afin de s'en débarrasser; 3° les pauvres qui ont témoigné le désir d'être transportés aux colonies, parce qu'ils ne pouvaient trouver ailleurs le moyen de gagner leur vie. Les communes où ils ont leur domicile sont contraintes, plus ou moins, de les y faire transporter et de les entretenir à leur demande. On conçoit que, par ce système, la charité légale est ici en pleine vigueur. Les pensions et les frais de transport rendent cette manière de soigner les pauvres tellement onéreuse pour les communes, qu'elles cherchent continuellement et par tous les moyens imaginables à se soustraire à cette charge. Une loi vicieuse qui assigne, comme domicile d'assistance, la commune où un pauvre a demeuré consécutivement pendant les trois dernières années, contribue beaucoup à aggraver les charges qui ruinent les finances de plusieurs communes. La commune, considérée comme domicile légal d'un men-

diant envoyé aux colonies, est obligée de payer au
gouvernement quinze florins par tête pour frais
d'admission, et ensuite, par an, pour un mendiant
valide, trente-cinq florins ; pour un mendiant mi-
valide, soixante-douze et demi, et pour un invalide
incapable de tout travail, quatre-vingt-cinq florins...
Les frais de transport et d'admission sont avancés à
l'Ommerchans par l'administration de la Société,
qui en est remboursée par le gouvernement, et celui-ci se les fait rembourser par les communes. Quant
aux frais d'entretien, le gouvernement a contracté
avec la Société un arrangement renouvelé en 1845
pour l'entretien de deux mille orphelins ou enfants
abandonnés ; mille neuf cent cinquante pauvres,
sans famille, à placer dans les dépôts de mendicité ;
mille deux cent cinquante pauvres environ, ou deux
cent cinquante familles à cinq têtes chacune ; quatre
mille mendiants, et environ six cent cinquante vétérans de l'armée ou cent soixante-dix-huit familles.
Le gouvernement paye trois cent vingt-deux mille
florins par an à la Société pour l'entretien de cinq
mille huit cents à neuf mille deux cents de ces personnes. S'il y en a moins de cinq mille huit cents,
le gouvernement soustrait trente-cinq florins par

tête. Pour indemnisation de ce qu'elle ne peut employer certains colons comme travailleurs, la Société reçoit encore du gouvernement, pour un orphelin de deux à six ans, trente-cinq florins par an; pour un autre de six à treize, trente florins; pour un sujet impropre à un travail quelconque, cinquante florins; pour toute autre personne mi-valide, trente-sept florins et demi, et enfin, pour un aveugle ou un incurable qu'on ne pourrait employer à aucun ouvrage, cinquante florins.

» Tout travail effectué par les colons se fait, à peu d'exceptions près, à la tâche ou à la pièce. La Société fournit aux colons libres tout ce dont ils ont besoin, mais ils doivent le payer au moyen de gages ou salaires qu'ils gagnent en travaillant pour la Société. Les gages sont payés en monnaie de plomb qui n'a de cours que dans les colonies mêmes. Les mendiants ne reçoivent gratuitement que le vêtement, un hamac, un repas chaud et du pain sec. Toute autre chose dont ils peuvent avoir besoin se vend pour de la monnaie coloniale dans des boutiques établies dans les bâtiments centraux. Ils doivent gagner cette paye par leur travail et se procurer de la même manière un fonds qui leur sert à s'acquitter lorsqu'ils quittent les colonies.

» Beaucoup de colons sont occupés à un grand nombre de métiers pour confectionner presque tout ce dont les colonies ont besoin en outils ou en objets destinés au ménage. Au commencement, on avait des maîtres charpentiers, des maîtres charrons, etc.; mais à présent, presque tout se fait par les colons. On trouve aux colonies des ateliers de charpentiers, de charrons, de forgerons, de cloutiers, de maçons, de ferblantiers, de tonneliers, de vanniers, de sabotiers, de cordonniers, de tailleurs, de tisserands pour toute sorte de vêtements, de tricoteuses, de couturières; même un petit chantier. Tous les bâtiments dont on a besoin sont à présent construits par les colons, et ils confectionnent depuis l'an passé (1848), tout seuls, dans les tourbières de la Société, toute la tourbe nécessaire aux ménages et à l'alimentation du combustible des machines à vapeur de la filature. »

Tels sont les renseignements les plus curieux que j'ai trouvés dans la brochure de M. Haring. Quel a été le mouvement de ces colonies depuis 1848? Je l'ignore; mais j'ai tout lieu de croire qu'il n'a point marché dans une progression satisfaisante; car j'ai entendu dire que le prince Frédérick venait de donner sa démission de président de la *Société de bienfaisance*, que les colonies étaient sur le poin d'être supprimées, et que chaque ville allait reprendre ses pauvres. Ce serait un réel malheur pour le pays ; car, malgré certaines erreurs d'organisation au début, ces colonies ont rendu de très-importants services en abritant la population mendiante, en élevant avec quelque instruction de nombreux orphelins, et en faisant défricher plus de quatre mille hectares de terre inculte par des hommes dont on ne savait auparavant obtenir aucun travail.

J'arrivai à Ommerschans vers onze heures et demie, et je trouvai à déjeuner dans une auberge qui ne me parut point mauvaise, parce qu'elle est très-propre. Je franchis à pied, sur une belle route, les deux kilomètres qui me séparaient encore de la maison centrale. Le directeur, après avoir écrit mes nom et prénom, m'autorisa à visiter la colonie, et me donna un chef gardien pour guide.

Quelques hommes vêtus en paysans et armés d'un sabre briquet suspendu à un baudrier, servent de gardes et se tiennent dans une salle ouverte sur l'entrée principale, qui donne accès dans une immense cour divisée au milieu et entourée sur chacune de ses quatre faces par un long bâtiment composé d'un rez-de-chaussée et d'un étage. D'un côté sont les femmes, et de l'autre les hommes ; la séparation des sexes, quoique maintenue avec sévérité, n'est donc point absolue ; les époux seuls peuvent se réunir pendant l'heure de récréation qui suit le dîner, dans une cour spéciale et attentivement surveillée.

Il était midi : c'est l'heure du repas ; je suis entré dans le bâtiment des femmes ; elles se tenaient assises en silence autour de tables longues sur lesquelles fumaient dans des assiettes d'étain des fèves cuites à l'eau qui répandaient un parfum désagréable. Une des détenues, debout et appuyée contre la muraille, lisait un chapitre des Évangiles. Bien peu de ces malheureuses étaient jeunes ; pas une ne me parut jolie ; sur leurs visages amaigris, la souffrance et la misère ont tracé des rides profondes. Elles inclinaient lentement la tête pour me saluer lorsque je passais près d'elles, et me regardaient avec plus d'hébétement que de curiosité. La propreté hollandaise a pénétré jusqu'ici, et, d'après ce que me disait mon guide, la discipline n'a rien à

faire pour l'imposer; elle est tellement dans les
mœurs de cette nation, que ces misérables s'emploient d'elles-mêmes à fourbir les carreaux, à sa-
vonner les tables, à épousseter les plafonds et à
nettoyer les vitres. Les réfectoires sont voisins les
uns des autres, séparés seulement par une simple
cloison et communiquant entre eux par une baie
que nulle porte ne ferme. De même que les batte-
ries d'un navire de guerre, ces grandes salles servent de réfectoire pendant le jour et de dortoir
pendant la nuit; aux poutres saillantes du plafond
pendent les hamacs chargés d'un matelas et de
deux couvertures. Près des réfectoires fonctionnent
les cuisines, garnies de larges fourneaux économi-
ques servis par des détenus. Au bout du bâtiment
des femmes, s'ouvrent deux salles destinées aux
enfants; là, point de hamacs, mais des lits si petits
qu'ils peuvent bien passer pour des berceaux; des
femmes s'empressent autour de quelques pauvres
babies couchés et les barbouillent d'une bouillie
épaisse et grise où il est entré plus d'avoine que de
froment. Des enfants plus grands sont dans une
autre chambre; les assiettes dont ils se servent
sont en grosse faïence et laissent lire sur leur fond

blanchâtre et fendillé une maxime morale tirée des livres saints.

Le bâtiment réservé aux hommes est semblable à celui que les femmes occupent. Quand j'y arrivai, le repas était terminé et les détenus se promenaient dans les cours. Beaucoup d'entre eux sont jeunes et tous m'ont paru porter avec insouciance, mais sans forfanterie, cette lugubre livrée de la misère. Quelques-uns sont vêtus de casaques et de pantalons jaunâtre zébrés de noir : ce sont ceux à qui l'air de la liberté a manqué, et qui, pour le respirer à tout prix, ont essayé de prendre cette belle clef d'or qu'on appelle la clef des champs. Les tentatives d'évasion sont assez fréquentes ; mais sur soixante prisonniers qui, en moyenne, essayent de s'échapper dans le cours d'une année, cinquante-cinq au moins sont repris, et alors, non pas pour les punir, mais pour les signaler à l'attention des gardiens, on leur inflige ce laid costume bariolé. J'ai pénétré dans la cantine où ces malheureux ont la permission d'acheter certaines denrées désignées : j'y vois du fromage, de la cassonade, du tabac et du pain ; mais quel pain, pain de seigle, si mou, si chargé de son, si humide, qu'il ressemble à une brique de tourbe mouillée. La monnaie spéciale à la colonie est sinistre : un jeton de cuivre représente un florin; un jeton d'étain, cinquante cents; un demi-jeton, vingt-cinq cents.

Je visite successivement la boulangerie, la forge, la clouterie, la charronnerie : tout assez confortable et bien outillé. Quand l'heure du travail eut sonné, on agita une cloche; les détenus se rangent quatre par quatre, et, sous la conduite de chefs choisis parmi eux, ils se rendent aux ateliers; c'est alors que, les voyant marcher, je pus remarquer combien, parmi eux, il y a de bancals, de bossus, de béquillards et d'estropiés; je regardai curieusement défiler devant moi tous ces pauvres diables, cette Cour des miracles de la Hollande, ces cagoux, ces marcandiers, ces rifodés, ces polissons, ces capons, ces malingreux, ces franc-mitoux, ces callots, ces hubains, ces orphelins, ces piètres, ces coquillards, ces sabouleux, ces courtauds de boutange, ces marpaux, ces millards, ces drilles et ces narquois des Provinces-Unies. Au reste, cette truanderie paraissait assez honnête, et il me semble que Pierre Gringoire n'aurait pas couru grand danger au milieu d'elle.

Je parcourus les ateliers où ils confectionnent les
sacs destinés à contenir le café; la fabrication de
ces sacs suffirait seule à prouver combien le commerce est encore arriéré. La matière première est
le *jute*, sorte de jonc très-textile qui croît au Bengale; du Bengale on l'apporte en Angleterre, où la
Hollande va le chercher pour le tisser chez elle et
le reporter ensuite aux Indes orientales, dans ses
possessions de Java, sous forme de sacs qu'on
remplit de café et qui de nouveau reviendront en
Europe. Pendant que les hommes s'occupent à ces
sacs grossiers et aux dures professions de notre
sexe, les femmes, à l'aide de métiers à navette, tissent ces mouchoirs à carreaux, façon de madras,
qui sont bien la plus laide pièce de toilette que je
connaisse. Tous les différents objets faits par les
prisonniers sont vendus, et sur le produit on leur
réserve seize pour cent, dont une partie est rete-
nue pour les frais de leur entretien, et dont l'autre
partie leur est remise en cette monnaie dont je vous
ai parlé.

La maison contient deux mille trois cents détenus, et d'après le peu d'observations que j'ai pu
faire dans les quelques instants que j'ai passés près

d'eux, il me semble qu'ils sont traités très-paternellement, sans violence, sans cette grossièreté brutale dont ailleurs nous avons vu tant d'exemples, et
qu'ils jouissent d'une certaine liberté relative; enfin
ils ont plutôt l'air d'être dans un hospice sévèrement dirigé que dans une maison de détention;
c'est, du reste, un des caractères du Hollandais de
ne faire que ce qu'il faut faire, avec bonté, sans
rigidité inutile, sans excès de zèle, honnêtement et
toujours avec une commisération naturelle et de
bon aloi; en un mot, dans toutes ses actions, le Hollandais n'est jamais faiseur d'embarras, pardonnez-
moi l'expression, et c'est là une qualité qui vous
réjouit et vous repose quand on arrive de France.

Ommerschans est bâti sur l'emplacement d'une
ancienne forteresse démantelée et dont les matériaux ont, je pense, été utilisés dans les constructions nouvelles; de celles d'autrefois on a conservé
deux casemates qui maintenant servent de prisons.
On n'y est pas bien malheureux, sans doute, car en
passant près d'elles, j'entends des voix qui chantent
et qui rient à gorge déployée. Les honneurs de l'infirmerie, petite, mais aérée et bien distribuée en
quatre salles, me sont faits par le médecin, qui

parle purement français, comme, du reste, presque tous les Hollandais de quelque éducation. Je vous fais grâce des cas curieux que j'y ai observés et des furieuses attaques d'éclampsie dans lesquelles se débattait une jeune fille nouvellement accouchée. En me la montrant, le docteur me disait : — On a beau les surveiller et les punir, ces gens-là sont incorrigibles, et tous les mois nous avons deux ou trois baptêmes !

J'ai visité l'église et l'école, qui se ressemblent tellement qu'on les confondrait volontiers ; puis je pris congé de mon guide et je rejoignis l'hôtellerie.

Pendant qu'on mettait les chevaux à la voiture et que je fumais en me promenant de long en large, je me posais innocemment les questions suivantes :

Une société dont quelques membres ont trop, tandis que d'autres n'ont pas assez et souvent même n'ont rien, est-elle une société bien constituée ?

Une société dans laquelle, sous peine de mourir de faim, un homme est contraint de mendier, est-elle une société respectable ?

Une société qui enferme pénitentiairement

l'homme qui a mendié étant en état de légitime défense contre le besoin, est-elle une société juste?

Enfin, une société qui n'ose remédier à la misère que par des dépôts de mendicité, des colonies agricoles et autres mesures répressives, est-elle une société viable?

Je me répétais cette définition de Chamfort : « En résumé, la société n'est jamais composée que de deux grandes classes : ceux qui ont plus de di ners que d'appétit, ceux qui ont plus d'appétit que de dîners. » Et je me disais : Ne pourrait-on pas trouver le moyen de rendre les dîners égaux aux appétits?

Mais j'avais fait plusieurs lieues déjà avant d'avoir pu me répondre, et j'étais arrivé dans une magnifique avenue de chênes, longue de deux lieues, qui rejoint la grande route de Zwolle. C'est ici le pays des canards sauvages, car les marécages abondent et les convient à rester pendant l'hiver. On les voit se lever en longues bandes qui passent à l'horizon, battant l'air de leurs ailes rapides et tachant le ciel de leurs lignes irrégulières et noires. Les paysans les chassent à outrance et les prennent dans des filets tendus à travers les arbres, où ils les attirent à l'aide d'un appelant dressé à cet usage. Cette chasse, fermée à la fin du mois de mars, est une source de gros bénéfices pour les habitants de ces provinces qui sont beaucoup moins riches que les paysans de la Hollande occidentale ; dans ces premières, en effet, les cultivateurs ne fabriquent que du beurre, denrée peu exportable, qui se consomme sur place et ne rapporte qu'un gain modéré, tandis que, dans la seconde, on confectionne ce fameux fromage qui est une des causes les plus sérieuses de la richesse du pays. « Ils transmutent le fromage en or, » a dit Michelet.

Vers quatre heures, j'arrivai à Zwolle, qui est une belle ville plaisamment ornée et qui a conservé les vieilles allures d'une capitale de province. On sent, à la voir, qu'elle eut son indépendance, sa force et son gouvernement propre. De ses fortifications d'autrefois, il ne reste qu'une porte dans le goût de celle que j'ai vue à Haarlem, mais beaucoup plus grande et plus intéressante. Elle se compose d'un très-haut massif carré, ouvert de longues baies ogivales et s'unissant, sur chaque angle, à une tourelle qui, prenant naissance à neuf pieds du sol environ, appuie sa base arrondie sur des modillons trilobés, devient tout à coup heptagone et se termine par un clocheton pointu. Ces quatre tourelles sont reliées, sur les façades, par des galeries abritées d'un toit et dont les machicoulis sont actuellement aveuglés par des moellons noyés de mortier. Des figurines, que la distance m'empêche de bien distinguer, se dressent aux angles contre la muraille; au-dessus de la porte s'arrondit une petite niche où, sans doute, se tenait dévotement jadis le saint protecteur de la cité. Toute cette construction, en briques et couverte d'un vaste toit d'ardoises sous lequel court une galerie historiée qu'on a peinte en blanc, est percée d'étroites fenêtres garnies de solides bar-reaux de fer. Par quel hasard cette forteresse, qui était évidemment une tête de pont, a-t-elle échappé aux démolisseurs qui démantelèrent la ville en 1672?

Malgré la tempête extraordinaire qui submergea et ravagea Zwolle en 1825, on y retrouve encore ces maisons luxueuses que les Hollandais aimaient à se faire bâtir, à grand luxe, pendant le seizième et le dix-septième siècle. Voici une maison qui sert aujourd'hui de magasin de modes et qui est un curieux spécimen de la Renaissance. Elle porte sa date, 1571; mais, malgré les soins extérieurs de propreté

qui la font reluire à l'œil comme une construction
récente, on voit que l'âge l'accable, car elle penche
et semble s'affaisser de vieillesse. Le fond est d'un
gris lilas sur lequel l'ornementation se détache en
blanc. Des piédestaux fleuris de rinceaux élégants
à peine soulevés, soutiennent une frise dont les
triglyphes séparent les caissons où des massacres
de taureaux montrent leurs orbites vides, leurs mâchoires dénudées et leurs cornes festonnées de
guirlandes. Dans le pignon qui sert de tympan, des
chimères à mamelles saillantes et des dauphins
au dos bossu recourbent leurs queues et s'enlacent
dans les accouplements étranges auxquels cette
époque excellait.

Le style ampoulé, guindé, forcé de Louis XIV se
retrouve par-ci par-là, et je vois sur les bords du
canal une maison lourdement chargée de chevaux
marins, de Neptunes barbus armés de tridents,
d'opulentes Thétys couronnées de glaïeuls, de Fleuves appuyés sur leur urne « murmurante, » qui
certainement eût arraché un sourire d'admiration
à celui que ses contemporains seuls ont surnommé
le Grand Roi.

Les promenades qui entourent la ville sont, dit-on, fort belles; mais je n'eus pas le temps d'aller les visiter; la nuit était arrivée pendant que je bayais aux maisons à travers les rues, et je suis vite rentré à l'auberge pour dîner, vous écrire et me coucher. Ah! j'allais oublier de vous dire que c'est à Zwolle qu'est né Gerrit Terburg, un peintre intime qui me plaît beaucoup et à vous aussi, je crois.

XV

L'Yssel. — Les Femmes. — Lois de Manou. — Hasselt. — Amsterdam. — Maison légendaire. — Boissons et Cuisine. — Théâtres.

27 Février.

Zwolle est assise sur l'une des branches de l'Yssel qui se jettent dans le Zuyderzée. Avant sept heures du matin, j'étais installé à bord du steamer qui doit me conduire à Amsterdam. Nous sommes partis; les bords du fleuve sont à certains endroits cloisonnés de claies, afin de neutraliser le remou des vagues chassées par la roue des bateaux à vapeur. Le ciel est zébré de teintes couleur de safran coupé d'une ligne plus claire qui ressemble à une bordure en vermeil dédoré. Une brume pâle noie de ses tons uniformes les moulins, le haut clocher de Zwolle, les arbres, et donne au paysage un aspect si gris, si gris, qu'il en fait frissonner.

Sous la tension de leurs voiles gonflées par le vent, de lourds *kofs* hollandais remontent le courant; c'est une maison qui vogue, maison qu'on ne quitte jamais et où vivent le mari, la femme et les enfants. Les enfants jouent sur le pont, la femme tient la barre du gouvernail, le mari s'occupe aux choses de la manœuvre. Quand le vent manque, quand la voile alanguie retombe le long du mât, on saute à terre, on s'attelle à une amarre et on tire la pesante machine avec bien des coups de reins et bien des efforts d'épaules. Souvent, depuis que je parcours la Hollande, j'ai vu des femmes courbées, haletantes, la poitrine écrasée par une sangle, traîner les bateaux chargés de tourbe, comme si elles étaient des bêtes de halage.

Admirez-vous, mon ami, de quelle ingénieuse façon et dans quelle limite l'homme admet l'égalité de la femme; c'est toujours en l'associant aux travaux les plus pénibles; voyez: elle hale les barques, elle bat en grange, elle moissonne, elle sème les pins dans les dunes; attelée côte à côte avec son mari, elle traîne le pesant *tonneau;* les répugnantes et dures besognes lui sont attribuées; et partout il en est ainsi; mais, en revanche, la législation la tient toujours en tutelle; quand elle est coupable, des hommes seuls la jugent, et lorsqu'elle est veuve, on lui adjoint un tuteur pour élever ses enfants. En un mot, elle n'est égale que devant le travail et la pénalité. Est-ce juste? Ne croirait-on pas que nous sommes gouvernés par les doctrines de Manou, qui a dit:

« Dieu a donné aux femmes l'amour de leur lit, de leur siége et de la parure, la concupiscence, la colère, les mauvais penchants, le désir de faire le mal et la perversité [1].

» Pendant son enfance, une femme doit dépendre de son père; pendant sa jeunesse, elle dépend de son mari; son mari étant mort, de ses fils; si elle n'a pas de fils, des proches parents de son mari, ou, à leur défaut, de ceux de son père; si elle n'a pas de parents, du souverain : une femme ne doit jamais se gouverner à sa guise [2]. »

1. Lois de Manou . L. IX, v. 17.
2. *Ibid.* L. V, v. 148.

Il est juste d'ajouter, cependant, qu'il dit ailleurs:

« Partout où les femmes sont honorées, les divinités sont satisfaites [1]. »

Je ne sais ce que pensaient les divinités de la Hollande, mais les femmes que nous apercevions, penchées et comme roidies par cet effort de traction, s'arrêtaient à notre approche pour éviter les secousses dont leur bateau, agité par le passage de notre steamer, les eût remuées, mettaient leurs mains sur leurs hanches, relevant la tête, élargissant leur poitrine, aspirant une grande bouffée d'air comme pour reprendre haleine, nous saluaient d'un geste, et recommençaient leur dur labeur lorsque nous étions éloignés.

Plus nous avançons, plus le fleuve s'étale; de beaux cygnes blancs appartenant aux riverains y nagent magnifiquement; des bandes entières de canards sauvages s'y abritent derrière les roseaux; les arbres disparaissent tout à fait; on ne voit plus que les prairies, noyées pour la plupart et ressemblant à des lacs qui encadreraient la rivière.

A Hasselt, nous stopons à l'extrémité d'une large

____
1. *Ibid*. L. III, v. 56.

jetée; quelques voyageurs montent à bord; on va
partir, mais on aperçoit au lointain, sur la route
qui borde l'Yssel, deux lourdes voitures s'approchant au petit trot; ce sont les diligences avec lesquelles le bateau à vapeur doit être en correspondance. On les hèle, on leur crie de se hâter; elles
n'en vont pas plus vite; lentement, lentement, elles
arrivent; les voyageurs en descendent, se secouent
un peu, vont boire au cabaret voisin un verre de
genièvre et se disputent avec le conducteur pour le
prix des places et le pourboire. Les portefaix détachent, en causant et sans précipitation, les cour-
roies de la bâche; on range les paquets à terre;
chacun vient reconnaître les siens; on remise d'a-
bord ceux qui doivent rester à Hasselt, puis on
prend les autres, et, toujours causant, fumant,
s'arrêtant, on les apporte jusqu'auprès du bateau;
puis les voyageurs viennent à leur tour, un à un, se
gardant bien de se presser, ne faisant aucune attention aux clameurs du capitaine, qui crie : Hâtez-
vous! La lenteur du sang-froid hollandais ne se
trouble pas pour si peu; ce transbordement dure
une heure environ; c'est une heure perdue, mais
qu'importe, nul ne paraît s'en préoccuper.

Après avoir navigué pendant une lieue entre deux
digues, ou plutôt entre deux jetées construites en
pierres d'Allemagne, nous entrons dans le Zuyderzée, que tachète au loin la voile des bateaux caboteurs, et à quatre heures nous entrons à Amsterdam.

Je comptais que nous y serions arrivés plus tôt
et j'avais espéré pouvoir aller faire une dernière
visite au musée pour regarder encore la *Garde de
nuit*, mais il était trop tard, et je me suis forcément
contenté, après avoir expédié mon bagage à l'auberge, de me promener au hasard par les rues et les
quais de la ville. Je n'y aperçois rien de bien nouveau à vous raconter, sinon sur Keisersgracht (le
quai de l'Empereur), une maison qui mérite qu'on
en parle ; elle est datée 1622 ; elle a trois étages
et se termine par un pignon surchargé de ces obélisques lilliputiens qui semblent avoir été, à une
certaine époque, l'ornement favori de l'architecture hollandaise. D'une frise, qui sépare le premier
étage du second, sortent six têtes d'hommes ceintes
de lauriers ou coiffées de casques ; le style en est
lourd et la sculpture médiocre ; je ne vous en dirais
donc rien, si cette maison n'avait sa légende, que je

vous donne humblement pour ce qu'elle vaut.

Cette maison appartenait jadis à un négociant qui y avait accumulé toutes sortes de richesses. Sept voleurs déterminés se réunirent dans le but de s'emparer de ces trésors que la renommée grossissait à plaisir. Ils attendirent un samedi soir, car ce jour-là le négociant, avec sa famille et ses domestiques, se rendait à Broeck, laissant sa demeure à la garde d'une seule et vieille servante. Les grinches, comme on dit en littérature moderne, se mirent silencieusement à l'œuvre vers le milieu de la nuit, fouissant le sol de façon à creuser un souterrain qui aboutirait sous le plancher de la cuisine ; une fois là, il était facile de pratiquer une ouverture, d'entrer dans la maison, de s'y répandre et de la piller après avoir préalablement égorgé la domestique, ainsi que cela se passe dans les histoires de brigands qui ont des prétentions à être intéressantes. Or, cette nuit, la servante veillait, assise dans la cuisine près sa lampe et filait. Elle entendit confusément d'abord, puis plus distinctement ensuite, le travail de taupe auquel se livraient les voleurs. Elle eut cette peur vague que donne l'approche d'un danger inconnu ; mais comme c'était une fille vaillante, elle ne se laissa pas effrayer, et, saisissant le plus long couteau qu'elle put trouver dans sa cuisine, elle se mit à l'aiguiser bel et bien sur la pierre de son évier ; puis elle baissa la mèche de la lampe de manière à n'avoir plus qu'une lueur presque obscure autour d'elle, et se blottit dans un coin, armée et prête. Elle vit tout à coup une des dalles du carrelage se soulever et retomber loin comme poussée par une force invisible, puis une autre et encore une autre, et enfin elle aperçut une tête hérissée, barbue, formidable comme doit être toute tête de brigand, apparaître au-dessus de l'ouverture agrandie. La servante prit résolûment la tête aux cheveux et la trancha d'un seul trait de couteau ; cela fut si vite fait que la tête n'eut pas même le temps de pousser un soupir. La servante tira à elle le corps resté dans le trou et le rangea proprement contre la muraille ; elle croyait en être quitte et pensait à l'histoire d'Holopherne, dont elle avait entendu parler au prêche, lorsqu'elle aperçut une seconde tête qui émergeait au dessus du soupirail ; elle la prit et la coupa comme la première. Six fois cette Judith enragée recommença sa sanglante besogne, car les voleurs marchaient un à un dans le souterrain, et n'entendant aucun bruit, aucun cri, aucun appel, s'imaginaient chacun que leurs compagnons avaient réussi. Le septième cependant s'épouvanta de ce silence; c'était un vieux filou très-retors et plein de prudence; au lieu d'engager sa tête dans le trou fatal, il appela ses camarades; la servante se garda bien de répondre; il s'arrêta alors, respira fortement et sentit cette odeur fade et tiède qui est celle du sang; il comprit qu'il venait de se passer au-dessus de lui quelque chose d'anormal et d'imprévu; il n'eut point assez de curiosité pour aller à la découverte du mystère; il tourna les talons, rampa dans le couloir creusé à si grand'peine, s'élança sur le quai et prit si bien sa course, que depuis on ne l'a jamais revu. En commémoration de cette terrible aventure, le propriétaire de la maison la fit orner extérieurement de six têtes scupltées, et donna à la servante une pension de six mille florins; mille florins par brigand, ce n'était que justice.

Comme je m'étais arrêté longtemps à regarder cette maison, la nuit était presque venue lorsque j'arrivai à l'hôtel pour dîner, action encore plus pénible en Hollande que partout ailleurs, car, ceci est une affaire de goût, j'y trouve la cuisine exécrable;

elle ressemble au langage, elle est moitié saxonne
et moitié germaine. A l'Angleterre elle a pris le
roast-breef, les pommes de terre et les sauces violentes; à l'Allemagne elle a emprunté la choucroute
et les pommes cuites mêlées aux viandes rôties; la
France lui a prêté son beefsteak, mais la Hollande
l'accommode à sa façon, c'est-à-dire au beurre noir.
Quant aux boissons, il n'y en a pas; les bières viennent de Bavière ou de Portsmouth; les vins arrivent
de France ou des bords du Rhin; de l'eau, il n'en
existe pas de potable en Hollande; restent les li-
queurs, qui sont exquises et fabriquées ici avec un
soin extraordinaire; mais quelque goût que l'on ait
pour le genièvre, le curaçao, le persico ou l'ani-
sette, on ne peut en faire sa boisson ordinaire;
aussi, lorsqu'on est aussi mince buveur que moi,
on est heureux de trouver les petits vins légers de la
Moselle; ils sont fermes, secs et fort innocents. A
ce propos, je me rappelle avoir lu, à Leyde, je
crois, sur une carte de restaurant, l'indication suivante : « Bordeaux naturel; bordeaux *pas* naturel. » J'ai demandé des explications sans pouvoir en
obtenir.

Depuis que je suis dans ce pays, j'ai toujours eu

l'intention d'aller passer une soirée au spectacle;
mais le soin de vous écrire l'*historique* de ma journée, et aussi mon peu d'empressement pour le
théâtre, m'ont empêché de mettre ce projet à exécution. Qu'aurais-je vu, du reste? A la Haye, *De
Armen von Pary* (les Pauvres de Paris), et à Amsterdam, *De Zoon van der Nacht* (le Fils de la Nuit).
Notre littérature des boulevards défraye les salles
de spectacle du monde entier. Ce soir, j'ai longtemps hésité, cependant; mais la fatigue aidant,
je reste paresseusement au coin de mon feu, ou
plutôt de mon poêle en fonte; et puis, j'ai mes
paquets à faire, car mon temps est compté maintenant, et il faut que demain matin je sois à Utrecht.

XVI

Utrecht. — Velours. — Le vieux quai. — Hollande politique. — Église Saint-Martin. — Cloître. — Clocher. — Ouragan. — Zeist. — Les frères moraves. — Histoire. — La liberté. — Conseil et adieu.

28 Février.

Utrecht se présente bien, à la sortie du débarcadère, avec son canal de ceinture qui jadis servai de fossé à la ville, avec ses remparts devenus aujourd'hui une magnifique promenade, avec les hautes tours de son clocher, avec ses rues larges et ses belles places. C'est jour de marché, il y a du bruit et du mouvement. Mais, hélas ! ma dernière illusion s'en va ; on ne fait plus de velours à Utrecht. C'est en vain que je chercherais ici une seule fabrique de cette bonne vieille étoffe à ramages, si dure qu'elle entrait dans la peau comme un paquet d'aiguilles quand on y appuyait le visage, si jaune qu'elle faisait rire, si usuelle qu'elle couvrait les meubles déjà surannés à notre naissance, et si so-

lide qu'on en tapissait ces horribles fiacres, garnis
de paille humide, conduits par un cocher en car-
rick et dont on descendait par un marche-pied à six
étages. A cette heure, la Prusse rhénane et Lyon
fabriquent tout le velours d'Utrecht qui se consomme dans le monde.

La ville est une ville de Hollande, semblable à
celles que j'ai déjà vues : canaux sillonnés de barques, quais plantés d'arbres, maisons à pignons,
élégance, confort et propreté. Sur le vieux quai
(*Oude gracht*), j'aperçois, en passant, une maison
réellement moyen âge, en briques rouges et noires,
usées et comme rouies par le temps, avec trois
étages d'ogives et un couronnement insensé en
forme de balustrade italienne, qui remplace, sans
doute, les créneaux tombés. Cela penche et s'incline, fatigué par les années; au-dessus de la porte
d'entrée, je lis : *Fresenburg* (château qui fait peur).
Au quinzième siècle, c'était une maison forte, très-
capable de soutenir un siége pendant une émotion
populaire.

C'est dans cette ville qu'eut lieu l'acte le plus
grand de la vie des Pays-Bas. En effet, ce fut ici
qu'en 1579 se signa l'*union d'Utrecht*, par laquelle

les sept Provinces-unies [1] se liguaient contre le roi Philippe II, afin de conquérir leur indépendance qui ne fut diplomatiquement reconnue que soixante-neuf ans plus tard, par le traité de Westphalie. A propos de Ryswick, vous avez dû remarquer déjà l'extrême importance du rôle que la Hollande a joué dans l'histoire moderne, en voici encore une preuve : c'est ici même, en 1712, après la bataille de Denain, où Villars sauva peut-être la monarchie française, que fut conclue entre la France, l'Angleterre, la Hollande et l'Espagne, la *paix d'Utrecht*, qui mit fin à cette implacable guerre que nous valut l'élévation du duc d'Anjou au trône espagnol. Avez-vous fait cette observation que ne dément aucun fait de notre histoire : l'Espagne a toujours porté malheur à la France?

L'ancien hôtel de ville, où furent signés les deux actes dont je viens de parler, sert aujourd'hui de caserne; c'est un grand bâtiment plat et sans intérêt. Du reste, il n'y a pas de monuments curieux à

---

1. Les sept Provinces-Unies étaient : La Hollande, la Gueldre, la Zélande, l'Utrecht, la Frise, l'Over-Yssel, la Groningue; la Drenthe formait un État séparé confédéré avec les sept autres.

visiter à Utrecht, si l'on en excepte la cathédrale, autrefois dédiée à saint Martin.

Ce fut certainement jadis une des plus vastes et des plus complètes églises de la Hollande ; mais, le 1er août 1674, un tel ouragan souffla sur elle, que la nef s'abattit, ne laissant debout que le chœur, le transept et la tour (*dom*) qui servait de clocher. Jusqu'en 1827, les décombres de cette immense ruine restèrent accumulés sur la place même de leur écroulement ; aujourd'hui tout est déblayé ; une lourde maçonnerie a pansé les blessures béantes de l'église qu'une large rue sépare de son ancien clocher, isolé maintenant comme un *campanile* italien.

Cette église a subi bien des vicissitudes ; édifiée d'abord vers l'an 700, sur les débris d'une chapelle de saint Thomas détruite par les Danois, elle s'écroula, fut rebâtie en 1015, fut incendiée et enfin reconstruite, de 1257 à 1267, par Henri de Vianden, un des évêques souverains d'Utrecht. Aujourd'hui on la restaure. Des maçons, grimpés sur des échafaudages appuyés contre les murailles extérieures, réparent les contreforts, refont les pinacles, réinstallent les arcs-boutants, comblent les trous, bou-

chent les lézardés et raccordent de leur mieux les
fines sculptures du moyen âge avec les lourds empâtements de l'imitation moderne.

J'y suis entré. L'intérieur a maintenant la forme
d'un T, car il n'y a plus que le chœur et le transept. Le premier est embarrassé d'une construction
en bois, propre au culte évangélique et qui ressemble à une salle provisoire pour des députés.
L'ogive est très-sobre, d'une lancette fine et sans
décadence. Le chœur proprement dit se compose de
huit arcades supportées par des faisceaux de colonnettes très-élégantes, fleuronnées à la place du
chapiteau, et traversées dans toute leur hauteur
par un fût arrondi, très-mince, qui monte jusqu'à
la voûte pour aller soutenir la retombée des nervures. Au-dessus des arcades s'ouvre une galerie
circulaire étroite et protégée par une balustrade
découpées en trois demi-lobes. C'est très-simple et
très-grand. Au transept, l'église s'arrête tout à coup
par un mur moderne en briques emplâtrées contre
lequel s'appuie un jeu d'orgues. Dans un coin, j'a-
vise un tombeau noir, en pierre de touche, orné
d'un gothique déjà douteux, sans inscription et
portant sur la dalle supérieure un prélat coiffé de

la mitre, écorné, rayé, camard, appuyant ses pieds rompus sur des lions cassés, croisant sur sa poitrine des mains qui ne sont plus que des moignons informes, et dormant, mutilé chaque jour davantage par le temps et l'indifférence, à côté de son bâton pastoral dont la crosse est brisée. Cette tombe, sans nom ni date, est celle du dernier archevêque d'Utrecht, Frédéric Schenk de Tautenbourg, mort, je crois, en 1530.

A côté de l'église s'ouvre un cloître abandonné qui, sans doute, servit de demeure aux quarante chanoines réguliers composant le chapitre de la cathédrale. A cette heure, c'est presque une ruine. Les herbes poussent entre les pierres disjointes, la mousse verdit son toit, les lichens rongent ses piliers écaillés, quelques nids d'hirondelles encore inhabités s'accrochent à ses angles; c'est froid, triste et verdâtre. Il a naturellement quatre côtés; mais l'un d'eux est formé par les murs de l'église qui rebondissent en tourelles romanes et s'ouvrent en larges fenêtres gothiques. Le côté qui fait face à celui-ci est composé de sept arcades, les autres n'en ont que six; toutes sont égales, d'une bonne époque, un peu postérieure à la construction de la

cathédrale, à l'exception d'une seule qu'une restauration récente a rendue plein-cintre. Chacune de
ces arcades, séparées par un contre-fort clochetonné
d'où s'élance une gargouille, est surmontée d'un
pinacle décapité qui contenait des images sculptées
aujourd'hui méconnaissables. On distingue vaguement quelques draperies, un bras par-ci, une jambe
par-là, mais il serait bien difficile, sinon impossible, de reconstituer les sujets que le temps a effa-
cés pour toujours. Ce cloître est charmant; il n'a
pas la mystérieuse beauté du cloitre de Saint-Tro-
phime d'Arles; il n'a pas la richesse élégante, orientale et comme féminine des cloitres de Saint-Jean
de Latran et de Saint-Paul-hors-des-murs, à Rome;
mais tel qu'il est, avec son aspect ravagé et attristé,
avec sa couleur terne, avec les dalles tumulaires
enclavées dans ses parois, avec ses gargouilles gri-
maçantes qui semblent vomir des touffes d'herbes
remuées par le vent, avec ses piliers à demi-des-
cellés, ses ogives penchantes et ses clochetons ren-
versés, il m'a retenu longtemps à la grande surprise
des ouvriers, qui en ont fait un chantier pour a
taille des pierres.

De l'autre côté de la place qu'autrefois occupait

la nef détruite, s'élève le *dom*. On connaît exactement les dates de sa construction. Il fut commencé
le 22 mars 1321 et terminé le 20 janvier 1382 ; c'est
du moins ce qu'on peut lire sur une inscription
gravée au côté occidental de cette tour qui a trois
étages en retrait ; les deux premiers sont carrés, en
briques, si réparés qu'ils n'ont plus de style, malgré
les baies gothiques qu'on a tenté de conserver ; le
troisième est coupé à six pans ; ses énormes fenêtres,
séparées par des meneaux tétragones, sont soutenues à l'aide de tenons en fer qui empêchent cette
ruine d'agrandir les lézardes qui la sillonnent déjà
et de s'écarter tout à fait. C'est très-haut : deux cent
quatre-vingt-cinq pieds au-dessus du sol, dit-on.
Les balustrades qui servent de garde-fous aux plates-
formes des deux étages inférieurs sont en fer forgé
peint en gris ; que dites-vous de l'intelligence de
cette réparation gothique? Au reste, vous qui vivez
dans la familiarité de nos monuments de Paris,
vous savez à quoi vous en tenir sur la valeur de ce
qu'on appelle, en architecture, une restauration.
Les architectes ressemblent aux chirurgiens qui ne
peuvent remplacer une jambe coupée que par une
jambe de bois.

Quand j'eus parcouru Utrecht pendant une heure, je l'eus vue; je ne vous parle ni de sa maison commune, ni de sa *Monnaie,* qui sont de médiocres bâtiments modernes, car je n'aurais rien à vous en dire, et j'ai hâte de vous conduire à Zeist, qui est un beau village situé à deux lieues hors de la ville. En 1672, Louis XIV y posa son camp, mais cela ne nous émeut guère; cet endroit a des importances plus curieuses que ce souvenir. Je m'y rendis par une large route, bordée de parcs où des villas, maintenant closes, s'ouvrent en été pour recevoir les riches négociants de Rotterdam; le village éparpille gaiement ses maisons près d'un bois magnifique plein de merles qui volent en sifflant. C'est doux et reposé.

Une colonie de frères moraves s'est établie là, et c'est elle que je venais visiter. J'étais désireux de voir les descendants directs de ces vaudois et de ces hussites qu'au nom calomnié de Dieu on a brûlés sur tous les bûchers, pendus à tous les gibets, frappés de tous les glaives, cloués à toutes les croix, rompus à toutes les roues, écartelés à tous les chevalets, poussés vers tous les exils. J'ai trouvé des hommes humbles, recueillis et silencieux. Était-ce bien le dogme, était-ce bien seulement le pouvoir spirituel que Rome protégeait avec tant de chaudières, de carcans, de tenailles, d'huile bouillante et de plomb fondu ?

Les frères moraves dérivent directement des sectes de Valdus et de Jean Huss qui, elles-mêmes, se rattachent, en quelque sorte, au grand schisme grec de 864. Si ces protestants anticipés s'étaient contentés de demander l'usage de la langue vulgaire dans l'exercice du culte et la communion sous les deux espèces, il est probable que Rome aurait fini par céder; mais ils exigeaient que le clergé ne pût posséder aucun bien temporel; alors la papauté usa de toutes ses forces pour les combattre.

Les vaudois chassés et poursuivis s'étaient réfugiés et résistaient vaillamment dans les vallées de la Savoie; quelques-uns d'entre eux passèrent en Bohême, où ils répandirent peu à peu leur nouvelle doctrine qui condamnait la confession auriculaire, le culte des saints, et déclarait que tout chrétien était prêtre et devait connaître l'Écriture, ce qui renversait le gouvernement de l'Église [1].

1. S'emparant de cette idée, Luther devait écrire, en 1523 : « Tous les chrétiens sont prêtres, tous peuvent enseigner la pa-

Comme toujours, le catholicisme s'imposa et voulut extirper par la violence ce qu'il appelait une hérésie ; c'est en vain que les ducs de Bohême réclament auprès du pape pour leurs sujets le droit d'un culte libre. On leur répond par l'érection d'un évêché à Prague et l'introduction du rituel latin [1].

role de Dieu, administrer le baptême, consacrer le pain et le vin, car Christ a dit : Faites cela en mémoire de moi. » *Mémoires de Luther*, par Michelet, t. II, p. 133.

1. Dès avant cette époque, la papauté refusait aux Bohémiens les libertés qu'ils demandaient : la curieuse lettre adressée au duc Wratislas par Grégoire VII en fait foi ; elle explique, en outre, pourquoi Rome s'opposait à l'emploi de la langue vulgaire : « Grégoire, évêque, serviteur des serviteurs de Dieu, au prince Wratislas, salut et bénédiction apostolique. Vous demandez de nous la permission *que le service soit célébré chez vous, selon l'ancien usage, en langue slavone ;* mais sachez, cher fils, que nous ne pouvons en aucune manière vous accorder votre prière : car après avoir beaucoup pesé les Écritures, nous trouvons qu'il a plu et qu'il plaît au Dieu tout-puissant de faire célébrer le culte en langue étrangère, *de peur qu'il ne soit compris de tous,* et particulièrement des simples ; car s'il était chanté et entendu de tous intelligiblement, il pourrait être très-facilement exposé au mépris et au dégoût : ou bien des demi-savants qui le comprendraient mal pourraient, en l'entendant ou en l'examinant trop souvent, introduire parmi le peuple des erreurs qu'il serait ensuite très-difficile d'extirper de leur cœur. Qu'on n'allègue pas ici le subterfuge qu'autrefois on a accordé en ceci quelque chose à de nouveaux convertis ou à des peuples entiers. Il est vrai qu'on l'a fait autrefois ; mais il en est provenu de grands maux qu'on n'a pu détruire et déraciner qu'avec beaucoup de peine lorsque l'Église chrétienne s'est affermie ; et

De ce moment le protestantisme naquit ; on se réunit, on prêcha, on communia secrètement ; mais partout on faisait des prosélytes et la réforme future étendait ses invisibles racines.

Lorsque le doux Jean Huss surgit en Bohême éclairé par les écrits de Jean d'Oliva, de Marcile de Padoue, de Wiclef, et par les prédications des libres franciscains, les hommes qui, sans repousser la foi chrétienne, rejetaient le pouvoir temporel et l'organisation hébraïque du catholicisme, se réunirent en foule autour du nouvel apôtre et s'abreuvèrent de sa parole. En somme, il n'attaquait aucun pouvoir essentiel, ni l'absolution, ni la confession, ni même la vente des indulgences dont il blâme seulement l'abus. Mais il déclame contre l'ignorance, les

on a vu que cette indulgence déplacée a été la racine de monstrueuses erreurs. C'est pourquoi ce que votre peuple demande si déraisonnablement né doit nullement se faire ; car nous le défendons en vertu du pouvoir de Dieu et de saint Pierre ; et nous vous exhortons vous-mêmes à vous opposer de toutes manières possibles à une pareille légèreté. Ordonné ainsi à Rome, en l'an 1079. » J'extrais cette lettre et presque tous les détails que je donne sur les frères moraves, de l'important ouvrage intitulé : *Histoire ancienne et moderne de l'Eglise des frères de Bohême et de Moravie, depuis son origine jusqu'à nos jours,* par A. Bost, ministre du saint Évangile. Deuxième édition ; 2 vol. Paris, Delay, 1844.

mœurs et les richesses du clergé; Jean XXIII faisant prêcher une croisade contre le roi de Naples, Ladislas, Jean Huss déclare qu'on peut refuser obéissance, que la loi de l'Évangile est dans le précepte : Aimez-vous les uns les autres; qu'en ordonnant la guerre, le pape prouve qu'il est plus éclairé que Jésus, ou que la dignité du fils de Dieu fut moins précieuse que les prérogatives du saint-siége, puisque le Christ n'avait point permis à saint Pierre de s'armer pour lui sauver la vie. Selon lui, le pape ne peut excommunier pour des causes personnelles, car, dans ce cas, l'excommunication ne sépare point les fidèles du corps de l'Église. Il conclut que l'Église peut subsister sans pape et sans cardinaux, et déclare enfin que les peuples ont le droit de refuser la dîme. Une semblable opinion brisait l'autorité du clergé.

Il fallait en finir avec un si dangereux novateur; on l'expulse de Prague, mais cet exil ne fait qu'augmenter son influence; aussi, dès que le concile de Constance fut réuni, Jean Huss y fut dénoncé; il reçut, à la demande du roi de Bohême, un sauf-conduit de l'empereur Sigismond. Confiant dans l'acte impérial qui le couvrait, il se rendit au concile, y fut saisi, interrogé, condamné et brûlé.

Jacobel continuait la prédication en l'absence et depuis la mort de Jean Huss. Ses partisans, retirés près du château de Bechin, sur une montagne qu'ils appellent le Tabor [1], et d'où ils prennent le nom de *taboristes*, communient par le pain et par le vin, et établissent pour eux une règle austèrement chrétienne.

On les poursuit, on les chasse, on les massacre; c'est peine perdue, leur nombre augmente, et Martin V ordonne une croisade contre eux. La Bohême se soulève, et c'est alors que commence cette terrible guerre des hussites dont l'Allemagne se souvient encore.

Les révoltés choisissent pour chef un homme noble appelé Jean Trocznow, et qu'on avait surnommé *Ziska*, parce qu'il était *borgne*. Tous ses efforts pour arriver à un accommodement échouèrent, car l'empereur Sigismond, inspiré par Rome, ne voulait à aucun prix accorder la liberté de conscience. L'armée impériale, forte de cent mille hommes, fut détruite devant Prague (11 juillet 1420)

---

1. En langue bohémienne, *tabor* signifie proprement : rempart fait avec des bagages autour d'un campement.

On brûle, on pille, on viole; on branche les prisonniers aux arbres, on ravage les moissons, on fait le
pays désert; c'est une guerre de frères ennemis. Au
siége de Raal, Ziska perd l'œil qui lui restait, et,
devenu tout à fait aveugle, n'en continue pas moins
à diriger si habilement ses troupes, qu'il bat l'empereur à Aussig, et par cette victoire se rend maître
de la Bohême entière. Sigismond, épouvanté, lui
envoie des ambassadeurs, le reconnaissant comme
vice-roi perpétuel de la Bohême, lui donnant le
droit de nommer à tous les emplois et accordant la
réforme ecclésiastique réclamée par la nation. On
allait traiter sur ces bases, lorsque Ziska mourut su-
bitement de la peste (11 octobre 1424). Est-ce bien
de la peste qu'il mourut?

A sa mort, la nation se divise en trois corps qui
battent et anéantissent une nouvelle armée de cent
mille hommes envoyés contre eux. Vaincu et presque menacé, le pape assemble un concile à Bâle, et
envoie un sauf-conduit aux hussistes qui y viennent
au nombre de trois cents sous la conduite de Pro-
cope, élève de Ziska et de Jean Rockyzan, disciple
de Jacobel. Les demandes faites par les révoltés de
Bohême se réduisent à quatre chefs :

1° Communion sous les deux espèces ;

2° Prédication libre par les prêtres de la parole de Dieu ;

3° Abandon par le clergé des biens et des domaines temporels ;

4° Connaissance et répression des crimes par les magistrats civils.

Le concile refusa, les hussistes se retirèrent et la guerre reprit feu. Les insurgés furent vaincus à leur tour, et ils se virent contraints d'accepter un traité qui, des quatre conditions précédentes, ne leur accordait que la communion par le pain et le vin.

Les hussistes se séparèrent alors en deux partis distincts : l'un, celui des *calixtins* (calice), qui accepte purement et simplement le traité ; l'autre, celui des *taboristes*, qui le repousse et demande des réformes radicales dans la constitution de l'Église.

En 1457, ces derniers prennent le nom de : *frères unis, frères moraves, frères de Bohème*, élisent du milieu d'eux trois anciens pour les diriger et se déclarent Église indépendante.

Ce fut vers cette époque qu'ils se réunirent en partie aux vaudois émigrés, par qui ils firent sacrer leurs évêques. En 1648, la persécution recommence contre eux, dirigée par le roi de Bohême, Georges Podiebrad ; ils se cachent dans les forêts et dans les grottes, d'où ils prennent le nom de *caverniers*. Malgré les sévices qui ne cessent de les atteindre, leur nombre augmente ; en 1474, ils peuvent envoyer des missionnaires en Russie, en Grèce, en Égypte, en Palestine, en Thrace, pour rechercher les chrétiens attachés comme eux à la pure doctrine de Jésus ; leurs envoyés revinrent désespérés, « l'haleine de Satan a soufflé partout. » En 1490, ils font imprimer à Venise la première Bible traduite en langage bohémien.

Au commencement du seizième siècle, avant Luther et Calvin, les frères unis comptent deux cents églises.

Jean Huss, sur son bûcher, avait dit en s'adressant à ses juges : « Dans un siècle vous rendrez compte de ma condamnation devant Dieu et devant moi ! » Cent deux ans après sa mort, en 1517, Luther commença à prêcher contre les débordements et la simonie de la papauté. « Jean Huss, a-t-il dit, était la semence qui doit mourir et être enfoncée dans la terre pour sortir ensuite et croître avec force. »

Les frères regardèrent avec une espérance pleine
d'anxiété du côté de Luther et lui envoyèrent, en
1522 d'abord, puis en 1536 et en 1540, des députés
pour l'engager à établir une sévère discipline dans
la nouvelle Église. Je dois dire que le réformateur
tint peu de compte de leurs observations.

La paix régnait enfin dans la communion de Bohême e de Moravie; en 1555, un synode fut tenu à
Kaminieck, dans lequel, en présence de waywodes
de la Grande et de la Petite Pologne et du duc de
Prusse, les réformés polonais s'unirent aux frères et
acceptèrent leur discipline, ce dont ils furent loués
par Calvin.

Leur Église était florissante, lorsqu'après la mort
de l'empereur Rodolphe, en 1612, le saint-siége ré-
solut de faire exécuter les décrets du concile de
Trente contre les protestants. Ces derniers se pré-
parèrent à la résistance; les députés impériaux
furent jetés par les fenêtres du château de Prague.
Ce fut la guerre de Trente ans.

La bataille de Wissemberg (16 novembre 1620)
écrasa les réformés de Bohême et de Moravie. Trois
années consécutives (1621-1624) furent employées
sans relâche, par les vainqueurs, à poursuivre, à

frapper, à convertir les hérétiques ; plus de quatre-vingt mille familles protestantes de toutes sectes émigrèrent en Saxe, en Silésie, en Brandebourg, en Pologne, en Prusse, aux Pays-Bas. Il n'y eut plus ni écoles, ni églises, et cette grande et juste protestation qui durait depuis des siècles, disparut, noyée dans le sang.

Chose étrange ! ce fut de Bohème et de Moravie que surgit le premier effort de réformation, un siècle avant le réveil de la chrétienté ; ce sont les protestants de ces deux pays qui font d'abord éclater la guerre de Trente ans, et la paix de Westphalie (1548) ne prononce même pas leur nom et les abandonne ingratement au bon plaisir de la maison d'Autriche. Aussi, après ce traité, on cherche en vain leurs traces, ils ont disparu.

Je ne les retrouve qu'en 1722. Trois ou quatre pauvres gens, descendants des anciens taboristes, guidés par un menuisier nomade appelé Christian David, s'enfuirent de la Moravie et vinrent demander asile au comte Zinzendorft, jeune homme mystique, illuminé souvent jusqu'à l'extase, et tout à fait propre, par sa fortune, ses alliances princières et son esprit éminemment religieux (au sens originel du mot, *religare*), à devenir chef de secte. Il accueillit les réfugiés et leur abandonna, dans la haute Lusace, près de Berthelsdorft, un emplacement sur lequel ils bâtirent le village de Herrnhut (garde de Dieu), qui devint en peu d'années l'établissement central des frères moraves. Zinzendorft leur donna une discipline austère, envoya des missions au Groënland, à Java, aux Indes, en Amérique, parcourut lui-même en apôtre ces différentes contrées, organisa de nombreuses colonies en Europe, et mourut en 1761, après avoir vu *son Église* prendre un développement dont elle avait désespéré pendant longtemps. Aujourd'hui, on compte seize mille cinq cent trente et un frères dans les pays chrétiens, et cinquante-six mille cent trente-neuf dans les missions en terre d'infidèles : c'est un total de soixante-quinze mille six cent soixante-dix, auquel on pourrait ajouter cinquante mille personnes environ faisant partie de sociétés plus ou moins alliées aux frères unis.

Extérieurement du moins, les moraves appartiennent à la confession d'Augsbourg; l'idée fondamentale de leur doctrine est « de suivre Jésus-Christ avec les yeux fixés sur lui, en oubliant en

lui la joie et la douleur, la pauvreté et l'oppro-
bre [1]. » Ils admettent la tache originelle et affir-
ment que la mort expiatoire du Christ en a absolument lavé l'humanité; l'unité ecclésiastique
consiste, selon eux, moins dans l'uniformité des
croyances que dans la charité qui doit faire de tous
les disciples de Jésus un seul cœur et une seule
âme. Toutes les fois qu'ils se trouvent embarrassés
pour décider un point de doctrine, pour régler un
fait de discipline ou pourvoir à un emploi vacant,
ils consultent le sort à l'aide d'un verset négatif et
d'un verset affirmatif tirés des Écritures, et prennent leur résolution selon la réponse que le hasard
amène.

Leur règle est sévere et hiérarchisée de telle
sorte, que leur gouvernement intérieur est une véritable oligarchie, dont les extraits suivants d'une
lettre écrite par Christian David pourront donner
idée:

« 1° On élut douze anciens pour tenir le gouvernail de l'Église.

» 2° On établit entre les frères et les sœurs toutes

1. A. Bost; *vid. sup.*

sortes de charges, comme docteurs, assistants, moniteurs, gardes-malades, etc.

» 3° On·fixa différentes heures d'édification. Le matin, les frères qui ont le don d'enseigner prennent une portion de la parole de Dieu et parlent successivement. Le soir, on a une heure de chant, pendant laquelle on explique un passage choisi pour l'objet particulier de la méditation du lendemain.

» 4° Nous avons des *bandes* pour les hommes, les femmes, les gens mariés et les non mariés, etc.....

» 5° Nous avons aussi des agapes (repas d'amour), soit pour l'Église entière, soit pour quelques bandes en particulier.

» 6° Nous avons des jours particuliers de prière et de jeûne, où nous nous rappelons plus spécialement toutes les grâces de Dieu, où nous lui sacrifions louange et lui payons nos vœux.

» 7° Nous avons un guet que tous les frères tiennent successivement.

» 8° Nous nous sommes arrangés pour qu'il y ait continuellement, jour et nuit, quelques prières qui s'élèvent à Dieu de la part de l'Église, afin que le feu brûle toujours sur l'autel.

» 9° Nous avons des assemblées particulières.

» Quant au dimanche, tous les hommes se rassemblent, et nous nous entretenons de choses qui regardent plus particulièrement notre sexe et nos devoirs de maris, de pères, etc.

» De huit à neuf heures, ce sont les veuves qui se réunissent ainsi.

» Ensuite nous allons à l'église.

» L'après-midi, de deux à trois heures, réunion des frères non mariés;

» De trois à quatre, des femmes mariées;

» De quatre à cinq, des sœurs filles;

» De cinq à cinq et demie, des orphelins.

» Nous allons tous ensemble à la cène, et nous ne prenons avec nous personne qui ne soit vraiment converti.

» Tous les jours, il y a des confessions :

» Le lundi avec les *anciens* et les *gardes-malades;*

» Le mardi avec les *aides;*

» Le mercredi avec les *docteurs;*

» Le jeudi avec les *surveillants;*

» Le vendredi avec les *moniteurs;*

» Le samedi avec les *serviteurs.*

» Les femmes ont aussi les mêmes charges entre elles, sauf celle de docteur [1]. »

Les finances communes se forment à l'aide de contributions volontaires; les seules peines que les supérieurs puissent appliquer disciplinairement sont le blâme, l'excommunication et, en dernier lieu, l'expulsion de la communauté.

L'établissement de Zeist a été fondé en 1746 ou en 1748, la date varie; les familles moraves qui l'habitent aujourd'hui forment un total de deux cent soixante-dix-sept personnes.

Un large chemin sépare deux immenses cours gazonnées, autour de chacune desquelles s'élève, sur trois côtés, un vaste bâtiment qui ressemble à une caserne énorme. D'une part, ce sont, en trois corps de logis distincts, les célibataires, les gens mariés et les écoles; de l'autre, ce sont les veuves et les filles, l'église, le pasteur et le chef de la communauté. Là, chacun est séparé et vit dans sa chambre, travaillant, priant, méditant, et ne se réunit à ses autres frères que pendant les exercices religieux. Tout cela est d'un calme qui fait froid.

1. A. Bost. *Vid. Sup.*

J'ai visité le bâtiment spécialement réservé aux célibataires ; sauf l'absence de verrous et de grilles, on dirait une prison. De longs couloirs où s'ouvrent des chambres ; une salle assez grande qui sert d'église particulière ; sous les combles, des dortoirs où couchent les domestiques ; au rez-de-chaussée, de petits magasins suffisamment pourvus de marchandises fabriquées par les frères eux-mêmes, ou achetées au dehors et revendues à un très-modique bénéfice. La probité des *herrnutters* (gardiens de Dieu) est proverbiale, même dans la scrupuleuse Hollande. L'église où j'entrai mérite bien le nom de *salle* qu'on lui donne ; en effet, elle ressemble à une vaste salle de bal ; deux galeries latérales, supportées par des colonnes en bois, servent, pendant les offices, à contenir les étrangers, pendant que la communauté, assise sur de mauvais bancs en bois, les hommes d'un côté et les femmes de l'autre, se tourne vers le pasteur et les anciens chargés d'expliquer l'Écriture et de prêcher. De petites orgues accompagnent les voix qui psalmodient des cantiques.

Les cours sont désertes ; le silence s'étend partout ; une mort volontaire et comme factice éteint la vie dans ces demeures peu enviables. Une jeune femme cependant a passé près de nous, un ruban rose est fixé à son bonnet : c'est un signe qu'elle n'est pas encore mariée. En effet, chaque état de la femme est représenté par une couleur différente : les jeunes filles portent le rose vif jusqu'à dix ans, et le rouge jusqu'à dix-huit ; depuis cet âge jusqu'au mariage, elles ont le rose tendre ; le bleu lorsqu'elles sont mariées, et le blanc jusqu'à leur mort, quand elles sont veuves. En général, et cet usage le prouve, leurs habitudes sont souvent d'une très-minutieuse puérilité.

Ce qu'on ne saurait trop louer de ces frères moraves, c'est leur simplicité extérieure, leur charité, leur goût du travail, leur austérité et la pureté de leurs mœurs ; et cependant les catholiques ont osé les accuser de prêcher et de pratiquer la communauté des femmes : vieille calomnie qui traîne depuis des siècles dans les bas-fonds du mensonge, qu'on en a retirée de nos jours pour la jeter à la face des saint-simoniens et des fouriéristes, et qui réussit encore à faire des dupes parmi ces trembleurs traditionnels que toute hardiesse consterne et que toute généreuse tentative épouvante.

Ces accusations monstrueuses ne me font jamais reculer; au contraire, elles m'attirent, car je sais qu'elles s'adressent invariablement aux hommes valeureux qui ont compris les souffrances humaines et qui veulent y porter remède, malgré la barrière encore bien haute des préjugés, des sottises et de l'ignorance. Que n'a-t-on pas dit des premiers chrétiens? Aussi ce fut avec un intérêt réel que je visitai les herrnhutters; mais je n'ai point rencontré chez eux ces aspirations vaillantes qui cherchent à travers des problèmes, insolubles en apparence, à donner à l'homme son libre développement sous sa triple forme morale, intellectuelle et physique; je n'y ai trouvé qu'une règle religieuse d'un méthodisme outré, qui adore Dieu par des formules méticuleuses et retire à la pensée tout imprévu et toute direction volontaire.

Dans cette vie commune où tout est réglé par prévision, où le cerveau, taillé comme un jardin à la française, voit ébrancher toute idée qui sort de la régularité d'une harmonie préconçue, l'homme disparaît et devient, pour ainsi dire, un automate dont les ressorts montés d'avance le font fonctionner sans qu'il ait conscience de soi. Or, cela me fait

horreur, je l'avoue. Toutes les fois que la person-
nalité est opprimée, que la liberté individuelle n'a
pas son équitable manifestation, il y a crime de
lèse-humanité ; et c'est peut-être parce qu'ils n'ont
point été assez fortement pénétrés de cette vérité
que les réformateurs modernes ont en partie échoué
jusqu'à présent.

Or, chez les frères moraves, il n'y a ni liberté
morale, ni liberté physique, ni liberté intellectuelle,
car, de toutes les tyrannies, la tyrannie religieuse
est la plus absolue. Les chaînes qui lient le corps
sont peu de chose en comparaison des préceptes
qui immobilisent l'âme et brisent son essor. Je
n'admets pas que la foi se laisse hiérarchiser, et,
dans une bataille philosophique, je ne pourrai jamais combattre qu'en partisan.

Depuis qu'on parle de la liberté, je n'en ai point
trouvé de meilleure définition que celle-ci :

« La liberté est le pouvoir qui appartient à l'homme
d'exercer à son gré toutes ses facultés : elle a la justice pour règle, les droits d'autrui pour bornes, la
nature pour principe et la loi pour sauvegarde. »

Vous en connaissez l'auteur, je ne vous le nom-
merai donc pas.

Je reviens à Utrecht par la même route; c'est mon dernier jour de Hollande, car demain matin, je partirai pour Anvers et de là directement pour Paris.

Maintenant que mon voyage est terminé, je dois vous faire un aveu : j'étais venu ici dans l'espérance de voir les alertes patineurs glisser sur les canaux glacés; je rêvais d'assister en réalité au ballet du *Prophète*. Hélas! ce fut un songe trompeur, comme on chante dans les opéras-comiques; pendant mon excursion, je n'ai vu qu'une paire de patins, et encore elle était suspendue, oisive et rouillée, aux murailles d'une étable. Je me suis vite consolé de ce petit désappointement, croyez-le, car j'ai vu des merveilles d'art, un peuple intelligemment ingénieux et de beaux paysages : que pouvais-je demander de plus? Quand vous vous ennuierez à Paris, et que vous aurez quinze jours de liberté, venez en Hollande, cher ami; c'est le pays le plus curieux, le plus charmant et le plus lointain qu'on puisse parcourir sans sortir d'Europe.

APPENDICE

LA TAILLERIE DE DIAMANTS A L'EXPOSITION
UNIVERSELLE

M. Martin Coster, propriétaire de la taillerie de diamants d'Amsterdam, a fait construire au Champ de Mars, pendant la dernière exposition universelle, un modèle réduit de son grand établissement. Là, j'ai pu étudier, mieux qu'à Amsterdam, les différentes phases de la taille du diamant, et j'ai pensé que le voyageur en Hollande ne lirait pas sans intérêt le récit des opérations variées qu'il aura à examiner dans l'usine des bords de l'Amster.

Un petit bâtiment construit en briques, ouvert de larges fenêtres, surmonté d'une haute cheminée, s'élève dans la partie du jardin réservée aux Pays-Bas, et représente le modèle minuscule de l'usine que M. Coster possède à Amsterdam, auprès de l'Amstel, et où il occupe journellement quatre cent cinquante ouvriers. C'est la plus importante de toutes les tailleries de diamants qui existent au monde. Cette industrie toute particulière, qui exige des connaissances spéciales, semble être naturalisée en Hollande. C'est là que les pierres arrivent à l'état brut, tristes, mornes, rugueuses, couvertes d'un épiderme terni qui les rend presque opaques, et c'est de là qu'elles sortent transparentes comme une goutte de rosée, taillées en facettes qui réfléchissent la lumière en la brisant à chacun de leurs angles, polies, enviables et merveilleuses. C'est par les ouvriers de M. Coster que furent taillés le *Kohinoor* et l'*Étoile du Sud*, deux bagatelles d'une trentaine de millions.

Nul n'ignore ce que c'est que le diamant : du gaz carbonique pur à l'état solide. En dehors de sa densité, de sa réfringence, de sa limpidité, qui sont extrêmes, il partage avec les cristaux naturels une propriété qui ne trompe guère : il est froid. On peut facilement en faire l'expérience; en *goûtant* alternativement un morceau de strass et un diamant, on distingue immédiatement, par la sensation de froid produite sur la langue, la pierre fausse de la pierre vraie. Il y a quelques années, un jeune joaillier parisien s'en était allé en Valachie assister au mariage d'un de ses amis qui était hospodar dans ces environs-là. Naturellement, en homme d'esprit et de précaution, il avait emporté quelques pierres précieuses, et entre autres une émeraude d'une dimension rare. Les négociants israélites qui, sur les bords du Danube comme dans presque toute l'Europe, font le commerce des pierreries, vinrent le trouver; il déplia ses enveloppes et montra ses richesses. L'émeraude fut fort admirée; mais un des marchands, vieux bonhomme rusé qui, par expérience de ce qu'il savait faire lui-même, n'avait pas grande confiance en autrui, tournait et retournait la pierre entre ses mains; elle était d'une eau si pure et d'une nuance si veloutée, qu'il la soupçonna de fabrication humaine ; pour la reconnaître *au froid*, il la mit dans sa bouche. Il n'avait pas fermé les lèvres, qu'il était saisi à la gorge par le jeune joaillier qui lui criait : Misérable ! je t'étrangle, si tu veux l'avaler ! Les juifs de Valachie ne portent point de cravate, et la pression était vigoureuse. L'émeraude fut vite crachée au nez du propriétaire; on s'expliqua et le malentendu n'eut pas d'autres suites. Seulement, depuis cette époque, le joaillier goûte les pierres qui lui semblent douteuses.

Il n'aurait point une telle expérimentation à faire dans la taillerie de l'Exposition universelle, car là il n'y a que des diamants incontestables. Avec beau-

coup d'intelligence et de soin, M. Coster a réuni
différents spécimens de terrains diamantifères, et
fait exécuter sous les yeux du public les diverses
opérations qui constituent *la taille*. La plupart des
diamants viennent aujourd'hui du Brésil. On peut
voir, dans des vitrines très-habilement disposées,
les éléments qui composent le *cascalho*, c'est-à-dire
la terre où le diamant se rencontre ; c'est une sorte
de conglomérat où du quartz, du platine, de l'or en
grain, du silex, du fer, du jaspe, de la diorite se
trouvent mêlés et presque réunis ensemble. Un de
ces fragments a l'air d'un large morceau de nougat
mal cuit. Deux spécimens, qui ne doivent pas être
communs, montrent quelques petits diamants encas-
trés dans du cristal de roche ; il faut des yeux singulièrement exercés pour les distinguer et les
reconnaître.

Il y a des diamants de toutes les nuances ; les plus
blancs sont naturellement les plus estimés ; néanmoins on peut voir, à la taillerie même, des brillants
teintés, un entre autres d'un bleu foncé, qui sont
d'une rare beauté. Le plus grand diamant noir
connu est exposé en ce moment au Champ de Mars
dans la vitrine de MM. Bapst. Il a cela de particulier

que, malgré sa couleur sombre, il est d'une transparence parfaite et joue d'une façon merveilleuse. Ce fait est d'autant plus extraordinaire que le diamant noir est généralement rebelle à toute tentative de taille ; on le nomme alors *diamant de nature, carbone, bord*, et l'on est réduit à le piler dans un mortier d'acier, afin d'en utiliser la poussière pour donner le poli aux pierres moins résistantes. M. Coster expose plusieurs échantillons de ces diamants réfractaires et absolument intraitables ; ils ressemblent à des rognons de cuivre noirci ou à des parcelles de mâchefer. Il est probable que cette force invincible qui résiste à tous les moyens dont dispose la science actuelle, est due à des cristallisations anormales et si bien enchevêtrées que nul n'en peut démêler le sens.

Dans un petit casier divisé en trois compartiments, on a rassemblé un grand nombre de diamants bruts tirés des mines de Rio, de Bahia et de Cuyaba. Les premiers ressemblent à des grains de gomme arabique ternis ; les autres, plus plats, plus brillants, souvent teintés, sont plus aigus de forme et pourraient paraître, au premier abord, des morceaux de talc poli. C'est là le diamant tel qu'il est livré sur les marchés du Brésil; après avoir été débarrassé, par plusieurs lavages successifs, de la gangue qui l'entoure. En cet état, il vaut 100 fr. le carat; il en vaudra 250 en moyenne lorsqu'il aura été taillé; mais pour acquérir ce haut prix et pour arriver à toute sa splendeur, il doit subir une série d'opérations fort importantes qui toutes sont basées sur l'expérience faite par Louis Berquem en 1476 : le diamant seul use le diamant.

Le diamant ne se taille guère que de deux façons, en rose ou en brillant : la rose est plate par-dessous; sa partie supérieure s'élève en *coupole* divisée en vingt-quatre facettes; le sommet de la coupole est formé par la réunion de six triangles. Le brillant est divisé en deux parties : la supérieure, qu'on appelle *la couronne*; l'inférieure, qui est *le pavillon*. La couronne est surmontée par une surface plate nommée *la table*; le pavillon est terminé aussi par une surface plate: c'est *la culasse*. Quand un brillant est bien taillé, sa profondeur est d'un tiers pour la couronne et de deux tiers pour le pavillon; de plus, l'axe passe exactement au point central de la table et de la culasse; enfin cette dernière est cinq ou six fois moins large que la table.

Si ces différentes proportions ont été observées, on le reconnait facilement à la vivacité et au noir des feux. Un brillant a deux faces parallèles, huit pans coupés dirigés vers la table, huit pans coupés inclinés vers la culasse; ces seize pans reçoivent chacun quatre facettes. Un brillant, pour être parfait, doit donc avoir soixante-quatre facettes, indépendamment de la culasse et de la table.

Après que la pierre brute a été examinée avec soin, elle est, selon ses dimensions et ses formes, destinée à devenir un brillant ou une rose. Elle est remise à un ouvrier spécial, qui est chargé de la *cliver*, c'est-à-dire de la couper dans le sens de sa cristallisation, en un mot, selon son fil. C'est ainsi qu'on la dégrossit, qu'on lui ôte ses rugosités les plus apparentes, et qu'on lui enlève quelques-unes de ces taches qui parfois déparent les plus belles pierres. Ce travail exige une intelligence pratique peu commune, car c'est de cette première opération que dépend souvent le sort d'un diamant; l'ouvrier doit profiter des inflexions de la pierre pour déterminer le point précis où se trouveront la culasse et la table, qui sont les deux extrémités du pivot autour duquel graviteront les facettes lumineuses.

Une fois qu'il a arrêté ses dispositions générales, il fixe la pierre dans un ciment très-malléable à la chaleur et très-facilement durci par le refroidissement; ce ciment est adhérent lui-même à un mandrin de bois. A l'aide d'une lamelle de diamant, très-mince, relativement large, très-tranchante, assujettie aussi dans la pâte, il appuie avec force sur l'endroit précisément choisi de la pierre qu'il veut couper, en donnant un mouvement de va-et-vient très-accentué; il obtient ainsi une petite entaille; il y applique une lame d'acier très-trempé sur laquelle il donne, avec un morceau de fer, un petit coup sec; la pierre se sépare en deux et le *clivage* est terminé.

La seconde opération commence alors; c'est celle de *l'égrisage*; elle a pour but de donner à la pierre la forme générale que la taille définitive doit parfaire en la détaillant. L'ouvrier égriseur, assis sur un siége élevé qui lui permet de prendre un solide point d'appui sûr la table avec ses coudes, tient de chaque main un manche à ciment dans lequel un diamant est fixé. Ses mains sont armées de gants très-épais, car ce travail, spécialement fatigant, exige une dépense de forces considérable.

Au-dessus d'une boîte vissée à la table, appuyant ses deux mandrins sur les bords de cuivre garnis d'un tolet qui offre un nouveau point de résistance et donne plus d'énergie au mouvement, il frotte les deux pierres l'une contre l'autre avec une violence régulière qui met tout son corps en action. Lentement les pierres s'usent et prennent peu à peu une forme déterminée. Quand un brillant sort des mains de l'égriseur, il figure assez bien deux pyramides tronquées opposées à leur base. Mais qui reconnaîtrait un diamant dans cette pierre terne, noirâtre et comme souillée de cendre ? Toutes les imperceptibles molécules que le frottement détache du diamant tombent dans la boîte au-dessus de laquelle l'ouvrier travaille, traversent un tamis en cuivre percé de trous capillaires, et sont recueillies précieusement, car elles constituent l'*égrisée*, c'est-à-dire la poussière qui tout à l'heure va faire un brillant de cette pierre mate et décolorée. Pendant bien longtemps, et même à l'époque où Mercier écrivait son *Tableau de Paris*, la poudre de diamant a passé pour un poison sans remède.

Un ouvrier prend ce diamant dégrossi et cependant encore grossier ; il le soude dans un œuf, dont

la partie supérieure est un mélange de plomb et
d'étain; la partie inférieure est en cuivre et ter-
minée par une queue courte et forte. Cet outil
ressemble à un bouton de magnolia sur une tige
longue de trois pouces. Le *soudeur* fixe son diamant
de manière à ne laisser apparaître que la portion
qui doit être polie, puis il le remet à l'ouvrier po-
lisseur. Celui-ci saisit la tige de l'œuf dans une très-
forte pince manœuvrant comme un étau et se fermant par un écrou à l'aide d'une clef; puis il
applique la face du diamant émergeant du plomb
sur un *plateau* horizontal, sur lequel on a mis de
l'égrisée imbibée d'huile, et qui, mu par une machine à vapeur, fait 2,500 tours à la minute. La
pince, maintenue entre deux tolets de fer qui l'as-
surent à droite et à gauche, est absolument immo-
bilisée; pour augmenter sa pression contre le plateau tournant, on la charge de petites gueuses de
plomb. Le fer du plateau doit être choisi avec un
soin tout spécial; s'il est trop dur, il chasse l'égrisée;
s'il est trop mou, il est pénétré par elle. Chaque
fois qu'une facette est obtenue, la pierre est des-
soudée et ressoudée de façon à présenter une de ses
autres parties à l'action du polissoir. Il faut une

sagacité singulière pour mener un tel travail à
bonne fin ; les facettes doivent être régulières ; placé
sur sa culasse, un diamant doit rester debout ; il
faut donc que toutes les parties de la taille soient
mathématiques, et c'est l'œil seul de l'ouvrier qui
doit se rendre compte des dimensions précises ; nul
compas ne le guide ; et comme il ne voit jamais
qu'une seule facette à la fois, il serait sujet à se
tromper, à compromettre une pierre, si l'expérience ne lui donnait une sorte de double vue
vraiment extraordinaire. Lorsqu'un diamant a été
soudé et dessoudé une fois pour la table, une fois
pour la culasse, une fois pour chacune de ses
soixante-quatre facettes, lorsqu'il est resté sur le
plateau le temps nécessaire pour obtenir chacune
de ses soixante-six faces, il est terminé. La taillerie
de diamants a parfait son œuvre ; c'est au joaillier
à commencer la sienne.

Les anciens ont-ils connu l'art de tailler le
diamant ? Je ne le crois pas. Le nom qu'ils
lui donnaient semble le prouver : *adamas* veut
dire *indomptable*. On peut donc penser qu'ils
n'avaient que des diamants bruts naturellement
brillants ou plutôt transparents. Les Hindous savent

les tailler; il y a même, actuellement encore, une taillerie à Golconde, où se tient le grand marché des pierres trouvées dans le Krichnah et le Pennar; ils emploient à cet usage des meules en bois de nagas de Ceylan, qu'ils manœuvrent eux-mêmes; aussi leur taille est lente et singulièrement défectueuse; on peut s'en assurer en voyant, dans l'exposition de M. Coster, les fac-simile du Kohinoor tel qu'il a été apporté des Indes où Tavernier l'avait vu jadis à la couronne du Grand Mogol, et tel qu'il est actuellement en Angleterre. C'est bien réellement à la Hollande que l'on doit l'invention de la taille régulière et raisonnée, et c'est à M. Coster, à ses efforts, à son intelligence, qu'on doit les progrès que cette excellente industrie a faits depuis quelques années. Il est parvenu à obtenir une taille parfaite, c'est-à-dire à n'enlever d'une pierre que ce qui est indispensable pour lui donner la plus haute valeur qu'elle est susceptible de comporter. Pour partir de ce minimum et arriver à ce maximum, il faut n'employer que des ouvriers extraordinairement habiles et rompus aux difficultés sans nombre du métier.

Le commerce des diamants est plus considérable

que l'on ne croit; on en pourra juger par le tableau suivant, qui résume les importations de diamants bruts du Brésil en Europe pendant les huit dernières années :

ANNÉES	QUANTITÉS PAR CARATS importées en Europe.
1859..............	208.035
1860..............	182.263
1861..............	161.149
1862..............	164.875
1863..............	201.359
1864..............	153.732
1865..............	177.899
1866..............	182.014
Totaux............	1.431.326
Moyenne par année..	178.946

Tous ces diamants, à quelques rares exceptions près, ont passé par la taillerie de M. Coster avant d'entrer en circulation définitive.

Tailler des pierres d'une certaine dimension est relativement facile; mais j'ai peine à comprendre, quoique je l'aie vu faire, comment on arrive à tailler ces poussières brillantes qui sont littéralement des infiniment petits. L'étalon normal du diamant, tout le monde le sait, est le carat. Le carat est originairement une petite graine, très-probablement noire, ainsi que son nom semble l'indiquer, qui, dans l'Inde et sur les bords de la mer Rouge, servait à peser les diamants et les perles. Le carat représente rigoureusement 0 gr. 20,275 ; or, il y a dans une des vitrines de M. Coster une *partie* de roses à mille pour un carat. Chacune de ces molécules imperceptibles, qui pèse moins que la millième partie de vingt et un centigrammes, a sa base, sa coupole, ses vingt-quatre facettes, et a été taillée dans le sens exact de son fil, après avoir été clivée et égrisée. Madame d'Aulnoy n'avait pas prévu cela ; elle aurait pu en tirer parti pour faire valoir l'adresse féerique de l'aimable Percinet.

Ces petites étincelles, répandues sur le bois noir comme une voie lactée, semblent un amas de pointes de feu ; peut-être cependant, si on pouvait les examiner une à une, si par leur dimension lilliputienne elles n'échappaient forcément à un examen trop approfondi, y trouverait-on quelques-uns de ces défauts comme on en rencontre parfois dans les plus célèbres pierres. Les gerçures ne sont pas très-rares dans les diamants de l'eau la plus pure ; cela s'appelle des *plumes*, et si je ne craignais d'être conduit à la Bastille entre deux exempts, je dirais que le *Régent*, le fameux Régent, qui vaut actuellement une quinzaine de millions, a lui-même une plume dans une des facettes de sa couronne. Et cependant, par sa forme, sa limpidité, ses feux, ses dimensions et sa taille, c'est le plus beau diamant du monde.

Il est encore, dans l'exposition de M. Coster, une curiosité tellement extraordinaire, qu'on peut affirmer avec certitude qu'elle est unique au monde, je veux parler d'un diamant gravé représentant un portrait. Ce n'est point, comme la célèbre abeille appartenant à la reine d'Angleterre, un simple trait ; c'est une véritable intaille qu'on dirait obtenue à l'aide du *touret* et de la *bouterolle* ; le creux et les reliefs sont observés avec une précision inconcevable ; le modelé est exécuté avec minutie, et la ressemblance frappe dès le premier coup d'œil. Il a fallu user bien des pointes de diamants pour arriver à ce résultat, qui jusqu'à présent paraissait hors de la portée des facultés humaines. C'est un chef-d'œuvre de patience et d'adresse. Par quel procédé l'artiste est-il arrivé à vaincre tant de difficultés qu'on croyait insurmontables? c'est ce que j'ignore. Ce travail, absolument particulier et sans précédent dans l'histoire de la glyptique, est dû à M. C.-M. de Vriés.

Ainsi qu'on le voit par ce qui précède, la taillerie de diamants de M. Coster est un des établissements les plus curieux de l'Exposition universelle. J'engage vivement les personnes qui ont une heure à gagner, à aller la visiter et à l'examiner en détail; le directeur, M. Alexandre Daniels, y est plein de bonne grâce, et quoiqu'il ne laisse pas emporter les diamants, il a néanmoins pour le public une complaisance à toute épreuve.

CATALOGUES DES MUSÉES

DE

ROTTERDAM, LA HAYE

ET AMSTERDAM

MUSÉE

DE ROTTERDAM

Dans la nuit du 16 février 1863, le musée de Rotterdam a été détruit par un incendie. Nous n'en avons pas moins cru devoir imprimer le catalogue qui, en constatant la gravité du désastre, demeure une pièce importante pour l'histoire de l'art.

ÉCOLES ALLEMANDE, FLAMANDE ET HOLLANDAISE

ABSHOVEN, né à Anvers, mort en 1660; élève de Teniers le jeune.

  1. Un vieillard et une jeune femme dans une maison de paysan avec plusieurs accessoires. (h. 43 cent., larg. 1 m. 65 cent.

AELST (Guillaume van), né à Delft en 1628, mort à Amsterdam en 1679; élève de E. van Aelst.

  2. Un vase d'argent avec des fleurs, placé dans une niche. (h. 58 cent., larg. 52 cent.)

ALDEGRAAF (Henri), né à Soest en 1502, mort dans cette ville; élève d'A. Durer.

  3. La mise au tombeau du Christ. (h. 86 cent., larg. 78 cent.)

APPELMAN (Bernard), né à la Haye en 1648, mort en 1686.

  4. Un paysage italien; sur le premier plan, un berger, deux bœufs et un âne. (h. 39 cent. lar. 53 cent.)

ASCH (Pierre-Jean van), né à Delf en 1603.

  5. De grands arbres au bord de l'eau. (haut. 25 cent., larg. 30 cent.)

6. Un chemin montant avec de grands arbres. (haut. 44 cent., larg. 32 cent.)

AVERCAMP (Henri van), surnommé le muet de Kampen; vivait au commencement du XVII° siècle.

7. Vue d'une rivière; sur le premier plan, des pêcheurs occupés à tirer leurs filets. (h. 32 cent., larg. 64 cent.)

BACKUYSEN (Ludolf), né à Embden en 1631, mort à Amsterdam en 1709; élève de A. van Everdingen.

8. Les bords accidentés d'un lac; au premier plan, des pêcheurs sur un fragment de rocher. (h. 30 cent., larg. 44 cent.)

BACKUYSEN (Henri van de Sande), né à la Haye en 1795; s'est formé lui-même.

9. Un paysage avec des vaches. (h. 24 cent., larg. 31 cent.)

10. Le rempart d'une ville en hiver. (h. 24 cent., larg. 31 cent.)

BALEN (H. van), né à Anvers en 1560, mort en 1632; élève de A. van Oort.

11. Sainte Claire à son lit de mort. (h. 40 cent., larg. 23 cent.)

BASSEN (B. van), vivait au commencement du XVII° siècle.

12. Un temple protestant dans lequel se promènent des dames et des seigneurs. (h. 73 cent., larg. 1m 13.)

BAUR (Nicolas), né à Harlingen en 1767, mort dans cette ville en 1820; élève de son père.

13. Une mer agitée avec plusieurs navires. (h. 74 cent., larg. 1m,20.)

BEERESTRAATEN (A. van), mort en 1687.

14. Le port d'une ville d'Italie, avec un grand nombre de figures et de navires. (h. 60 cent., larg. 83 cent.)

BEGEYN (Abraham), né en 1650, devenu en 1690 peintre de la cour du roi de Prusse; s'est formé sur les œuvres de N. Berghem.

15. Un paysage montagneux et boisé; sur le premier

plan, deux femmes, dont l'une est assise sur un mu
let; plus loin, un troupeau de vaches. (h. 62 cent.,
larg. 76 c.)

16. Un berger, couché près de ses vaches et de ses
moutons, sous de grands arbres. (h. 62 cent., larg.
76 cent.

17. Un paysage italien dans lequel une femme est occupée à traire une chèvre. (h. 95 cent., larg. 1^{m}23).

BENT (Jean van der), né à Amsterdam en 1650, mort en 1690
élève de Berghem.

18. Un paysage italien; sur le premier plan, une bergère qui trait une chèvre; près d'elle une femme et
un petit garçon; plus loin un cheval blanc et des vaches. (h. 79 cent.; larg. 97 cent.)

BERGEN (Dirk van), né à Haarlem en 1645, mort en 1683;
élève de A. van de Velde.

19. Un paysage boisé; sur le premier plan, des vaches
et des moutons; plus loin, deux bergers, des petits
garçons et une petite fille; sur le côté, un cheval gris
près d'une grange. (h. 64 cent., larg. 81 cent.)

BERGHEM (Nicolas), né à Haarlem en 1624, mort en 1683;
élève de J. van Goyen, de J. Wils et de J.-B. Weeninx.

20. Deux bergers, dont l'un est assis sur un âne, et une
bergère, dirigent quelques vaches vers un abreuvoir;
dans le lointain, un berger avec un troupeau de moutons. (h. 41 cent., larg. 52 cent.)

21. Un paysage rocheux dans lequel se trouvent un
homme et un petit garçon près d'un cheval blanc; à
côté, un berger couché et une bergère au milieu d'un
troupeau de moutons. (h. 34 cent., larg. 47 cent.)

BEYEREN (Albert van) vivait au milieu du XVIIe siècle.

22. Une table sur laquelle sont étendus plusieurs poissons. (h. 59 cent., larg. 69 cent.)

BLINKVLIET (M.), vivait dans la seconde moitié du XVIIe siècle;
s'est formé sur les œuvres de N. Berghem et de J. Booth.

23. Un paysage italien avec de grands arbres; au premier plan, une dame sur une mule et un paysan qui

dirige un âne vers un abreuvoir. (h. 1m 17, larg. 1m 50.)

BLOEMEN (Jean-François) surnommé ORRIZONTE, né à Anvers en 1656, mort à Rome en 1740 ; s'est formé lui-même.

24. Un berger et des vaches dans un paysage avec des maisons de paysans. (h. 36 cent., larg. 56 cent.)

25. Dans un paysage où se trouvent de superbes ruines, un berger cause avec une femme ; près d'eux quelques vaches. (h. 46 cent., larg. 56 cent.)

BOEMERS (Arnold), né à Amsterdam en 1792 ; élève de A. Piera.

26. Un vase de pierre avec des fleurs. (h. 75 cent., larg. 61 cent.)

BOONEN (Arnold), né à Dordrecht en 1669, mort dans la même ville en 1729 ; élève de G. Schalken.

27. Portrait d'un seigneur magnifiquement vêtu. (h. 41 cent., larg. 31 cent.)

28. Un vieillard lisant assis près d'une table sur laquelle se trouvent les objets nécessaires pour écrire et un pupitre. (h. 43 cent., larg. 34 cent.)

BORSSUM (Abraham van) ; vivait dans la seconde moitié du XVIIe siècle.

29. Un clair de lune ; un village au bord de l'eau ; sur le côté, quelques hommes près d'un feu. (h. 29 cent., larg. 36 cent.)

BOTH (Jean), surnommé BOTH D'ITALIE, né à Utrecht en 1610, mort dans cette ville vers 1655 ; élève de A. Bloemaert.

30. Un paysage italien le soir ; sur le premier plan, à gauche, de grands arbres sous lesquels s'avance un chariot attelé de deux bœufs, en suivant un chemin qui conduit à de vieilles tours ; à l'horizon, une ville située au bord de la mer. (h. 46 cent., larg. 60 cent.)

31. Un paysage ; à gauche, sur le premier plan, un vieux saule près d'un abreuvoir ; plus loin, sur une hauteur, deux bergers près de quelques chèvres. (h. 63 cent., larg. 51 cent.)

BOUDEWYNS (Antoine-François), né à Bruxelles en 1660, mort dans cette ville en 1700.

32. Un paysage montagneux traversé par une rivière sur laquelle est jeté un pont; on y voit de nombreuses figures de paysans et de voyageurs à cheval et des vaches. (h. 23 cent., larg. 32 cent.)

BOURSSE (L.), vivait au milieu du xviie siècle.

33. L'intérieur d'une vieille et riche maison hollandaise; une dame est occupée à faire sa toilette près d'une table sur laquelle est posé un miroir; plus loin, une servante qui fait un lit. (h. 58 cent., larg. 57 cent.)

BRAKENBURG (Richard), né à Haarlem en 1605, mort en 1702; élève de A. van Ostade.

34. Un intérieur; une jeune femme à qui un médecin tâte le pouls; autour d'eux plusieurs assistants. (h. 39 cent., larg. 46 cent.)

BRAMER (Léonard), né à Delft en 1596.

35. Une descente de croix. (h. 78 cent., larg. 59 cent.)
36. Un vieillard lisant un livre. (h. 29 cent., larg. 23 cent.)

BREKELENKAMP (Quiryn); vivait au milieu du xviie siècle.

37. Un vieillard qui allume sa pipe. (h. 25 cent., larg. 20 cent.)

BREUGHEL (Jean) surnommé DE VELOURS, né à Bruxelles en 1568, mort à Anvers en 1625; élève de P. Goekindt.

38. Le Christ et Marie-Madeleine dans un jardin. Les figures sont peintes par J.-B. Francken. (h. 21 cent., larg. 29 cent.)

BREUGHEL (Pierre), né dans la baronie de Bréda en 1510; élève de J. Kock.

39. Un village au bord de l'eau avec plusieurs figures. (h. 29 cent., largeur 55 cent.)

40. Le pendant. (h. 29 cent., larg. 55 cent.)

BROEK (Élias Van den), né à Anvers en 1657, mort à Amsterdam en 1711 ; élève de Heem.

41. Des fleurs sur une plinthe de pierre. (h. 42 cent., larg. 34 cent.)

BROUKHORST (Jean van), né à Utrecht en 1603 ; s'est formé su les œuvres de C. Poelemburg.

42. Un paysage italien avec de superbes ruines aubord de l'eau. (h. 37 cent., larg. 47 cent)

BUNNICK (Jean van), né à Utrecht en 1654, mort dans cette ville en 172; élève de Saftleven.

43. Un paysage montagneux; sur le premier plan, de l'eau coulant entre de grands blocs de rochers. (h. 51 cent., larg. 41 cent.)

BEYLERT (Jean van), né à Utrecht en 1603.

44. Une femme tenant dans la main gauche un fermoir en diamant. (h. 80 cent., larg. 67 cent.)

CAMPHUYSEN (Dirk-Raphaël), né à Gorcum en 1586, mort en 1626; s'est formé lui-même.

45. Un chariot avec de gais paysans devant une auberge de village. (h. 57 cent., larg. 65 cent.)

CARRÉ (Michel), né à Amsterdam en 1666, mort à Alkmaar en 1728; élève de N. Berghem.

46. Un paysage boisé avec des vaches. (h. 58 cent., larg. 49 cent.)

CEULEN (Cornélis-Jonhson van), peintre de la Cour de Londres en 1630, mort à Amsterdam en 1665.

47. Un portrait d'homme richement vêtu. (h. 81 cent., larg. 64 cent.)

48. Portrait de Guillaume II, prince d'Orange et de Nassau. (h. 79 cent., larg. 64 cent.)

49. Un portrait de femme richement vêtue. (h. 91 cent., larg. 72 cent.)

50. Portrait d'un seigneur riche et âgé. (h. 72 cent., larg. 58 cent.)

CLEE (Jean van), né à Vanloo en 1646, mort à Gand en 1716; élève de G. de Crayer.

51. Saint Joseph et l'enfant Jésus. (h. 1m 20, larg. 80 cent.)

CRAYER (Gaspard de), né à Anvers en 1582, mort à Gand en 1669; élève de Raphaël von Coxcie.

52. Une descente de croix. (h. 1m 96, larg. 2m 57.)

53. Le Christ sur la croix, entouré de plusieurs pèlerins. (h. 73 cent., larg. 56 cent.)

CUYP (Albert), né à Dordrecht en 1605, vivait encore en 1683; élève de son père J.-G. Cuyp.

54. Vue d'une rivière : à droite, au pied d'une grande montagne, s'avance dans l'eau une prairie sur laquelle se trouvent deux bergers et des vaches. (h. 40 cent., larg. 53 cent.)

55. Une écurie dans laquelle on voit deux chevaux gris pommelés, un palefrenier, un chien et des accessoires. (h. 31 cent., larg. 39 cent.)

56. Un plat avec des pêches. (h. 36 cent., larg. 46 cent.)

57. Un homme endormi. (h. 41 cent., larg. 64 cent.)

58. Une table sur laquelle se trouvent des pêches, des raisins et des coquillages. (h. 50 cent., larg. 60 cent.)

DALENS (Dirk), né à Amsterdam en 1659, mort dans cette ville en 1688, élève de son père.

59. Un paysage avec de grands arbres. (h. 52 cent., larg. 33 cent.)

DEKKER (Coenraet); vivait au XVIIe siècle.

60. Une maison de paysan, située entre de grands arbres au bord d'une rivière dans laquelle puise de l'eau une femme placée sur un radeau. (h. 54 cent., larg. 46 cent.)

DIETRICH (Christian-Guillaume-Ernest), né à Weimar en 1712, mort à Dresde en 1774; élève d'Alexandre Thiele.

61. Une femme vêtue à l'orientale. (h. 28 cent., larg. 37 cent.)

DOES (Simon van der), né en 1653; élève de son père J. van der Does.

62. Un paysage italien ; sur le premier plan, trois moutons et un bœuf qui se frottent contre un vieux tronc d'arbre. (h. 78 cent., larg. 75 cent.)

DOV (Gérard), né à Leyde en 1613, mort dans cette ville en 1680; élève de Rembrandt van Ryn.

63. Une jeune fille, revêtue de l'ancien costume hollandais, travaille assise à de la dentelle. (ovale : h. 21 cent., larg. 16 cent.)

DROOGSLOOT (Juste-Cornelis); vivait à Utrecht au milieu du XVIIe siècle.

64. Une foire de village. (h. 1m 10, larg. 1m 65.)

DUCQ (Jean le), né à la Haye en 1636; élève de Paul Potter.

65. L'intérieur d'une cour de maison italienne : sur le premier plan, un homme près de deux mules : plus loin, un troupeau de vaches dirigées vers la cour. (h. 45 cent., larg. 56 cent.)

66. Des joueurs de cartes. (h. 33 cent., larg. 45 cent.)

DURER (Albert), né à Nuremberg en 1471, mort dans cette ville en 1528. Élève de Martin Hupse et de Michel Wolgemuth, peintre, sculpteur, architecte et graveur; il fut nommé peintre de la cour de Vienne, sous le règne de l'empereur Maximilien. Il eut pour amis Erasme, Melanchton, Raphaël et Lucas de Leyde.

67. Portrait de Didier Érasme. (h. 26 cent., larg. 20 cent.)

DYCK (Antoine van), né à Anvers en 1599, mort à Londres en 1641; élève de H. van Balen et de P.-P. Rubens.

68. Esquisse du portrait de Charles Ier, roi d'Angleterre, avec sa femme et ses deux enfants. (h. 33 cent., larg. 27 cent.)

EECKHOUT (Gerbrand van der), né à Amsterdam en 1621, mort dans cette ville en 1674 ; élève de Rembrandt.

69. Un portrait d'enfant. (h. 43 cent., larg. 37 cent.)

ELZHEIMER (Adam), né à Francfort en 1574, mort à Rome en 1621 ; élève de Philippe Offenbach.

70. Le Christ au jardin des Oliviers. (ovale : h. 30 cent., larg. 40 cent.)

EVERDINGEN (César van), né à Alkmaar en 1606, mort dans cette ville en 1679; élève de Jean van Bronckhorst.

71. Un portrait de femme. (h. 31 cent., larg. 26 cent.)

FLINCK (Govaert), né à Clèves en 1615, mort à Amsterdam en 1660; élève de Rembrandt.

72. Un portrait d'homme. (h. 72 cent., larg. 61 cent.,)

73. Un portrait de femme. (h. 72 cent., larg. 61 cent.)

FRANCKEN (Sébastien), né à Anvers en 1575, mort dans cette ville en 1636.

74. Marie et l'enfant Jésus entourés d'anges faisant de la musique. (h. 62 cent., larg. 47 cent.)

FRANCKEN (François), né à Anvers en 1580, mort en 1642; élève de son père François Franeken le vieux.

75. Une grande salle dans laquelle une élégante compagnie se livre aux plaisirs de la musique et de la danse. (h. 52 cent., larg. 73 cent.)

FYT (Jean), né à Anvers en 1625; s'est formé sur les œuvres de F. Sneyders.

76. Volailles mortes. (h. 54 cent., larg. 63 cent.)

GAAL (Bernard), né à Harlem; vivait au milieu du XVIIe siècle

77. Un paysage; une femme assise devant une maison de paysan et faisant cuire des gâteaux; autour d'elle des enfants. (h. 35 cent., larg. 41 cent.,)

78. Une maison de paysan devant laquelle un homme qui vient de descendre d'un cheval blanc cause avec deux paysans assis sur un banc. (h. 35 cent., larg. 30 cent.)

GLAUBER (Jean), né à Utrecht en 1646, mort à Schoonhoven en 1726; s'est formé sur les œuvres du Poussin.

79. Un paysage d'Arcadie traversé par une rivière au

bord de laquelle se trouvent plusieurs édifices, (h. 80 cent., larg. 98 cent.)

80. Un paysage d'Arcadie; sur le premier plan, un berger dansant et une bergère. (h. 80 cent., larg. 98 cent.).

GOTTING (André).

81. Actéon épiant Diane et ses nymphes (daté de 1607). (h. 28 cent., larg. 37 cent.)

GOYEN (Jean van), né à Leyde en 1596, mort à la Haye en 1656; élève de Ezaïas van de Velde.

82. Vue d'une rivière avec plusieurs navires; à droite sur le second plan, une digue derrière laquelle est situé un village au milieu de grands arbres. (h. 57 cent., larg. 88 cent.)

83. Vue d'une rivière de Hollande avec plusieurs navires. (h. 33 cent., larg. 41 cent.)

GRYE (A. de); vivait au milieu du xviie siècle.

84. Trois chiens de chasse auprès de gibier mort. (h. 23 cent., larg. 29 cent.)

HAANEN (Georges-Gilles), né à Utrecht en 1807; élève de son père C. Haanen.

85. Une vieille femme, dans une boutique de vinaigrier, a devant elle des enfants; effet de lumière. (h. 37 cent., larg. 29 cent.)

86. Une femme dans un vestibule avec un enfant sur ses genoux. (h. 36 cent., larg. 29 cent.)

87. Une dame à sa toilette. (h. 35 cent., larg. 28 cent.)

88. Un jeune homme occupé à dessiner. (h. 22 cent., larg. 18 cent.)

HAARLEM (Cornélis van), né à Haarlem en 1562, mort dans cette ville en 1637, él. de Gilles Coignet.

89. Un jeune Bacchus (h. 49 cent., larg. 35 cent.)

HACKERT (Philippe), né à Prenzlow dans le Brandebourg en 1734; nommé, en 1786, peintre de la cour du roi de Naples; élève de N.-B. Lesueur.

90. Un grand paysage montagneux dans les environs de Naples. (h. 63 cent., larg. 87 cent.)

HAGEN (Jean van der), né à la Haye; vivait au milieu du xvii° siècle.

91. A l'entrée d'une forêt, un seigneur et une dame à cheval interrogent une bergère; sur le premier plan, un valet avec un chien de chasse; à droite, un château situé au bord de l'eau; dans le lointain, de hautes montagnes. (h. 1m08, larg. 1m77.)

92. Un paysage montagneux; sur le premier plan, une route avec des paysans en voyage; à droite, de grands arbres (h. 1m05, larg. 91 cent.)

HALS (François), né à Malines en 1584, mort à Haarlem en 1666; élève de C. van Mander.

93. Portrait de l'historien Pierre Christianson Bor. (h. 22 cent., larg. 18 cent.)

HEEM (David de), né à Utrecht en 1600, mort à Anvers en 1674.

94. Une guirlande de fleurs et de fruits autour d'un verre à vin du Rhin. (h. 56 cent., larg. 41 cent.)

HEEM (Cornélis de), vivait à la fin du xvii° siècle; élève de son père, David de Heem.

95. Une guirlande de fleurs, (h. 37 cent., larg. 46 cent.)

HEEMSKERK (Martin), né à Heemskerk en 1498, mort en 1754; élève de Jean Schoreel.

96. L'adoration des Mages. (h. 91 cent., larg. 80 cent.)
97. Une allégorie. (h. 1m27, larg. 1m57.)

HELMONT (Mathieu van), né à Bruxelles en 1650; élève de D. Teniers le jeune.

98. Un alchimiste dans son laboratoire. (h. 80 cent., larg. 1m17.)

HELST (Bartholomée van der), né à Haarlem en 1613, mort à Amsterdam en 1670.

99. Portrait d'un amiral, (h. 1m08, larg. 88 cent.)

HEUSCH (Guillaume de), né à Utrecht en 1638, mort dans cette ville à un âge très-avancé; élève de J. Both.

100. Un paysage italien accidenté; à gauche, une chute d'eau qui coule le long d'un chemin sur lequel se trou-

vent des paysans, des vaches et des moutons. (h. 44 cent., larg. 61 cent.)

101. Un paysage italien; à gauche de grands rochers le long desquels une route conduit à un pont jeté sur une chute d'eau; dans le lointain, un lac, des paysans, des mulets et un troupeau de moutons animent ce tableau. (h. 57 cent., larg. 66 cent.)

102. Un paysage accidenté avec des nymphes qui se baignent. (h. 15 cent., larg. 20 cent.)

103. Un paysage italien avec des paysans. (h. 15 cent., larg. 20 cent.)

HEUSCH (Jacob de), né à Utrecht en 1657, mort dans cette ville en 1701; élève de G. de Heusch.

104. Un paysage d'Arcadie; sur le premier plan, des bergers auprès d'un troupeau de moutons. (h. 54 cent., larg. 74 cent.)

105. Un paysage d'Arcadie traversé par un cours d'eau. (h. 54 cent., larg. 74 cent.)

HOBBEMA (Meindert), né, dit-on, en 1611, vécut et travailla en Hollande; la plupart de ses œuvres ont été découvertes dans la Frise.

106. Au second plan, deux hommes pêchent sous de grands arbres dans un cours d'eau qui couvre tout le premier plan et qui tourne à gauche vers le lointain, où l'on aperçoit une maison de paysans au milieu de grands arbres. Le premier et le second plan sont voilés par l'ombre des nuages, et le troisième est éclairé par les rayons du soleil. (h. 49 cent., larg. 63 cent.)

HOET (Gérard), né à Bommel en 1648, mort à la Haye en 1733.

107. Pyrame et Thisbé couronnés par l'Amour. (h. 34 cent., larg. 27 cent.)

108. Thisbé trouve Pyrame qui vient de se percer d'un coup d'épée à la vue du voile ensanglanté de son amante. (h. 34 cent., larg. 27 cent.)

109. Une jeune femme au col nu. (h. 16 cent., larg. 12 cent.)

HONDERKOETER (Gilles de) ; vivait au commencement du xviie siècle.

110. Une table sur laquelle se trouvent des volailles mortes. (h. 85 cent., larg. 1^m30.)

HONTHORST (Gérard) surnommé Gérard della Notte, né à Utrecht en 1592, mort en 1683 ; élève de A. Bloemaart.

111. Un soldat allume sa pipe à une lampe placée sur une table auprès de laquelle il est assis. (h. 96 cent., larg. 1^m30 cent.)

112. Un homme, placé près d'une table, cause avec une femme qu'on aperçoit derrière lui. (h. 1^m12 cent., larg. 1^m.)

113. Un homme à barbe grise. (h. 35 cent., larg. 31 cent.)

114. Portrait d'homme. (h. 1^m10 cent., larg. 91 cent.)

HONTHORST (Guillaume), né à Utrecht en 1604 ; élève de A. Bloemaart, mort en 1660.

115. Portrait de Marie, femme de Guillaume II, prince d'Orange. (h. 2^m14, larg. 1^m32.)

HOVEN (Bartholomée-Jean van), né à la Haye en 1790 ; s'est formé lui-même.

116. Vue d'une ville ; sur le premier plan, l'entrée d'un édifice gothique. (h. 41 cent., larg. 52 cent.)

HUGTENBURG (Jean van), né à Haarlem en 1646, mort à Amsterdam en 1733 ; élève de A.-F. van der Meulen.

117. Un combat de cavalerie dans un paysage montagneux. (h. 41 cent., larg. 50 cent.)

118. Un marché aux chevaux. (h. 63 cent., larg. 77 cent.)

HULSWIT (Jean), né à Amsterdam en 1766, mort dans cette ville en 1822 ; élève de P. Barbiers.

119. Un paysage boisé ; effet du soir. (h. 42 cent., larg. cent.)

HUYSUM (Jean van), né à Amsterdam en 1682, mort dans cette ville en 1749 ; élève de son père Juste van Huysum.

120. Un paysage italien dans lequel une chute d'eau

tombe entre de grands rochers ; des pêcheurs et des paysans conduisant un troupeau de moutons animent ce tableau. (h. 41 cent., larg. 48 cent.)

121. Un paysage accidenté ; dans le lointain, un pont jeté sur une large rivière, (h. 41 cent., larg. 48 cent.)

JARDIN (Karel du), né a Amsterdam en 1635, mort à Venise en 1678 ; élève de N. Berghem.

122. Un paysage italien ; sur le premier plan, un homme à cheval, un berger et trois vaches passant à gué un cours d'eau qui coule le long des rochers ; dans le lointain, de hautes montagnes éclairées par le soleil, (h. 26 cent., larg. 35 cent.)

JONG (Ludolph de) nommé aussi Gentil de Jong, né à Overschie en 1616, mort à Hillegersberg en 1697.

123. Les officiers supérieurs de la garde bourgeoise de Rotterdam devant l'ancien hôtel de ville ; dans le lointain, les tours de l'église française. (h. 2m 65, larg. 2m.)

KALF (Guillaume), né à Amsterdam en 1630, mort en 1693 ; élève de Henri Pot.

124. L'intérieur d'une maison de paysans avec des ustensiles de cuisine et des légumes. (h. 42 cent., larg. 43 cent.)

KAPELLE (Jean van de), vivait au milieu du xviie siècle.

125. Une mer calme ; des barques de pêcheurs sont échouées près d'un banc de sable. (h. 28 cent., larg. 34 cent.)

KESSEL (Jean van), né à Amsterdam en 1648, mort en 1698.

126. Une des écluses de la ville d'Amsterdam. (h. 48 cent., larg. 62 cent.)

127. Un paysage boisé. (h. 51 cent., larg. 43 cent.)

KLOMP (Albert), vivait au milieu du xviie siècle ; s'est formé sur les œuvres de P. Potter.

128. Un paysage avec des vaches. (h. 77 cent., larg. 92 cent.)

KOBELL, (Jean), né à Rotterdam en 1782, mort à Amsterdam
en 1814; élève de W. R. van der Wall.

129. Un paysage hollandais; sur le premier plan, un
paysan et une paysanne près de trois vaches et de
plusieurs moutons; à gauche, une grange entre de
grands arbres. (h. 47 cent., larg. 59 cent.)

130. Deux bœufs et un mouton dans un paysage plat.
(h. 23 cent., larg. 28 cent.)

KOBELL (Guillaume) né à Rotterdam, vivait au commencement
du xixe siècle.

131. Un paysage allemand montagneux ; sur le premier
plan, un paysan et des enfants près de deux chevaux
attelés à une charrue (daté de 1805). (h. 31 cent.,
larg. 43 cent.)

KOEKKOEK (Bernard-Cornélis) né à Middelburg en 1803; élève
de son père J. H. Koekkoek.

132. Un paysage de la Gueldre. (h. 33 cent., larg.
40 cent.)

133. Un hiver; des maisons de paysans près d'une rivière. (h. 33 cent., larg. 43 cent.)

KONING (Philippe de) né à Amsterdam en 1619, mort dans cette
ville en 1689; élève de Rembrandt.

134. Une vue près du Rhin; le soleil éclaire une colline
sablonneuse; dans le lointain, une rivière et des co-
teaux qui se perdent à l'horizon. (h. 91 cent., larg.
1 m 20.)

135. Un vaste paysage vu d'une hauteur; le troisième
plan est vivement éclairé par le soleil. (h. 69 cent.,
larg. 90 cent.)

136. Un vieillard le bras appuyé sur une table. (h. 33
cent., larg. 27 cent.)

137. Une vieille femme coiffée d'un bonnet blanc. (h. 44
cent., larg. 36 cent.)

LASTMAN (Pierre), mort à Haarlem en 1649; élève de C. van
Haarlem.

138. Un sujet historique de trois figures. (h. 1 m 08, larg.
1 m 26.)

LEEUW (Pierre van der); vivait à Dordrecht à la fin du xviie siècle; s'est formé sur les œuvres de A. van de Velde.

139. Deux femmes assises près d'une ruine dans un paysage italien; à côté d'elles une vache et des moutons. (h. 41 cent., larg. 34 cent.)

140. Un paysage avec des vaches; une paysanne en trait une; près d'elle un petit garçon couché appuie ses bras sur un pot au lait. (h. 31 cent., larg. 40 cent.)

141. Un paysage boisé avec des vaches et des moutons. (h. 34 cent., larg. 45 cent.)

142. Un paysage italien; un berger et une bergère assis près de vaches et de moutons. (h. 19 cent., larg. 25 cent.)

143. Un petit garçon assis sous un grand arbre, les pieds dans l'eau; à côté de lui des vaches et des moutons. (h. 46 cent., larg. 36 cent.)

LEEUW (Gabriel van der), ou le Leone, né à Dordrecht en 1643, mort dans cette ville en 1688; il s'est formé sur les œuvres de Castiglione et de Rose de Tivoli.

144. Un paysage montagneux; un troupeau de vaches et de moutons traversant un étang. (h. 87 cent., larg. 1 m 10.)

145. Un paysage d'Arcadie; sur le premier plan, une femme à cheval chasse devant elle un troupeau de vaches. (h. 87 cent., larg. 1 m 10.)

LINGELBACH (Jean), né à Francfort en 1625, mort à Amsterdam en 1687; s'est formé lui-même.

146. Un paysage montagneux où des cavaliers se reposent devant une auberge; sur le premier plan, à droite, une femme et un petit garçon près d'un puits (h. 39 cent., larg. 40 cent.)

147. Un paysage italien; sur le premier plan, à droite, une fontaine près de laquelle se reposent plusieurs paysans. (h. 37 cent., larg. 46 cent.)

LOTEN (Jean) d'origine hollandaise, mort en Angleterre en 1680.

148. Un paysage avec de grands arbres. (h. 1 m 44, larg. 1 m 65.)

LUNDENS (Gérard); vivait au milieu du xviie siècle.

149. Une joyeuse assemblée de paysans. (h. 21 cent., larg. 26 cent.)

150. Une assemblée de paysans. (h. 21 cent., larg. 26 cent.)

LYS (Jean van der), né à Bréda en 1600, mort à Rotterdam en 1657; élève de C. Poelemburg.

151. Une montagne dans un paysage boisé; sur le premier plan, des nymphes se baignant. (h. 45 cent., larg. 35 cent.)

MAAS (Dirck), né à Haarlem en 1656; s'est formé sur les œuvres de Hugtemburg.

152. Un camp; des cavaliers devant une tente; dans le lointain, une forteresse. (h. 56 cent., larg. 70 cent.)

153. Une maison de campagne italienne avec des seigneurs et des dames en promenade. Les figures sont peintes par J. Lingelbach. (h. 52 cent., larg. 60 cent.)

MAENS (Jean-Baptiste-Louis), né à Gand en 1794; élève de l'Académie royale de cette ville.

154. Apollon et les Muses. (h. 57 cent., larg. 77 cent.)

MATTON (B.); vivait à la fin du xviie siècle.

155. Un ermite. (h. 20 cent., larg. 29 cent.)

MEER (Jean van der) le jeune, vivait dans la dernière moitié du xviie siècle; élève de N. Berghem.

156. Un paysage boisé et montagneux. (h. 50 cent., larg. 64 cent.)

MEMMELINCK (Jean ou Hans), né à Bruges vers l'année 1440; on lit sur ses œuvres les dates de 1470, 1479 et 1485; mort probablement en Espagne.

157. L'apôtre saint Jean écrivant assis dans un paysage; derrière lui un diable renverse son encrier. (h. 69 cent., larg. 64 cent.)

MENLEMANS (Adrien), né à Dordrecht en 1766; élève de M. Versteeg.

158. L'intérieur d'une maison de paysans dans laquelle

18

se trouvent trois personnages éclairés par une chandelle. (h. 34 cent., larg. 39 cent.)

MEULEN (Antoine-François van der), né à Bruxelles en 1634,
mort à Paris en 1690; él. de P. Snayers; peintre de bataille,
de Louis XIV, roi de France.

159. Un paysage montagneux; des cavaliers escortant
un chariot de transport. (h. 23 cent., larg. 30 cent.)

MICHAU (Théobald), né à Tournay en 1676, mort à Bruxelles
en 1755; s'est formé sur les œuvres de Teniers le jeune.

160. Un paysage avec des maisons de paysans, devant
l'une desquelles causent des paysans. (h. 65 cent.,
larg. 80 cent.)

MIEL (Jean), surnommé Giovanni della Vite, né à Bruxelles en
1599, mort à Turin en 1641; élève de Gérard Seghers.

161. Des paysans italiens; un cheval blanc et un âne
devant une auberge. (h. 33 cent., larg. 43 cent.)

162. Un paysage avec des voyageurs à cheval. (h. 33
cent., larg. 43 cent.)

MIEREVELT (Michel), né à Delft en 1567, mort dans cette ville
en 1641; élève de A. de Montfort.

163. Portrait d'Albert Joachim, chevalier et seigneur
d'Œdekenskerke et pensionnaire de Goes, ambassa-
deur en Angleterre. (h. 53 cent., larg. 45 cent.)

164. Un portrait d'homme avec les armes de la famille
Keeckeren. (h. 53 cent., larg. 41 cent.)

165. Portrait de Philippe de Nassau. (ovale. H. 24 cent.,
larg. 19 cent.)

MIERIS (François), né à Leyde en 1635, mort en 1681; élève de
G. Dov.

166. Un vieillard dans une attitude suppliante auprès
d'une jeune femme vêtue de satin. (h. 27 cent., larg.
22 cent.)

MIGNON (Abraham), né à Francfort en 1639, mort en 1679;
élève de Jean-David de Heem.

167. Une grappe de raisins noirs et des fruits sur une

plinthe de pierre, dans une niche. (h. 38 cent., larg.
33 cent.)

MOLENAAR (Jean-Minse); vivait au milieu du xviie siècle.

168. Un intérieur dans lequel une femme accompagne
sur la guitare des paysans qui chantent. (h. 68 cent.,
larg. 74 cent.)

169. Une école de village. (h. 31 cent., larg. 42 cent.)

170. Trois paysans près d'un feu; l'un d'eux joue de la
clarinette. (h. 30 cent., larg. 23 cent.)

MOLENAAR (Cornélis), vivait dans la dernière moitié du
xviie siècle; mort à Anvers.

171. Le rempart d'une ville et une rivière gelée avec
deux patineurs vêtus de costumes d'hiver. (h. 48
cent., larg. 64 cent.)

172. Une blanchisserie auprès de maisons de paysans.
(h. 54 cent., larg. 46 cent.)

MOLYN (Pierre), né à Haarlem, vivait dans la première moitié
du xviie siècle; a imité le style de J. van Goyen.

173. Un atelier de village. (h. 1m 22 cent., larg. 1 m 62
cent.)

MOMMERS (Hénri), né à Haarlem en 1623, mort dans cette ville
en 1697.

174. Un paysage montagneux; sur le premier plan, deux
bergers et une bergère auprès d'un troupeau de moutons. (h. 45 cent., larg. 55 cent.)

175. Un vaste paysage montagneux; trois femmes causant avec un paysan; près d'eux, un bœuf et des
moutons.

MONI (Louis de), né à Bréda en 1698, mort à Leyde en 1771;
élève de Philippe van Dyck.

176. Une jeune femme causant avec une marchande de
poissons. (h. 40 cent., larg. 32 cent.)

MOOR (Karel de), né à Leyde en 1656, mort à Warmond en
1738; élève de G. Dov.

177. La fuite de saint Joseph et de Marie avec l'enfant
Jésus; un Ange jette des fleurs sur la route. (h. 38
cent., larg. 1 m.)

MOREELSE (Paul), né à Utrecht en 1571, mort dans cette ville en 1638; élève de M. Miereveld.

178. Un jeune homme magnifiquement vêtu devant une table couverte d'un tapis de Smyrne sur laquelle se trouve un livre ouvert. (h. 1 m 18, l. 88 cent.)

179. Une sainte famille dans un médaillon entouré d'une guirlande de fruits peints par A. van Utrecht. (h. 90 cent., larg. 1 m 10 cent.)

180 Une bergère coiffée d'un chapeau de paille orné de fleurs. (h. 76 cent., larg. 65 cent.)

181. La Vierge Marie et l'enfant Jésus. (h. 71 cent., larg. 61 cent.)

182. Portrait d'un guerrier. (h. 1 m 17, larg. 92 cent.)

183. Portrait d'une jeune femme richement vêtue. (h. 70 cent., larg. 54 cent.)

184. Portrait d'une jeune femme portant une grande fraise ronde dite *plat de Saint-Jean*. (ovale. h. 61 cent., larg. 49 cent.)

185. Saint Joseph et Marie avec l'enfant Jésus. (h. 96 cent., larg. 80 cent.)

186. Portrait de Jean d'Olden Barneveldt. (h. 74 cent., larg. 27 cent.)

187. Une bergère tenant à la main une branche de rosier. (h. 36 cent., larg. 27 cent.)

188. Portrait d'une jeune femme richement vêtue, portant dans la main droite une plume noire. (h. 86 cent., larg. 73 cent.)

MORITZ (Louis), né à la Haye en 1773; élève de D. van der Aa.

189. Un cheval blanc dans une écurie. (h. 37 cent., larg. 31 cent.)

MOUCHERON (Frédérick), né à Edam en 1633, mort à Anvers en 1686; élève de J. Asselyn.

190. Une montagne dans un paysage boisé, à travers lequel des paysans conduisent un troupeau de vaches et de moutons. Les figures sont peintes par J. van der Meer, le jeune. (h. 80 cent., larg. 1 m 13.)

MOUCHERON (Isaac), né à Amsterdam en 1670, mort dans cette ville en 1744; élève de son père F. Moucheron.

191. Une vue de Rome. (h. 41 cent., larg. 55 cent.)

MUSSCHER (Michel van), né à Rotterdam en 1645, mort en
1705; élève de A. van den Tempel, de Metsu et de A. van
Ostade.

192. Une niche avec trois enfants occupés à former des
guirlandes de fleurs. (h. 47 cent., larg. 39 cent.)

NASO (Pierre), né à Amsterdam en 1630.

193. Un portrait d'homme richement vêtu. (h. 85 cent.,
larg. 64 cent.)

194. Un portrait de femme richement vêtue. (h. 85 cent.,
larg. 64 cent.)

NEEFS (Pierre) né à Anvers en 1570, mort en 1631; élève de
H. van Steenwyck.

195. Intérieur d'une église catholique. (h. 24 cent., larg.
33 cent.)

NEER (Aart van der), né à Amsterdam en 1619, mort en 1683;
s'est formé lui-même.

196. Un village près d'un canal au clair de lune. (h. 31
cent., larg. 41 cent.)

197. Des édifices en feu éclairent pendant la nuit une
ville et un large canal sur lesquels se réfléchissent les
flammes; les quais sont couverts de curieux. (h. 77
cent., larg. 99 cent.)

NETSCHER (Gaspard), né à Heidelberg en 1639, mort à la Haye
en 1684; élève de G. Terburg.

198. Portrait d'une jeune femme vêtue de satin bleu.
(h. 45 cent., larg. 39 cent.)

NETSCHER (Constantin), né à la Haye en 1670, mort dans
cette ville en 1722; élève de son père G. Netscher.

199. Portrait de Guillaume III, roi d'Angleterre, prince
d'Orange, etc. (h. 47 cent., larg. 33 cent.)

NETSCHER (Théodore), né à Bordeaux en 1661, mort à Hulst,
en 1732; élève de son père G. Netscher.

200. Un portrait d'homme en pied. (h. 48 cent., larg.
38 cent.)

OMMEGANCK (Balthazar-Paul), né à Anvers en 1755, mort dans cette ville en 1826; s'est formé lui-même.

201. Un paysage rocheux; un berger portant un agneau sous son bras dirige deux moutons, une vache et deux chèvres vers une mare. (h. 39 cent., larg. 49 cent.)

202. Un paysage montagneux; sur le premier plan, deux moutons couchés et un bouc; plus loin, une bergère assise; à gauche, sous de grands arbres, une vache et un veau près de l'eau. (h. 39 cent., larg. 49 cent.)

203. Un paysage plat; sur le premier plan, deux moutons couchés et une chèvre; à gauche, un lac près de grands arbres sous lesquels un berger fait paître un troupeau de moutons. (h. 21 cent., larg. 25 cent.)

204. Un paysage accidenté; un mouton broutant; un mouton couché et une chèvre; plus loin, un troupeau de moutons dont le berger et la bergère se reposent sous des arbres. (h. 21 cent., larg. 25 cent.)

OMMEGANCK (Marie-Jacob), sœur du précédent.

205. Deux moutons couchés et des moutons broutant dans un paysage montagneux. (h. 35 cent., larg. 47 cent.)

ORLEY (Bernard van) ou Bernard (de Bruxelles), né dans cette ville en 1471, mort dans la même ville en 1541; élève de Raphaël, peintre de la Cour de l'empereur Charles-Quint.

206. Une jeune femme jouant de la guitare. (h. 52 cent. larg. 50 cent.)

OS (Grégoire-Jacob-Jean van), né à la Haye en 1782; élève de son père J. van Os.

207. Une rose blanche et d'autres fleurs dans un vase étrusque; à côté une branche de rosier rouge. (h. 46 cent., larg. 37 cent.)

OS (Pierre-Gérard van), né à la Haye en 1776, mort dans cette ville en 1839; élève de son père J. van Os.

208. Des vaches et des moutons dans un paysage boisé. (h. 38 cent., larg. 51 cent.)

209. Un paysage accidenté; sur le premier plan, des vaches et des moutons. (h. 38 cent., larg. 51 cent.)

210. Un paysage de la Gueldre; un bœuf couché et une vache qui se frotte contre un saule. (h. 38 cent., larg. 50 cent.)

OSTADE (Adrien van), né à Lubeck en 1610, mort à Amsterdam en 1685; élève de François Hals.

211. Un noble vieillard assis et lisant dans son cabinet d'étude; il est appuyé sur une table couverte d'un tapis de Smyrne et sur laquelle sont placés des livres, un encrier et des papiers. (h. 35 cent., larg. 29 cent.)

PENTZ ou PENS (Georges), né à Nuremberg en 1500, mort à Breslau en 1556; élève de A. Durer.

212. Un savant dans son cabinet d'étude. (h. 30 cent., larg. 22 cent.)

POEL (Egbert van der), vivait dans la dernière moitié du XVIIe siècle.

213. Incendie d'une maison de paysan pendant la nuit. h. 30 cent., larg. 23 cent.)

POELENBURG (Cornélis), né à Utrecht en 1586, mort dans cette ville; élève de son père.

214. Un paysage; une nymphe endormie et un amour épiés par un berger. (h. 26 cent., larg. 23 cent.)

215. Un paysage d'Arcadie avec des nymphes au bain, (h. 16 cent., larg. 26 cent.)

POTTER (Paul), né à Enckhuyzen en 1625, mort à la Haye en 1654; s'est formé lui-même.

216. Un bœuf blanc dans un paysage plat. (h. 38 cent., larg. 53 cent.)

PRINS (J.-H.), né à la Haye en 1759, mort à Leyde en 1805; s'est formé lui-même.

217. Vue d'une ville; de vieilles maisons près d'un canal, avec une écluse. (h. 53 cent., larg. 71 cent.)

PYNACKER (Adam), né à Pynacker en 1621, mort en 1673, s'est formé lui-même.

218. Les bords rocheux d'un lac vivement éclairés par le soleil; sur le premier plan, un canot derrière une barque de transport montée par des bateliers. (h. 51 cent., larg. 54 cent.)

QUAST (Pierre), vivait au commencement du XVIIᵉ siècle.

219. Un chirurgien de village pansant la tête d'une vieille femme; derrière elle, un vieillard tenant une tête de mort à la main. (h. 52 cent., larg. 23 cent.)

QUELIN (Erasme), né à Anvers en 1607, mort à l'abbaye de Tongerloo en 1678; élève de P.-P. Rubens.

220. L'Enfant prodigue assis à une table bien servie, avec de joyeux compagnons. (h. 1ᵐ7, larg. 1ᵐ96.)

221. L'Assomption de Marie. (h. 44 cent., larg. 33 cent.)

RAVESTEYN (Jean van), né en 1572, mort à la Haye en

222. Un intérieur; une femme et un enfant dans un berceau; à côté d'eux, un homme qui fume sa pipe près de la cheminée. (h. 72 cent. larg. 58 cent.)

223. Un portrait d'homme magnifiquement vêtu et portant une chaîne d'or au col. (h. 62 cent., larg. 48 cent.)

224. Un portrait d'homme avec une large fraise en dentelle. (h. 62 cent., larg. 53 cent.)

REGENMORTEL (Ignace-Joseph van), né à Anvers en 1785; élève de son père.

225. Une auberge; l'aubergiste engage un homme à payer les pots et les verres qu'il paraît avoir cassés; plus loin, plusieurs figures. (h. 65 cent., larg. 76 cent.)

REMBRANDT (van Rhyn), né dans un moulin près du Rhin, entre Leyderdop et Koudekerk, en 1606, mort à Amsterdam en 1674; élève de P. Lastman.

226. Un portrait d'homme, la tête nue avec de long

cheveux tombant sur un col de chemise échancré.
(h. 64 cent., larg. 50 cent.)

RIETSHCOOF (Jean-Nicolas), né à Hoorn en 1678, mort en 1719;
élève de L. Bakhuyzen.

227. Une rivière agitée, avec des navires. (h. 71 cent.,
larg. 98 cent.)

ROMBOUTS (J.); vivait au milieu du XVII° siècle.

228. Des cabanes de pêcheurs sur la dune; la mer dans
le lointain. (h. 34 cent., larg. 42 cent.)

ROTTENHAMMER (Jean), né à Munich en 1566, mort à Augsbourg en 1604; élève de Donouwer.

229. Marie, l'enfant Jésus et saint Jean (ovale. h. 23
cent., larg 20 cent.)

RUISDAEL (Salomon), né à Haarlem en 1615, mort en 1670.

230. Vue d'une rivière avec des navires; sur le premier plan, à droite, des vaches dans l'eau et sur le
môle d'un port en ruine. (h. 48 cent., larg. 59 cent.)

RUISDAEL (Jacob,) né à Haarlem en 1635, mort en 1681; s'est
formé lui-même.

231. On aperçoit entre de grands rochers couverts de
mousse, de bois taillés et de chênes, une vallée de laquelle un chemin à droite conduit à une montagne
élevée, où est situé le vieux château de Bentheim,
éclairé par le soleil, dont les rayons traversant d'é-
pais nuages arrivent en glissant sur la masse des arbres et des rochers jusqu'au premier plan. (h. 1m 2.
larg. 1m 57.

232. Un paysage accidenté; sur le premier plan, un
terrain sablonneux couvert de mousse, de bois taillis
et de deux chênes qui poussent vigoureusement près
d'un champ de blé éclairé par le soleil. (h. 58 cent.,
larg. 69 cent.)

233. Une route sablonneuse qui traverse une forêt; à
droite, un groupe de chênes et de bois taillis, près
d'un étang sur lequel d'épais nuages projettent leur
ombre. (h. 42 cent., larg. 45 cent.)

RYCKAERT (David), né à Anvers en 1615, mort dans cette ville en 1677 ; s'est formé sur les œuvres de Teniers, de Brouwer et d'Ostade.

234. Un homme assis près d'une table sur laquelle est placée une cruche ; il tient dans la main droite un verre à bière et dans l'autre une pipe. (haut. 14 cent., larg. 23 cent.)

RYCK (Jacques de), né à Hilversum en 1806 ; élève de J. Van Ravenswaay.

235. Un paysage avec des bœufs et des moutons ; à droite, une jeune fille et un jeune homme ; plus loin, une grange entre des arbres. (haut. 65 cent., larg. 81 cent.)

236. Un bœuf debout et deux vaches couchées auprès de quelques moutons dans un paysage accidenté. (haut. 39 cent., larg. 51 cent.)

SAFTLEEVEN (Corneille), né à Rotterdam en 1606.

237. Des enfants autour d'un feu. (haut. 27 cent., larg 34 cent.)

SAFTLEEVEN (Herman), né à Rotterdam en 1609, mort à Utrecht en 1685 ; élève de Jean van Goyen.

238. Une vue du Rhin. (haut. 21 cent., larg. 28 cent.)

SCHALKEN (Godefroid), né à Dordrecht en 1643, mort à la Haye en 1706 ; élève de G. Dov.

239. Un beau portrait d'homme. (haut. 43 cent., larg. 33 cent.)

240. Un ermite mendiant. (h. 27 cent., larg. 21 cent.)

SCHEFFER (Jean-Baptiste), né à Hombourg, mort à Amsterdam en 1809 ; élève de Thischbein.

241. Un intérieur avec trois figures. (haut. 52 cent., larg. 44 cent.)

SCHELFHOUT (André), né à la Haye en 1787 ; s'est formé lui-même.

242. Vue d'un rivage prise des dunes, au premier plan, des pêcheurs couchés sur le sable près de leurs barques ; plus loin, la mer arrive en roulant de grosses

vagues en partie couvertes par l'ombre d'un épais
nuage. (haut. 39 cent., larg. 49 cent.)

243. Un hiver; des maisons de paysans près d'un ruis-
seau gelé. (haut. 39 cent., larg. 49 cent.]

SCHELLINKS (Guillaume), né à Amsterdam en 1632, mort dans
cette ville en 1678; s'est formé lui-même.

244. Près de l'escalier d'une vieille maison, un maréchal-ferrant ferre un cheval à blanc; à côté des mendiants et des chiens de chasse. (haut. 27 cent., larg.
22 cent.)

SCHOREL (Jean), né à Schoorl près d'Alkmaar en 1495, mort à
Utrecht en 1562; élève de Guillaume et de Jacob Cornelisz; s'est
formé plus tard en Italie sur les œuvres de Raphaël, dont le
premier il a fait connaître le style dans les Pays-Bas.

245. Le Christ baptisé par saint Jean. — Ce tableau fut
peint à Haarlem pour Simon Saan, commandeur de
l'ordre de Saint-Jean. (haut. 2 mèt. 13 cent., larg.
1 mèt. 44 cent.)

246. L'Adoration des bergers. (haut. 1 mèt. 10 cent.,
larg. 83 cent.)

247. Marie et l'enfant Jésus. (h. 33 cent., larg. 25 cent.)

SCHOTEL (Jean-Chrétien), né à Dordrecht en 1787, mort dans
cette ville en 1838; élève de M. Schouwmann.

248. Vue de la rivière de Moerdyk par un temps calme;
sur le premier plan, le quai des bateaux à vapeur;
plus loin, des navires. (haut. 40 cent., larg. 54 cent.)

SCHOTEL (Pierre-Jean), né à Dordrecht en 1808; élève de son
père J.-C. Schotel.

249. Une rivière agitée avec des navires; à gauche, une
estacade et des maisons. (haut. 41 cent., larg. 55 cent.

SCHUT (Corneille), né à Anvers en 1590, mort dans cette ville
en 1655; élève de P.-P. Rubens.

250. Des enfants jouant dans un paysage. (haut. 19 c.,
larg. 25 cent.)

SNELLINCK (C.); vivait au milieu du xviie siècle.

251. Le reniement de saint Pierre. (haut. 43 cent., larg. 35 cent.)

SONJÉ (Jean), né à Rotterdam, mort dans cette ville en 1691.

252. Un paysage rocheux et montagneux à travers lequel coule une rivière; sur le premier plan, des paysans auprès de bœufs. (haut. 1 mèt. 62 cent., larg. 1 mèt. 87 cent.)

SOOLEMAKER (J.-F.), vivait au milieu du xviie siècle; s'est formé sur les œuvres de N. Berghem.

253. Un paysage italien; des paysans conduisent des bœufs vers un étang. (haut. 47 cent., larg. 56 cent.)

STEEN (Jean), né à Leyde en 1636, mort à Delft en 1678; élève de Jean van Goyen.

254. Les cadeaux de saint Nicolas. Près d'une jeune femme assise se tient une petite fille tenant un gros gâteau et d'autres friandises; à gauche, un petit garçon pleurant près d'une table sur laquelle est posé un soulier d'où sortent des verges; à côté de lui, une petite fille et un petit garçon près d'un vieillard assis qui, un verre de vin du Rhin à la main, rit de son malheur; derrière lui, une vieille femme fait voir une pièce d'argent à l'enfant affligé et le console. (haut. 59 cent., larg. 49 cent.)

255. Un homme qui s'imagine avoir des pierres dans la tête. Le médecin feint très-sérieusement de l'opérer et laisse tomber quelques cailloux dans un bassin tenu par une vieille femme; le patient assis, fortement attaché et becqueté par une corneille qu'il tient à la main, crie de toutes ses forces; des curieux regardent en riant dans l'intérieur à travers une fenêtre. (haut. 45 cent., larg. 49 cent.)

256. Un intérieur. Tobie ouvre les yeux de son père dont la femme tient une chandelle de la main droite, tandis que de la gauche elle lui presse la main et qu'elle paraît heureuse de la réussite de l'opération; à côté d'elle, l'ange Raphaël; deux vieillards et des enfants contemplent le miracle avec une attention res-

pectueuse; à gauche, sur l'arrière-plan, quelques personnages; une chandelle, deux lampes et un feu éclairent cette scène. (haut. 71 cent., larg. 82 cent.)

257. Un vieillard assis près d'une table et occupé à tailler une plume. (haut. 26 cent., larg. 20 cent.)

STOLKER (Jean), né à Amsterdam en 1724, mort à Rotterdam en 1785; élève de J.-M. Quinkhard.

258. Les Directeurs ou Régents de la corporation des marchands de vin à Rotterdam. (haut. 1 mèt., 44 c., larg. 1 mèt. 29 cent.)

259. Un magnifique portrait d'homme. (haut. 1 mèt. 25 cent., larg. 1 mèt. 29 cent.)

STORK (Abraham), né à Amsterdam en 1650.

260. Un port de mer italien. (haut. 24 cent., larg. 30 c.)

261. Le pendant. (haut. 24 cent., larg. 30 cent.)

262. Vue prise sur l'Y à Amsterdam. (haut. 28 cent., larg. 39 cent.)

STRAATEN (Jean-Joseph-Ignace van), né à Utrecht en 1766, mort dans cette ville en 1808; élève de C. Van Geelen.

263. Un lièvre mort et des perdrix près d'un fusil de chasse dans un paysage. (haut. 1 mèt. 07 cent., larg. 86 cent.)

STRATEN (Bruno van), né à Utrecht en 1786.

264. Une blanchisserie près du rempart d'une ville. (haut. 33 cent., larg. 43 cent.)

STREEK (Henri van), né à Amsterdam en 1659; élève de E. de Witt.

265. Intérieur d'une église protestante. (haut. 1 mèt. 30, larg. 1 mèt. 09 cent.)

STRY (Jacob van), né à Dordrecht en 1756, mort dans cette ville en 1815; élève de A.-C. Lens.

266. Un paysage montagneux, le soir, sur le premier plan, un berger couché près d'une vache debout et de six moutons; dans le lointain, une ville située près d'une rivière. (haut. 42 cent., larg. 52 cent.)

STRY (Abraham van), né à Dordrecht en 1753, mort dans cette ville en 1826 ; s'est formé lui-même.

267. On aperçoit à travers une porte d'écurie un aubergiste qui offre un verre de bière à un paysan monté sur un cheval gris pommelé ; au premier plan, un valet qui tire de la bière et un chien qui aboie contre lui. (haut. 30 cent., larg. 25 cent.)

SWAGERS (François), né à Utrecht en 1756, mort à Paris en 1836.

268. Un paysage accidenté ; sur le premier plan, un berger et des moutons. (haut. 53 cent., larg. 79 cent.)

269. Une tempête ; un rivage rocheux battu par la mer orageuse. (haut. 37 cent., larg. 45 cent.)

270. Une route avec de grands arbres côtoyant une rivière. (haut. 53 cent., larg. 75 cent.)

SWANEVELDT (Herman), surnommé Herman d'Italie, né à Woerdern, mort à Rome en 1690 ; élève de Claude Lorrain.

271. Un paysage d'Arcadie ; sur le premier plan, un satyre près d'une femme et d'un enfant. (haut. 63 cent., larg. 80 cent.)

TEMPEL (Abraham van der), né à Leyde, mort dans cette ville en 1672 ; élève de G. van Schooten.

272. Un magnifique portrait d'homme. (haut. 1 mètre 30 cent., larg. 1 mèt. 12 cent.)

273. Un magnifique portrait de femme. (haut. 1 mètre 30 cent., larg. 1 mèt. 12 cent.)

TENIERS LE JEUNE (David), né à Anvers en 1610, mort à Bruxelles en 1694 ; élève de son père D. Teniers.

274. Sur le premier plan, à gauche, quatre paysans assis près d'un tonneau sont en train de boire et de fumer ; à droite, sur l'arrière-plan, quatre autres paysans assis derrière une cloison en bois. (haut. 36 cent., larg. 57 cent.)

275. Un vieillard jouant de la vielle dans un village. (haut. 16 cent., larg. 21 cent.)

TERBURG (Gérard), né à Zwoole en 1608, mort à Deventer en 1681; élève de son père Henri Terburg.

276. Un seigneur vêtu de noir près d'une table couverte d'un tapis rouge; derrière lui, un siége en velours de la même couleur. (haut. 76 cent., larg. 59 cent.)

277. Le pendant. Une dame vêtue de noir avec une jupe en satin blanc. (haut. 76 cent., larg. 59 cent.)
Ces deux portraits sont en pied,

TOL (Dominique van), vivait au milieu du xvii° siècle; s'est formé sur les œuvres de G. Dov.

278. Un vieillard, dans une niche, plante sa pipe dans un pot à feu qu'il tient de la main gauche. (haut. 31 cent., larg. 25 cent.)

279. Une vieille femme, dans une niche, semble acheter un hareng à un jeune garçon placé près d'elle et tenant un petit baril. (haut. 31 cent., larg. 24 cent.)

TROOST (Corneille), né à Amsterdam en 1697, mort dans cette ville en 1750; élève de A. Boonen.

280. L'hypocrisie ou la fausse contrition. (haut. 57 c., larg. 48 cent.)

TOUSSAINT (P.-A.), né à Bruxelles.

281. Un jeune homme assis et dessinant. (haut. 37 cent., larg. 27 cent.)

UCHTERVELT (Jacob), vivait au milieu du xvii° siècle.

282. Un seigneur et une dame assis dans un magnifique appartement, près d'un bois de chêne, et jouant aux cartes; près d'eux, une jeune dame en pelisse de velours rouge fourrée. (haut. 51 cent., larg. 42 cent.)

ULFT (Jacob van der), né à Gorcum en 1627; s'est formé lui-même.

283. Une ville italienne avec de superbes édifices richement décorés. (haut. 25 cent., larg. 35 cent.)

UTRECHT (Adrien van), né à Anvers en 1599, mort dans cette ville en 1651.

284. Un coq avec plusieurs poules et poussins effrayés

par l'attaque d'un épervier. (haut. 1 mèt. 17 cent., larg. 1 mèt. 30 cent.)

VELDE (Ezaïe van der), né à Leyde en 1597, mort dans cette ville en 1648; élève de P. Denyn.

285. Une maison de paysans en feu éclaire pendant la nuit un combat de cavalerie et d'infanterie. (haut. 30 cent., larg. 40 cent.)

286. Un gentilhomme à cheval. (haut. 38 cent., larg. 27 cent.)

VELDE (Adrien van de), né à Amsterdam en 1639, mort dans cette ville en 1672; élève de J. Wynants.

287. Devant la boutique d'un maréchal-ferrant est un jeune garçon à côté d'un cheval gris-pommelé et d'un âne; autour de lui un coq et des poules. (haut. 28 cent., larg. 37 cent.)

288. Un paysage plat; sur le premier plan, un bœuf; plus loin, un mouton couché et une vache.

VERBOOM (Abraham), né à Haarlem; vivait au milieu du XVIIᵉ siècle.

289. Un paysage boisé, le soir; sur le second plan, des chasseurs au repos et des chiens. (haut. 61 cent., larg. 80 cent.)

VERELST (Guillaume), datés de 1729.

290. Un magnifique portrait d'homme. (ovale : haut. 67 cent., larg. 56 cent.)

291. Un magnifique portrait d'homme. (ovale : haut. 67 cent., larg. 56 cent.)

VERHEYEN (Jean-Henri), né à Utrecht en 1778, mort dans cette ville en 1846; s'est formé lui-même.

292. La place Sainte-Marie à Utrecht. (haut. 45 cent., larg. 54 cent.)

293. L'église Sainte-Gertrude à Utrecht. (haut. 49 cent., larg. 42 cent.)

294. On aperçoit plusieurs maisons à travers les arches d'un pont jeté sur un canal. (haut. 36 cent., larg. 13 cent.)

VERSCHURING (Henri), né à Gorcum en 1627, noyé près d
Dordrecht en 1690.

295. Un paysage montagneux d'Italie traversé par des
voyageurs. (haut. 68 cent., larg. 92 cent.)

296. Un rivage par un soleil couchant. (haut. 37 cent.,
larg. 46 cent.)

VERSCHURING (Guillaume), fils du précédent et élève de J.
Verkolie.

297. Une dame causant avec un seigneur arrêté près
d'elle. (haut. 32 cent., larg. 30 cent.)

VERTANGEN (Daniel), né à la Haye, mort dans cette ville en
1657 ; élève de Poelenburg.

298. Moïse sauvé des eaux. (haut. 23 cent., larg. 29 c.)

VICTOR (Jacomo), vivait au milieu du XVIIe siècle.

299. Une poule, des poussins et des pigeons près d'un
poulailler. (haut. 87 cent., larg. 81 cent.)

VICTOR (Jean), vivait dans la première moitié du XVIIe siècle ;
élève de Rembrandt.

300. Portrait d'une vieille femme magnifiquement vêtue (haut. 80 cent., larg. 64 cent.)

301. Un paysage hollandais; sur le premier plan un
paysan cause avec une paysanne qui trait une vache;
plus loin, dans une allée d'arbres, un grand nombre
de bœufs et de vaches conduits par une femme. (haut.
1 mèt. 07 cent., larg. 1 mèt. 35 cent.)

VITRINGA (Wigerus), né à Leuwarden en 1657 ; s'est formé
sur les œuvres de L. Bakhuyzen.

302. Une rivière agitée avec plusieurs navires. (haut.
74 cent., larg. 83 cent.)

VLIET (Henri van), né à Delft en 1608; élève de son père et de
Mierevelt.

303. Intérieur d'une église protestante avec plusieurs
personnages. — Daté de 1656. (haut. 1 mètre, larg.
84 cent.)

304. Intérieur d'une église protestante où pénètre la lumière du soleil. (haut. 31 cent., larg. 24 cent.)

VOOGD (Henri), né à Amsterdam en 1766, mort à Rome en 1839; élève de J. Andriessen.

305. Un paysage italien au commencement d'un orage. (haut. 49 cent., larg. 37 cent.)

306. Un paysage montagneux; sur le premier plan, à droite, les ruines d'un temple antique. (haut. 37 cent., larg. 49 cent.)

VRANCX (Sébastien), né à Anvers en 1573, mort dans cette ville en 1647.

307. Un village pillé par des soldats. (haut. 51 cent., larg. 66 cent.)

308. Un seigneur se promenant avec une dame; ils sont vêtus à la mode allemande de l'époque où vivait le peintre. (haut. 29 cent., larg. 23 cent.)

309. Costumes flamands. (haut. 29 cent., larg. 23 cent.)

VRIES (Jean-Renier de), vivait au milieu du XVIIe siècle; s'est formé sur les œuvres de J. Ruisdael.

310. Des maisons et des arbres près d'un canal où pêchent deux hommes dans une barque. (haut. 47 cent., larg. 64 cent.)

VOIS (Ari de), né à Leyde en 1641, élève de A. van den Tempel.

311. Un magnifique portrait d'homme. (haut. 21 cent., larg. 17 cent.)

WEENINX (Jean-Baptiste), né à Amsterdam en 1621, mort au château de Mey, près d'Utrecht, en 1660; élève de A. Bloemaert et de N. Moyaert.

312. Un chaudronnier ambulant dans un paysage italien. (haut. 80 cent., larg. 66 cent.)

WERFF (Pierre van der), né près de Rotterdam en 1665, mort à Rotterdam en 1718; élève de son père A. van der Werff.

313. Une Madeleine repentante. (haut. 39 cent., larg. 27 cent.)

314. Un portrait du peintre. (haut. 48 cent., larg. 39 cent.)

WESTENBERG (Georges-Pierre), né à Nimègue en 1791; élève
de J. Hulswit.

315. Un paysage avec des maisons de paysans. (haut.
28 cent., larg. 34 cent.)

WIT (Jacob de), né à Amsterdam en 1695, mort dans cette ville
en 1754; élève de Jacob van Halen.

316. Le Couronnement de sainte Catherine. (haut. 63
cent., larg. 40 cent.)

WITHOOS (Mathias), né à Amersfoort en 1627, mort à Hoorn
en 1703; élève de J. van Campen.

317. Un serpent et des papillons près d'un chardon.
haut. 36 cent., larg. 32 cent.)

WONDER (Pierre-Christophe), né à Utrecht en 1780; s'est
formé lui-même.

318. Une marchande de harengs. (haut. 19 cent., larg.
17 cent.)

WOUWERMANN (Philippe), né à Haarlem en 1620, mort dans
cette ville en 1668; élève de J. Wynants.

319. Un cavalier sur un cheval blanc couche en joue un
paysan à genoux et demandant grâce; devant lui un
paysan déjà abattu; à droite une femme avec un enfant dans les bras fuit devant un soldat qui la poursuit; dans le lointain un village situé près d'une rivière et qui vient d'être pillé et incendié. (haut.
55 cent., larg. 50 cent.)

320. Deux paysans et un cheval blanc près d'une chaumière. (haut. 30 cent., larg. 29 cent.)

321. Un gentilhomme sur un cheval gris dans un paysage accidenté et sablonneux. (haut. 27 cent., larg.
16 cent.)

WOUWERMANN (Pierre), né à Haarlem; élève de son frère
Philippe Wouwermann.

322. Un camp rempli de soldats dans un pays montagneux; sur le premier plan, des cavaliers au milieu
desquels on voit un cornette sur un cheval qui se ca-
bre et un colonel armé d'une cuirasse sur un cheval
blanc qui rue. (haut. 1 met., larg. 1 m. 55 c.)

323. Un paysage dans lequel deux enfants jouent avec
une chèvre et un chien. (haut. 12 cent., larg. 16 cent.)

WOUWERMANN (Jean), le plus jeune frère de Philippe Wouwermann, mort en 1666; peignait dans le style de Wynants.

324. Un paysage accidenté et sablonneux. (haut. 49 c.,
larg. 62 cent.)

WUIER (Théodore van de). — 1683.

325. Portraits de Guillaume III, roi d'Angleterre, prince
d'Orange, etc. (haut. 2 mèt. 58 cent., larg. 1 mèt.
95 cent.)

WYCK (Thomas), né à Haarlem en 1616, mort à Londres en
1686; s'est formé lui-même.

326. Un intérieur; une femme assise près d'une table et
entourée d'enfants. (haut. 55 cent., larg. 44 cent.)

327. Vue d'une côte rocheuse; sur le premier plan,
deux hommes causent dans une grotte; près d'eux,
des ballots, des coffres et des marchandises; au bord
de la mer, plusieurs navires. (haut. 68 cent., larg.
97 cent.)

328. Un paysage italien traversé par une rivière sur
laquelle existent encore les ruines d'un grand pont;
au premier plan, une barque que l'on décharge. (haut.
66 cent., larg. 92 cent.)

WYNANTS (Jean), né à Haarlem en 1600, mort en 1670.

329. Un paysage boisé; une route s'étend à droite le
long d'un terrain élevé et sablonneux, couvert de
vieux troncs d'arbres et de bois taillis; des seigneurs
à cheval, des paysans et des chiens de chasse, peints
par J. Lingelbach, animent ce tableau. (haut. 46 cent.,
larg. 60 cent.)

330. Un paysage boisé; sur le premier plan, à gauche,
une colline avec des troncs de hêtres morts, des plantes et de la mousse; plus loin une barrière qui sépare
une prairie de la route. (haut. 59 cent., larg. 49 cent.)

331. Un paysage accidenté et sablonneux avec de grands
arbres. (haut. 26 cent., larg. 20 cent.)

ZEEMAN (Regnier). — Son véritable nom était NOOMS, né à
Amsterdam en 1612.

332. Une mer calme avec des navires. (haut. 38 cent.,
larg. 41 cent.)

INCONNUS

333. Une réunion de régents ou d'administrateurs. —
— Daté de 1656. (haut. 2 mèt. 07 cent., larg. 2 mèt.
69 cent.)

334. Achille parmi les femmes. (haut. 1 mèt. 13 cent.,
larg. 1 mèt. 16 cent.)

335. Une femme près d'une table sur laquelle sont placés des ustensiles de cuisine en cuivre et en étain.
(haut. 1 mèt. 16 cent., larg. 1 mèt. 92 cent.)

336. D'après Rubens. — Le Christ et les pèlerins d'Em-
maüs. (haut. 87 cent., larg. 1 mèt.)

337. Le Christ sur la croix; près de lui Marie et saint
Jean. — Du commencement du XVIᵉ siècle. (h. 1 m.,
larg. 80 cent.)

338. — Une Danaé; peint sur verre. (haut. 23 cent.,
larg. 18 cent.)

339. Un paysage flamand; des paysans travaillant dans
un champ de blé. (haut. 56 cent., larg. 80 cent.)

340. Portrait de Guillaume Iᵉʳ, prince d'Orange. (haut.
62 cent., larg. 52 cent.)

341. Portrait de Louise de Coligny. (haut. 62 cent., larg.
52 cent.)

342. Portrait de Guillaume V, prince d'Orange. (haut.
22 cent., larg. 15 cent.)

343. Portrait de Charles Iᵉʳ, roi d'Angleterre. (h. 67 c.,
larg. 53 cent.)

344. Portrait d'Henriette-Marie, reine d'Angleterre.
(haut. 74 cent., larg. 59 cent.)

345. Portrait de Didier Erasme. — Daté de 1530. (haut. 35 cent., larg. 27 cent.)

346. Portrait de Didier Erasme dans son cabinet de travail. (haut. 30 cent., larg. 23 cent.)

347. École de Rubens. — Portrait de F. van der Linden. (haut. 63 cent., larg. 48 cent.)

348. École de Rubens. — Portrait du pape Adrien. (haut. 31 cent., larg. 28 cent.)

349. Portrait de Juste Buyck, bourgmestre de la ville d'Amsterdam. (haut. 44 cent., larg. 35 cent.)

350. École d'Holbein. — Un portrait d'homme. (rond, haut., 10 cent., larg. 10 cent.)

351. Portrait d'un général. (haut. 14 cent., larg. 11 c.)

352. Portrait d'un guerrier avec une écharpe orange. (ovale, haut. 21 cent., larg. 17 cent.)

353. Un portrait d'homme. (haut. 62 cent., larg. 43 cent.)

354. Un portrait de femme. (haut. 62 cent., larg. 43 cent.)

355. Un portrait d'homme. (ovale, haut. 6 cent., larg. 5 cent.)

ÉCOLE ITALIENNE

ALBANO (Francesco), né à Bologne en 1578, mort dans cette ville en 1660; élève de Guido Reni et des Carraches (École bolonaise.)

356. Des enfants dansant. (haut. 67 cent., larg. 88 c.)

GUIDO RENI, né à Bologne en 1575, mort dans cette ville en 1542; élève de Denis Calvart, et, plus tard, d'Annibal et Louis Carrache (École bolonaise).

357. Saint Joseph portant l'enfant Jésus dans ses bras. (haut. 96 cent., larg. 77 cent.)

LOZET DI SIMON (Nicolo), vivait à Naples en 1650.

358. Sainte Catherine. (haut. 75 cent., larg. 63 cent.)

LUTI (Benedetto), né à Florence en 1666, mort à Rome en 1724;
élève de Dominique Gabiani (École florentine).

359. Une Madeleine repentante. (haut. 49 cent., larg.
35 cent.)

PANINI (Giampolo), né à Plaisance en 1691, mort à Rome en
1764; élève de Benedetto Luti (École romaine.)

360. Des chasseurs au repos près d'une ruine et d'une
fontaine. (haut. 76 cent., larg. 1 mèt. 26 cent.)

ROSA (Salvator), né à Naples en 1615, mort à Rome en 1673;
élève de Francesco Francanziani, de Aniello Falcone et de
Ribera (École napolitaine).

361. Un moine mendiant. (haut. 26 cent., larg. 18 cent.

INCONNUS

362. Une femme luttant avec un satyre. (haut. 62 cent.,
larg. 54 cent.)
363. Saint Jean. (haut. 62 cent., larg. 41 cent.)
364. Saint François. (haut. 37 cent., larg. 28 cent.)
365. Marie et l'enfant Jésus. (haut. 41 cent., larg. 31 c.)

ÉCOLE ESPAGNOLE

MURILLO (Bartholomée ou Estevan), né à Pilar, près de Séville, en 1613, mort à Séville en 1686; élève de Juan del
Castillo.

366. Deux jeunes pauvres assis par terre; l'un d'eux
tient à la main un gâteau dont il semble refuser un
morceau à un jeune nègre qui tend une main vers lui,
tandis que de l'autre il tient une cruche sur son épaule.
(haut. 41 cent., larg. 30 cent.).

RIBERA (Joseph), surnommé L'ESPAGNOLET, né à Xativa,
près de Valence, en 1589, mort à Naples en 1656; il étudia

d'abord le style du Corrége et imita plus tard celui de Michel-Ange de Caravage.

367. Un vieillard à barbe blanche tenant un livre à la main. (haut. 95 cent., larg. 70 cent.).

ÉCOLE FRANÇAISE

FABRE (François-Xavier); élève de David.

368. Un paysage montagneux; Agar recevant de Thamar la houlette et le bracelet. — Daté de 1805. (haut. 52 cent., larg. 70 cent.)

GREUZE (Jean-Baptiste), né à Tournus, en Bourgogne, en 1734, mort à Paris en 1817; élève de Grandon.

369. Une jeune femme avec un enfant sur ses genoux, esquisse. (haut. 42 cent., larg. 53 cent.)

ROBERT (Hubert), né à Paris en 1741.

370. L'entrée d'un temple magnifique (haut. 46 cent., larg. 37 cent.)

VERNET (Claude-Joseph), né à Avignon en 1714, mort à Paris en 1789; élève de son père et de Lucatelli.

371. Un port de mer italien au clair de lune; sur le premier plan, une barque avec des pêcheurs qui tirent leurs filets. (haut. 49 cent., larg. 58 cent.)

VINDRIER; vivait à la fin du xviii· siècle; il a imité le style de Greuze.

372. Une jeune fille appuyée sur une table et ayant devant elle un morceau de pain et une pomme. (haut. 46 cent., larg. 38 cent.)

MUSÉE

DE LA HAYE

PREMIÈRE SECTION. — ÉCOLES DES PAYS-BAS

AALST (van), né à Delft en 1602, mort dans la même ville en 1658.

1. Un vase avec des fleurs.
2. Du gibier mort.

BAAN (J. de), né à Haarlem en 1633, mort en 1702.

3. Le comte Maurice de Nassau, gouverneur du Brésil.
4. Le grand-pensionnaire de Witt.

BACKHUYZEN (L.), né à Embdem en 1631, mort à Amsterdam en 1709.

5. Retour du roi Guillaume III d'Angleterre à Maasluis, en 1691.

6. Une marine.

7. Le chantier de la ci-devant Compagnie des Indes-Orientales à Amsterdam.

BASSEN (van).

8. Une église catholique.

BERCHEM (N.), né à Haarlem en 1624, mort en 1683.

9. Un paysage italien avec des animaux et des figures de grandeur naturelle.

10. Un paysage italien.
11. Une chasse au sanglier.
12. Combat de cavalerie dans un défilé.

BLOEMAART (A.), né à Gorcum en 1564, mort à Utrecht en 1658.

13. Un festin des dieux.
14. Une distribution des prix d'une course.

BOL (F.), élève de Rembrandt, né à Dordrecht en 1611, mort à Amsterdam en 1681.

15. L'amiral de Ruyter.
16. Engel de Ruyter, fils de cet amiral.

BOTH (J. et A.), nés à Utrecht, élèves de A. Bloemaart; ont demeuré longtemps en Italie, où André est mort en 1650; Jean est décédé dans sa patrie en 1656.

17. Un grand paysage italien.
18. Un idem, plus petit.

BREEMBERG, maître de Poelenburg, probablement né à Utrecht.

19. Un paysage.

BREUGHEL (de Velours), né à Bruxelles en 1581, mort vers l'an 1642.

20. Le baptême du More.
21. Rencontre de David et d'Abigaïl.

BREUGHEL (de Velours) et van BALEN.

22. Les quatre saisons en médaillon entouré d'une guirlande de fleurs.

BREUGHEL (de Velours) et ROTTENHAMMER.

23. La fuite en Égypte.

BREUGHEL (d'Enfer) et ROTTENHAMMER (Breughel, né à Bruxelles en 1569, mort en 1625.)

24. Jésus-Christ délivrant les âmes du purgatoire

BREUGHEL et RUBENS.

25. Le paradis.

CHAMPAIGNE (Philippe de), né à Bruxelles en 1602, mort à
Paris en 1674.

26. Portrait de Joseph Govaerts.

CUYP (A.), né en 1606; il vivait encore l'an 1672.

27. Vue aux environs de Dordrecht.

DEELEN (van) et PALAMEDES (van Deelen, élève de François Hals, né à Eusden; a demeuré à Arnemuiden.)

28. La salle du Binnenhof à la Haye, pendant la dernière grande assemblée des États en 1651.

DOES (Simon van der), né en 1653, mort en 1717.

29. Une bergère avec des moutons.

DOV (G.), né à Leyde en 1613, mort en 1680.

30. Une femme assise dans un intérieur, devant une fenêtre ouverte; à côté d'elle un enfant au berceau;
beaucoup d'accessoires enrichissent la composition.

31. Une femme à une fenêtre, tenant une lampe à la
main.

DYCK (A. van), élève de Rubens, né à Anvers en 1599, mort à
Londres en 1641.

32. Six portraits de la famille Huygens.
33. Portrait d'homme.
34. Portrait d'une dame.
35. Quintin Simóns, peintre d'Anvers.

DYCK (Ph. van), né à Amsterdam en 1680, mort à la Haye en
1752.
36. Une dame pinçant de la guitare.
37. Une dame devant sa toilette.
38. Judith avec la tête d'Holopherne.
39. Un homme taillant une plume.

EECKHOUT (G. van der), élève de Rembrandt, né à Amsterdam
en 1621, mort en 1674.

40. L'adoration des mages.

EVERDINGEN (C. van), élève de Jean van Bronckhorst, né à Alkmaar en 1606, mort en 1679.

41. Portraits de la famille du grand-pensionnaire Steyn : représentation emblématique de Diogène, cherchant des hommes au marché de Haarlem.

FRANCKS (S.), élève d'Adam van Oort.

42. Une galerie de tableaux d'après différents peintres célèbres ; sur le devant on voit Appelles faisant le portrait de Campaspe, maîtresse d'Alexandre.

43. Deux petits tableaux historiques.

FRANCKS et POURBUS.

44. Un bal à la cour, avec les portraits d'Albert et d'Isabelle.

GLAUBER et LAIRESSE. Glauber, élève de Berchem, né à Utrecht en 1645, mort à Amsterdam en 1726.

45. Un paysage en Arcadie.

GONSALES COQUES, né à Anvers en 1618.

46. Une galerie de tableaux où le peintre s'est représenté avec sa famille. Les tableaux dont la salle est ornée sont peints par des élèves de Rubens, de van Dyck, de Rembrandt et autres.

GOVAERTS (A.).

47. Un paysage.

HAAGEN (van der) et VELDE (A. van de).

48. Le Rhynpoort à Arnheim.
49. Une vue de Gueldre.

HAARLEM (Corneille van), né en 1562, mort en 1638.

50. Le massacre des innocents.

HEEM J.-D. de), né à Utrecht en 1600, mort à Anvers en 1674.

51. Une table avec des fruits et accessoires.
52. Un feston de fleurs et de fruits.

HEIDEN (J. van der) et A. van de VELDE. Van der Heiden, né à Gorcum en 1637, mort à Amsterdam en 1712.

53. L'intérieur d'une ville, probablement Anvers.

HELST (B. van der), né à Haarlem en 1613, mort à Amsterdam en 1670.

54. Portrait de P. Potter.

HEMMELINCK.

55. La descente de croix.

HEUS (de), élève de Both, né à Utrecht en 1638, mort dans la même ville dans un âge avancé.

56. Deux petits paysages.

HOEKGEEST, a vécu dans le xviie siècle.

57. L'intérieur de l'église neuve à Delft, avec le tombeau des princes d'Orange.

58. Le même sujet d'un autre point de vue.

HONDEKOETER (M. de), né à Utrecht en 1636, mort dans la même ville en 1695.

59. Différents oiseaux.

60. Idem.

61. Le corbeau dépouillé des plumes d'autres oiseaux dont il s'était paré.

62. La ménagerie de Guillaume III, au Loo.

HOOGSTRATEN (S. van), né à Dordrecht en 1627, mort dans la même ville en 1678.

63. Un grand portique où se trouve une dame avec un chien.

HUGTENBURG (Jean van), né à Haarlem en 1646, mort à Amsterdam en 1738.

64. Une escarmouche de cavalerie.

65. Idem.

66. Le Prince Eugène de Savoie à cheval, entouré de guerriers.

HUYSSUM (J. van), né à Amsterdam en 1682, mort en 1749.

67. Petit tableau avec des fruits.

68. Idem avec des fleurs.

JARDIN (Karel du), élève de Berchem, né à Amsterdam vers 1635, mort à Venise en 1678.

69. Vue d'une cascade en Italie.
70. Un paysage avec un bœuf se frottant contre un poteau.

D'après le même maître.

71. Un paysage avec un berger, une chèvre et des brebis.

JORDAANS (J.), élève de van Oort et de Rubens, né à Anvers en 1594, mort dans la même ville en 1678.

72. Vénus suivie de bacchantes et de satyres.
73. Un banquet des dieux de l'Olympe descendus sur la terre. (Copie.)
74. Un faune et une fille tenant une corbeille remplie de fruits.

KEYZER (A. de) ; a vécu de 1595 à 1660.

75. Portrait en pied d'un magistrat.
76. Assemblée des bourgmestres d'Amsterdam à l'arrivée de Marie de Médicis en 1638.

KONING (Ph. de) et LINGELBACH (J.); de Koning, né en 1649, mort en 1689.

77. Un paysage étendu.

LAIRESSE (G. de), né à Liége en 1640, mort à Amsterdam en 1711.

78. Achille reconnu par Ulysse.

LINGELBACH (J.), né à Francfort en 1625, mort à Amsterdam en 1687.

79. Un paysage avec un chariot de foin.
80. Un port de mer en Italie.
81. Départ de Charles II de Schéveningue pour l'Angleterre, en 1660.
82. Marche de cavalerie.

LEYDEN (Lucas de), ou d'après ce maître, né à Leyde en 1494, mort dans la même ville en 1533; attribué aussi à Walter van Assen, qui vécut à Amsterdam en 1517.

83. La fille d'Hérodias ayant la tête de saint Jean-Baptiste sur un plat.

MAAS (N.), né à Dordrecht en 1632, mort à Amsterdam en 1693.

84. Un magistrat, probablement le grand-pensionnaire Cats.

MEER (van der de Delft), né en 1632.

85. Vue de la ville de Delft, du côté du canal.

METZU (G.), né à Leyde en 1615, mort à Amsterdam en 1658.

86. Une société de trois personnes faisant de la musique.

87. Représentation emblématique de la justice.

88. Un chasseur tenant un verre de vin à la main.

MIEREVELD (M.), né à Delft en 1567, mort dans la même ville en 1641.

89. Le prince Frédéric Henri avec son épouse Amélie de Solms.

MIERIS (F. van), le Père, élève de Dov, né à Delft en 1635, mort à Leyde en 1681.

90. Le peintre et sa femme.

91. Horace Schuil, professeur de botanique à Leyde.

92. Un enfant, placé près d'une fenêtre, fait des bulles de savon, une femme se tient derrière lui.

MIERIS (W. van), né à Leyde en 1662, mort dans la même ville en 1747.

93. Une boutique d'épicier.

MIGNON (A.), élève de Heem, né à Francfort en 1640, mort en 1679.

94. Une corbeille avec des fleurs.

MONI (L. de), né en 1698, mort en 1771.

95. Une vieille femme et un garçon dans une niche.

MOREELSE (Paul), né en 1571, demeurait à Utrecht, où il a été bourgmestre, et est mort en 1638.

96. Catherine Christine, princesse de Nassau.

97. Une princesse de Hanau.

MORO (Antoine), élève de Jean Schoorel, né à Utrecht en 1512, mort à Anvers en 1568.

98. Un homme assis devant une table.

MOUCHERON (F.) et LINGELBACH (J.); Moucheron, élève d'Asselyn, né à Emde en 1633, mort à Amsterdam en 1686.

99. Un paysage.
100. Idem, plus petit.

MUSSCHER (M. van), né à Rotterdam en 1645, mort à Amsterdam en 1705.

101. Le peintre avec sa femme et son fils.

NEEFS (P.), né à Anvers.

102. L'intérieur d'une église.

NETSCHER (G.), né à Prague en 1636, mort à la Haye en 1684.

103. Une société de trois personnes, représentant le peintre, sa femme et sa fille.
104. Portrait d'homme.
105. Portrait de femme.

OSTADE (A. van), né à Lubeck en 1610, mort en 1685; il a demeuré longtemps à Haarlem.

106. L'intérieur d'une maison ornée de figures.
107. L'extérieur d'une maison rustique.

PAPE (A. de).

108. L'intérieur d'une maison.

POEL (E. van der), né à Rotterdam, mort en 1690.

109. Un clair de lune.

POELENBURG (Corneille), né à Utrecht en 1586, mort dans la même ville en 1660; il a longtemps demeuré en Italie.

110. Un petit paysage avec des ruines et des figures.
111. Un paysage avec des femmes prenant un bain.

POTTER (Paul), né à Enckhuyzen en 1625, mort à la Haye en 1654.

112. Un jeune taureau avec une vache, une brebis, un pâtre, etc., de grandeur naturelle.

113. Paysage avec des vaches, dont une se mire dans
    l'eau.

114. Paysage avec des vaches et des cochons.

PYNACKER (A.), né à Pynacker, près de Delft, en 1621, mort
    en 1673.

115. Un grand paysage.

REMBRANDT (van Rhyn), élève de Zwanenburg, né à Leyde en
    1606, mort en 1674.

116. La leçon d'anatomie du professeur Tulp.
117. Siméon au temple.
118. Suzanne au bain.
119. Un officier.
120. Un jeune homme.

REMBRANDT, ou de son école.

121. Un vieillard.

RUBENS (P.-P.), élève de A. van Oort et de O. van Veen, né
    en 1557, mort à Anvers en 1640.

122. Vénus et Adonis dans un paysage.
123. Catherine Brintes, première épouse de Rubens.
124. Hélène Forman, seconde épouse de Rubens.
125. Le confesseur de Rubens.

RUBENS, ou de son école.

126. Des nymphes avec la corne d'abondance.

127. Le songe d'Astolphe, où Angélique endormie
    excite l'amour d'un ermite; sujet tiré de l'Arioste.

RUYSCH (Rachel), née à Amsterdam en 1664, morte en 1570.

128. Un bouquet de fleurs.

129. Un idem, plus petit.

RUISDAEL (J.), né à Haarlem en 1635, mort dans la même ville
    en 1681.

130. Une cascade.

131. Un rivage.

132. Du côté d'Overveen on voit dans le lointain la ville
    de Haarlem.

SAVERY (R.), né à Courtray en 1576, mort à Utrecht en 1639.

133. Orphée attirant les animaux.

SCHALKEN (G.), né à Dordrecht en 1643, mort à la Haye en
1706.

134. Une dame devant sa toilette, éclairée par une
chandelle.
135. La précaution inutile.
136. Un médecin.
137. Vénus avec les colombes.
138. Guillaume III, roi d'Angleterre.

SNYDERS (François) et RUBENS; Snyders, élève de H. van
Balen, né à Anvers en 1579, mort dans la même ville en 1657.

139. Une grande chasse au cerf; le paysage est de
Rubens.
140. Une cuisine avec des légumes et du gibier; la figure est de Rubens.

SOOLEMAKER; élève de Berchem.

141. Un paysage.

STEEN (J.), né à Leyde en 1636, mort à Delft en 1678.

142. La famille du peintre.
143. Tableau de la vie humaine.
144. Un médecin tâtant le pouls d'une jeune fille.
145. Un dentiste.
146. Une ménagerie et, dans le lointain, la maison à
Honsholredyk.
147. Le médecin rendant visite à une malade.

STEENWYK (H. van), élève de Hans de Vries, probablement
né à Steenwyk, mort à Francfort.

148. Des bâtiments avec des figures.

STORCK (Abraham), né à Amsterdam en 1650.

149. Un rivage.
150. Une mer calme.

SWANEVELDT, élève de Claude Lorrain, né à Woerdern en 1620,
mort en 1690.

151. Un grand paysage.

TENIERS (D.), né à Anvers en 1610, mort à Bruxelles en 1694.

152. La bonne cuisine.
153. Un alchimiste dans son laboratoire.

TERBURG (G.), né à Zwoole en 1608, mort à Deventer en 1681.

154. Un officier ayant à la main une lettre remise par un trompette, et une dame écoutant avec attention.
155. Portrait en pied du peintre, en costume de bourgmestre.

TILBORG.

156. Une société de peintres à un repas chez Adrien van Ostade. Au nombre des convives se trouve le peintre Potter, avec sa femme et ses enfants.

TORENBURG, né à Amsterdam, dans ou vers l'année 1737, mort en 1785 ou 1786.

157. Vue de l'Amstel, à Amsterdam.

TROOST (C.), né à Amsterdam en 1697, mort en 1750.

158. Dix dessins à la gouache et au pastel, représentant des scènes de comédies hollandaises.
159. Cinq dessins idem, représentant une réunion d'amis et connus sous le nom de Neiri, d'après les cinq inscriptions suivantes :

Nemo loquebatur.
Erat sermo inter Fratres.
Loquebantur omnes.
Rumor erat in casa.
Ibant qui poterant, qui non potuere, cadebant.

UCHTERVELDT.

160. L'intérieur d'une maison avec un pêcheur offrant du poisson à une dame.

ULFT (van den), né à Gorcum en 1627.

161. Paysage avec quelques édifices et un corps d'armée en marche.

VELDE (A. van de), élève de Wynants, né à Amsterdam en 1639, mort en 1672.

162. Des bestiaux dans un paysage.

163. Vue du rivage de Schéveningue, avec un groupe de pêcheurs.

VELDE (Guillaume van de), né à Amsterdam en 1633, mort à Londres en 1693.

164. Une mer calme avec des vaisseaux.
165. Idem.

VINKEBOOM, né en 1578.

166. Un paysage.

VLIET (van), né vers l'année 1685.

167. La vieille église à Delft.

VOYS (A. de), élève de A. van de Tempel, né à Leyde en 1641.

168. Un chasseur tenant une perdrix à la main.

WEENIX; (J.), élève de J.-B. Weenix, né à Amsterdam en 1644, mort en 1719.

169. Un cygne, un chevreuil, etc., dans un paysage.
170. Un faisan et plusieurs sortes de gibier mort.

WERFF (Le chevalier A. van der) ; élève de van der Neer, né à Rotterdam en 1659, mort dans la même ville en 1772.

171. La fuite en Egypte.
172. Portrait d'un magistrat.

WOUWERMANN (Philippe), élève de Wynants, né à Haarlem en 1620, mort en 1668.

173. Une grande bataille.
174. Un camp.
175. Petit paysage avec plusieurs chevaux.
176. Une partie de chasse.
177. Des paysans à pied et à cheval.
178. L'arrivée à l'hôtellerie.
179. La sortie de l'hôtellerie.
180. Un manége en pleine campagne, avec un carrosse attelé de six chevaux blancs.
181. Un paysage connu sous le nom de : *Le Chariot de foin*.

WYNANTS (J.), né en 1600, mort en 1670.

182. Un paysage boisé.

183. Un paysage avec des figures de Lingelbach.

ZEGERS (le père), né à Anvers en 1589, mort dans la même
ville en 1651.

    184. Une guirlande de fleurs autour d'une statue repré-
sentant la Vierge avec l'Enfant Jésus.

    185. Une guirlande de fleurs autour du buste de Guil-
laume III.

SECONDE SECTION. — ÉCOLES ÉTRANGÈRES

ÉCOLE ALLEMANDE

BURRY.

    186. Un Cupidon.

DURER (Albert), né à Nuremberg en 1470, mort dans la même
ville en 1528.

    187. Portrait d'homme.

    188. Idem.

DURER (A.), ou de son école.

    189. L'empereur Maximilien II dans sa jeunesse.

    190. Elisabeth, fille de l'empereur Ferdinand Ier.

    191. Anne, fille du même.

ELSHEIMER (Adam), né à Francfort en 1574, mort à Rome
en 1620.

    192. Un petit paysage.

    193. Idem.

HOLBEIN, né à Bâle en 1498, mort à Londres en 1554.

    194. Thomas Morus, chancelier d'Angleterre.

    195. Robert Cheseman, tenant un faucon sur le poing.

    196. Jeanne Seymour, épouse de Henri VIII, roi d'An-
gleterre.

    197. Portrait d'une dame.

HOLBEIN, ou de son école.

198. Portrait d'Érasme.

ROOS (H.), né à Ottenberg en 1631, mort à Francfort en 1685.

199. Un paysage montagneux avec des bestiaux.

ROTTENHAMMER et BREUGHEL.

200. La chute de Phaéton.

ÉCOLE FRANÇAISE

BOURDON (Sébastien), né à Montpellier en 1616, mort à Paris en 1671.

201. Une allégorie. Des figures représentant les quatre parties du monde et partageant un butin; le paysage est dans le style de Poussin.

LORRAIN (Claude Gélée, dit le), né près de Toul en 1600, mort à Rome en 1682.

202. Un paysage italien.

POUSSIN (Gaspard du Guet, dit le), né à Andelys en 1594, mort à Rome en 1655.

203. Un paysage.

VERNET (Joseph), né à Avignon en 1714, mort à Pari en 1792.

204. Une tempête.
205. Un paysage avec une cascade.

ÉCOLE ESPAGNOLE

CERESO (Matth.), né à Burgos en 1635, mort à Madrid en 1685.

206. Une Madeleine en adoration devant une croix.

ESCALANTE (par ou d'après), né vers l'an 1630, mort en 1670.

207. Une Bohémienne.

MURILLO (Bartholome Este de), né en 1613, mort en 1685.

208. La Vierge avec l'enfant Jésus.

209. Un berger espagnol.

VELASQUEZ (Diego), né en 1594, mort en 1660.

210. Portrait de Charles Balthasar, fils de Philippe IV,
roi d'Espagne, à l'âge de onze ans.

D'un maître inconnu.

211. Un paysage.

ÉCOLE ITALIENNE

BARTHOLOMEO (Fra), né en 1649, mort à Florence en 1517.

212. Une sainte famille.

BELLINI, né en 1426, mort vers l'année 1516.

213. La Vierge, assise sur le piédestal d'une colonne,
tient l'enfant Jésus sur les genoux ; trois saints sont
à sa droite et trois autres à sa gauche.

BORDONNE (Paris), élève du Titien, né à Trévise en 1500,
mort en 1570.

214. La tête du Sauveur.

CAGLIARI (Carlo), fils de Paolo Véronèse, mort en 1596.

215. L'adoration des mages.

CAMBIASI (Luca).

216. La Sainte Vierge.

217. La naissance de la Sainte Vierge.

CARACCI (copie d'après Annibal), né à Bologne en 1560, mort
à Rome en 1609.

218. Une sainte famille.

CARRACCI (Augustin), né à Bologne en 1555, mort en 1619.

219. Un paysage avec des figures.

CIGNANI (Carlo), né à Bologne en 1628, mort en 1719.

220. Adam et Ève dans le paradis.

CORREGGE (copie d'après Anthoni Allegri) né à Corregge, dans le duché de Modène en 1494, mort en 1534.

221. La Zingarelli, ou la Madonna del Coniglio.
222. Jésus au jardin de Gethsémané.

CORTONE (Pietro Berettini de), né à Cortone en 1596, mort en 1669.

223. La Sainte Vierge avec l'Enfant sur un nuage, et deux religieux.

DOLCE (d'après Carlo.

224. La tête du Christ.

225. Une tête de femme.

DOMINIQUIN (d'après Dominico Zampieri, dit le), né à Bologne en 1581, mort en 1640.

226. La sainte Cécile.

GIORDANO (Luca), né à Naples en 1632, mort en 1705.

227. Les servantes du peintre faisant de la musique.

GUERCINO (Barbieri, dit), né à Cente, près de Bologne, en 1590, mort en 1667.

228. Saint Sébastien.

GUIDO RENI, né aux environs de Bologne en 1575, mort en 1642.

229. La mort d'Abel.
230. Un Cupidon.

GUIDO RENI (d'après).

231. Cléopâtre mordue par un aspic.

LAURI (Philippe), né à Rome en 1623, mort en 1694.

232. Un paysage avec des figures.

MARINO dit MAZZOLINI (Ludovic), né en 1481, mort en 1530.

233. Le massacre des innocents.

MAZUOLA, dit le PARMESAN (d'après ou par Francisco), né en
1504, mort à Rome en 1540.

234. La Circoncision.

RAPHAEL (copies d'après), né à Urbin en 1483, mort à Rome
en 1520.

235. Vénus et Cupidon.

236. Une sainte famille.

237. Sainte Barbe.

ROSA (Salvator), né à Naples en 1615, mort en 1673.

238. Prométhée sur le mont Caucase, un vautour lui
dévore le foie toujours renaissant.

239. Sisyphe, condamné aux enfers, porte une grosse
pierre sur les épaules.

240. Un paysage de forme ovale, avec figures.

241. Idem.

242. Deux paysages plus petits.

243. Deux tableaux représentant des moines dans une
grotte.

SANTAFEDE (Fabricio).

244. Une sainte famille dans une campagne.

SASSOFERATO (S. B. Salvi. dit), né en 1605, mort en 1685.

245. La Sainte Vierge.

SOLIMENE (François), né en 1657, mort en 1747.

246. L'Annonciation.

TINTORET (Jacques), né en 1512, mort en 1594.

247. Portrait d'un magistrat.

TITIEN (par ou dans le genre de), né en 1480, mort en 1576.

248. La sainte Vierge avec l'enfant Jésus sur les genoux
à qui une autre sainte agenouillée présente des fleurs.

VERONESE (Paul Gagliari, dit).

249. Le martyre de saint Côme et de saint Damien,
esquisse sur papier.

VINCI (École de Léonard da).

250. L'enfant Jésus et saint Jean se faisant des caresses.

MAITRES INCONNUS DE L'ÉCOLE ITALIENNE

251. Portrait d'une femme.
252. Une Madeleine en adoration.
253. Saint Jean l'Evangéliste.
254. Dalila coupant les cheveux à Samson.
255. Une sainte famille.
256. L'adoration des bergers.
257. Une tête de femme en médaillon.
258. L'empereur Charles Quint.
259. Représentation emblématique de l'amour.
260. Deux tableaux avec des ruines.
261. Buste d'une nymphe.
262. Cupidon sur un lit de repos.
263. La mort de sainte Cécile sur marbre noir.

MAITRES INCONNUS EN GÉNÉRAL

264. Deux portraits : le prince Guillaume Ier et un autre
     membre de la famille d'Orange.
265. Portrait du prince Guillaume Ier.
266. Idem.
267. Idem.
268. Le prince Maurice.
269. Guillaume II.
270. Le paradis.
271. Le filet de Vulcain.
272. Un vieillard avec un enfant.
273. Six portraits de la maison de Nassau, parmi les-
     quels se trouvent : Le prince Guillaume Ier, son épouse
     Louise de Coligny, son fils aîné le comte de Buren, le
     prince Maurice de Nassau et deux autres membres de
     la famille d'Orange.

274. La législation de Moïse; tableau laissé par feu M. de Panhuys; on y trouve les portraits de plusieurs membres de sa famille.

SCULPTURE

275. Buste de Guillaume le Taciturne.
276. Buste de Frédéric-Henri, par Rombout Verhulst, 1683.
277. Idem de Guillaume II, par le même.
278. Idem de son épouse, Marie Stuart, princesse d'Angleterre, par le même.
279. Petite statue de Guillaume III, par J. Blomendael, 1676.
280. Buste de Guillaume III. par Rombout Verhulst, 1683.
281. Idem, par J. Blomendael.
282. Idem de Guillaume IV, par J. B. Xavery.
283. Idem de son épouse Anne, princesse d'Angleterre, par le même.
284. Idem de Guillaume V.
285. Idem de son épouse Frédérique-Sophie-Guillelmine, princesse de Prusse.
286. Idem de l'amiral de Ruyter.
287. Idem d'un autre amiral hollandais.

MUSÉE

D'AMSTERDAM

ALLORI (Christoforo), né à Florence en 1577, mort dans cette ville en 1621 ; élève de son père, Alessandro Allori.

1. Judith tenant la tête d'Holopherne.

ARYAENSZ (Piert) (Pietro Longuo), né à Amsterdam en 1507, mort dans cette ville en 1573 ; élève de Allard Klaaszen.

2. La danse aux œufs.

ASSELYN (Jean), né à Diepen en 1610, mort à Amsterdam en 1660 ; élève de Jezaïas van de Velde.

3. Allégorie sur la vigilance du grand-pensionnaire Jean de Witt.

AVED (Jacques-André-Joseph), né à Douai en 1702, mort à Paris en 1766 ; élève de Bernard Picart et de Le Bel.

4. Portrait du stadhouder prince Guillaume IV.

BACKUYZEN (Ludolf), né à Embdem en 1631, mort à Amsterdam en 1709 ; élève d'Albert van Everdingen.

5. Le grand-pensionnaire Jean de Witt, amiral de la flotte hollandaise, s'embarquant en 1665.

6. Vue du port d'Amsterdam, prise de l'embarcadère dit Mosselsteiger.

7. Mer agitée après l'orage.

BAEN (Jean de), né à Haarlem en 1633, mort à Amsterdam en
1702; élève de Piemans et de Backer.

8. Portrait du grand-pensionnaire Jean de Witt.

9. Portrait de Cornelis de Witt, bourgmestre de Dordrecht.

10. Les cadavres des frères de Witt.

BAILLY (David), né à Leyde en 1584, mort dans cette ville en
1638; élève de Pierre Bailly, d'Adriaan Verburg et de Cornelis
van der Voort.

11. Portrait de Maria van Reigersbergen, épouse de
Hugo de Groot (Grotius).

BALEN (Hendrik van), né à Anvers en 1560, mort dans cette
ville en 1632; maître d'A. van Dick.

12. Hommage de Bacchus à Diane.

BARENTZ (Dirk, Barendsen), né à Amsterdam en 1534, mort en
cette ville en 1592; élève de Doove Barend et du Titien.

13. Portrait de Ferdinand Alvarez de Tolède, duc
d'Alva.

BEERSTRAATREN ou BEERSTRATEN (Jean).

14. La bourse des bateliers à Amsterdam.

15. Les ruines de l'ancien hôtel-de-ville d'Amsterdam,
après l'incendie du 7 juin 1632.

16. Combat naval entre les flottes hollandaises et anglaises, le 12 juin 1666.

BEGA (Cornelis), né à Haarlem en 1620, mort dans cette ville
en 1664; élève d'Adriaan van Ostade.

17. Le vieux savant.

18. Un concert de paysans.

BEYEREN (Albert van).

19. Nature morte et poissons.

BERCHEM (Nicolas), né à Haarlem en 1625, mort à Amsterdam
en 1683; élève de Pieter Claasze Berchem.

20. Paysage italien.
21. Paysage en hiver.

22. Paysage en hiver.

23. Les trois troupeaux.

24. Le troupeau passant le gué.

25. Le passage du bac.

26. Ruth et Booz.

BERCKHEYDEN (Gerit), né à Haarlem en 1645, mort dans cette
ville en 1698.

27. Vue du Dam, à Amsterdam.

BERCKMAN (Hendrik), né à Klundert en 1629, mort à Middelburg en 1690; élève de Philippe Wouwermann, de Bossaert
et de Jordaens.

28. Portrait du vice-amiral Adriaan Bankert.

BERGEN (Dirk van den), né à Haarlem en 1645, mort dans cette
ville en 1689; élève d'Adriaan van de Velde.

29. Le berger et son troupeau.

30. Le combat de bœufs.

BERTIN (Nicolas), né à Paris en 1667, mort en cette ville en
1736; élève de son frère; de Vernansalle, de Jouvenet et de
Boulogne.

31. Joseph fuyant l'épouse de Putiphar.

32. Suzanne au bain.

BOL (Ferdinand), né à Dordrecht en 1611, mort à Amsterdam
en 1680; élève de Rembrandt van Rhyn.

33. Portrait de Ferdinand Bol.
34. Portrait du sculpteur Arthur Quellinus.
35. Portrait de l'amiral Michiel Adriaansz de Ruyter.
36. Une mère avec deux enfants.

BOOM (A.-H. ver), né à Haarlem.

37. Une forêt.

BOTH (Jean et Andries), nés à Utrecht en 1610-1650 (?), Andries décédé à Venise, et Jean à Utrecht: élèves d'Abraham
Bloemaert.

38. Cour intérieure d'une ferme.
39. Paysage italien.
40. Paysage italien, passage du bac.

BOURDON (Sébastien), né à Montpellier en 1616, mort à Paris
en 1671; élève de Barthélemy.

41. Le mariage spirituel de sainte Catherine.

BRAKENBURG (Richard), né à Haarlem en 1605, mort dans
cette ville en 1702; élève d'Adriaan van Ostade.

42. Intérieur d'un cabaret.

BRAMER (Léonard), né à Delft en 1596.

43. Portrait de Pieter Corneliszoon Hooft.

BRAY (Jacob de), BRAY (Dirk de), GATING (J. van), et JON
(J. de).

44. Les syndics de la confrérie de saint Luc à Haarlem.

BREDA (Jean van), né à Anvers en 1683, mort dans cette ville
en 1750; élève de son père, style de Jean Breughel et Philippe
Wouwermann.

45. Vue de village aux bords d'une rivière.

BREKELENKAMP (Quiryn).

46. Un intérieur.
47. Le coin du feu.

BRIL (Paulus), né à Anvers en 1556, mort à Rome en 1626;
élève de Daniel Wortelmans et de Mattheus Bril.

48. Les ruines.

BREUGHEL (Jean, dit de Velours), né à Bruxelles en 1568, mort
à Anvers en 1695; élève de Pierre Goekindt.

49. Une ville sur les bords d'une rivière.
50. Les bords d'une rivière.
51. Les bords d'une rivière.
52. Entrée d'un bois.
53. Latone en Carie.

MICHELANGIOLO AMERIGHI ou MORIGI DA CARAVAGGIO,
né à Caravaggio, dans le Milanais, en 1569, mort à Porto-
Ercole en 1609.

54. Mort d'Orion.

CONINCK (David de), né à Anvers en 1636, mort à Rome en
1687; élève de Jean Fyt.

55. La chasse au daim.
56. La chasse à l'ours.

CRAEYER (Casper de), né à Anvers en 1582, mort à Gand en 1669.

57. L'adoration des bergers.
58. La descente de croix.

CUYLENBURG (C. van), né à la Haye.

59. Portrait du chef d'escadre Willem Crul.

CUYP (Albert), né à Dordrecht en 1605, mort dans cette ville après l'année 1691; élève de son père Jacob Geritze Cuyp.

60. Combat de cavalerie.

61. Les bergers avec leurs troupeaux.

62. Combat d'oiseaux.

CUYP (Jacob Geritze), né à Dordrecht en 1575; élève d'Abraham Bloemaert.

63. Famille hollandaise.

DEMEYER (H.).

64. Reddition de la ville de Hulst.

DOES (Simon van der), né en 1653, mort en 1717; élève de son père Jacob van der Does.

65. Les bergers lisant.
66. La bergère.
67. L'amour maternel.

DOV (Gérard), né à Leyde en 1613, mort dans la même ville en 1680; élève de Bartholomeo Dolendo, de Pieter Kouwenhoven et de Rembrandt van Rhyn.

68. La curieuse.
69. L'ermite.
70. L'école du soir.

DOV (Gérard) et BERCHEM (Nicolaas).

71. Portraits de Pieter van der Werf, bourgmestre de Leiden, et de son épouse.

PROST ou CAREL (Fabritius), élève de Rembrandt.

72. La décollation de saint Jean-Baptiste.

DUBBELS (Hendrik).

73. Vue d'une rivière.

DUC (Jean Le), né à la Haye en 1636, mort dans cette ville en 1695; élève de Pieter Potter.

74. L'écurie de cavalerie.

DUGHET (Gaspard, ou Caspard Poussin), né à Rome en 1613, mort dans la même ville en 1675; élève de Nicolas Poussin.

75. Les bords d'une rivière.

76. Paysage.

DURER (Albert), né à Nuremberg en 1471, mort dans cette ville en 1528; élève de son père et de Michael Wohlgemuth.

77. Portrait de Bilibald Pirkheimer.

DUSART (Cornelis), né à Haarlem en 1665, mort dans cette ville en 1704, élève d'Adriaan van Ostade.

78. Les musiciens ambulants.
78. Halle aux poissons.
80. Cabaret de village.

DYCK (Antoine van), né à Anvers en 1599, mort à Londres en 1641; élève de Hendrick van Balen et de P. P. Rubens.

81. Portrait de Jacob van der Borcht.

82. Portraits du prince de Galles et de sa sœur la princesse Marie-Henriette Stuart, enfants du roi Charles Ier.

83. La Madeleine repentante.

84. L'agonie du Christ.

EECKHOUT (Gerbrand van den), né à Amsterdam en 1621, mort dans cette ville en 1674; élève de Rembrandt van Rhyn.

85. La femme accusée d'adultère.

EVERDINGEN (Allerdt van), né à Alkmaar en 1621, mort dans cette ville en 1675; élève de Roeland Savery et de Pieter Molyn.

86. Paysage de Norwége.

FERRI (Ciro), né à Rome en 1634, mort dans la même ville en 1689; élève de Pietro da Cortona.

87. Le mariage de la Vierge Marie et de Joseph.

FLINCK (Govert), né à Clèves en 1615, mort à Amsterdam en 1660; élève de Lambert Jacobzen et de Rembrandt van Rhyn.

88. Isaac bénit Jacob.

89. Fête de la garde civique en réjouissance de la paix de Munster.

FRANCKEN (François), dit le Jeune, né à Anvers en 1580, mort dans la même ville en 1642; élève de son père François Francken le Vieux.

90. Adoration de Jésus-Christ et de la Vierge Marie.

FRANCKEN (Hieronimus), dit le Vieux, né à Anvers en 1544, mort à Paris, élève de Frans Floris.

91. Abdication de l'empereur Charles-Quint à Bruxelles.

GAESBEECK (A. van).

92 Portrait de Hugo de Groot (Grotius) âgé de 12 ans.

GAROFOLO (Benvenuto Tisio da), né aux environs de Ferrare en 1481, mort en 1559; élève de Raphaël d'Urbino.

93. L'adoration des Mages.

GEEL (Joost van), né à Rotterdam en 1631, mort dans la même ville en 1698.

94. Portrait de Joost van Geel, peintre et poëte.

GELDER (Aart de), né à Dordrecht en 1645, mort dans la même ville en 1727; élève de Samuel van Hoogstraten et de Rembrandt van Rhyn.

95. Portrait du czar Pierre Ier.

96. Un vestibule.

GLAUBER (Johannes), né à Utrecht en 1646, mort à Schoonhoven en 1726; élève de Nicolas Berchem.

97. Mercure enlève Io.

98. Diane au bain.

GOIEN ou GOYEN (Jan van), né à Leyde en 1596, mort à la Haye en 1666; élève de Jesayas van de Velde.

99. Une rivière.

100. Vue du Valkenhof, à Nimègue.

GOSSAERT (Jean, Jean de Maubeuge), né à Maubeuge en 1470,
mort à Anvers en 1532.

101. L'adoration des mages.

GRIFFIER (Jean), né à Amsterdam en 1645, mort à Londres en
1718; élève de Herman Saftleven et de Roeland Roghman.

102. Une rivière.

GYSSELS (P.), élève de Jean Breughel.

103. Une ville.

HAARLEM (Cornelis Corneliszen van), né à Haarlem en 1562,
mort dans cette ville en 1637; élève de Piert Aryaensz, surnommé Pietro Longuo, et de Gilles Coignet.

104. Portrait de Dirk Volkersz Koornhert.

105. Le massacre des Innocents.

106. Adam et Ève dans le paradis terrestre.

HACKAERT (Jean) né à Amsterdam en 1636 et VELDE (Adriaan
van de), né à Amsterdam en 1639, mort dans cette ville en
1672; élève de Jean Wynants.

107. L'allée de frênes.

HAGEN (Jean van der), né à la Haye en 1635, mort dans cette
ville en 1679.

108. Paysage hollandais.

HALS (Frans), né à Malines en 1584, mort à Haarlem en 1666;
élève de Carel van Mander.

109. Un homme joyeux.

110. Portrait de Frans Hals et de son épouse.

HAUCK (August Christiaan), né à Mannheim en 1742, mort à
Rotterdam en 1801.

111. Portrait du vice-amiral Jean Arnold Zoutman.

HEEM (Johan de), né en 1603, mort en 1650; élève de son oncle
David de Heem

112. Nature morte.

HEEM (Johan Davidz de), né à Utrecht en 1600, mort à Anvers
en 1674; élève de son père, David de Heem.

113. Fleurs et fruits.

HEEM (David Davidsz de).

114. Fruits.

HELST (Bartholomeus van der), né à Haarlem en 1613, mort à Amsterdam en 1670.

115. Portrait du vice-amiral Egbert Meeuwiszoon Kortenaar.
116. Portrait d'Andries Bicker, bourgmestre d'Amsterdam.
117. Portrait d'Andries Bicker Andrieszoon, bailli de Muiden.
118. Portrait d'homme.
119. Portrait de femme.
120. Portrait de la princesse Marie-Henriette Stuart, veuve du prince Guillaume II.
121. Banquet de la garde civique.
122. Les syndics de la confrérie de Saint-Sébastien à Amsterdam.

HELST (B. van der) et BACKHUISEN (L.).

123. Portrait du lieutenant-amiral Aart van Nes.
124. Portrait de l'épouse du lieutenant-amiral Aart van Nes.

HELST (Lodewyk van der); élève de son père B. van der Helst.

125. Portrait de l'amiral Augustus Stellingwerf.

HEYDEN (Jean van der), né à Gorinchem en 1637, mort à Amsterdam en 1712, et VELDE (Adriaan van de).

126. Le pont de pierre.
127. Le pont-levis.
128. Un canal hollandais.

HILLIGAARD (Pauwels van), mort à Amsterdam en 1658.

129. Le licenciement des troupes mercenaires à Utrecht en 1618.

HOOGSTRATEN (Samuel van), né à Dordrecht en 1627, mort dans cette ville en 1678; élève de son père Dirk van Hoogstraten et de Rembrandt van Rhyn.

130. Le convive indigne.

HOET (Gerard), né à Bommel en 1648, mort à la Haye en 1733;
élève de Warnard van Rysen.

131. Paysage.

132. Paysage.

133. Le mariage d'Alexandre et de Roxane.

134. Hommage rendu à Alexandre.

135. Scène de famille.

HOLBEIN (Hans), né à Augsburg ou à Bâle en 1498, mort à
Londres en 1543 ou 1554; élève de son père Hans Holbein.

136. Portrait de l'empereur Charles V.

137. Portrait de l'empereur Maximilien d'Autriche.

138. Portrait de Desiderius Erasmus.

139. Portrait de Robert Sidney.

HONDECOETER (Melchior de), né à Utrecht en 1636, mort
dans cette ville en 1695; élève de Gysbert de Hondecoeter et de
Jean-Baptiste Weenix

140. Les oiseaux morts

141. Animaux et plantes.

142. La pie philosophe.

143. La villa.

144. La mare aux canards.

145. La ménagerie.

146. La poule effrayée.

147. La plume flottante.

HONTHORST (Gerard), né à Utrecht en 1592, vivait encore en
1666; élève d'Abraham Bloemaert.

148. Portrait du prince Guillaume II.

149. Portrait du prince Guillaume II.

150. Portrait du prince Frederik Hendrik.

151. Portrait de la princesse Amalia van Solms, épouse
du prince Frederik Hendrik.

152. Le joyeux musicien.

HOOGE ou HOOCH (Pieter de) ; élève de Nicolaas Berchem.

153. Portrait du peintre Pieter de Hooge à l'âge de
19 ans.

154. Le cellier.

HUGTENBURG (Johan van), né à Haarlem en 1646, mort à
Amsterdam en 1733; élève de van der Meulen.

155. Portrait du prince Guillaume III.

156. Une charge de cavalerie.

HUYSUM (Jean van), né à Amsterdam en 1682, mort dans cette
ville en 1749; élève de son père Justus van Huysum.

157. Paysage.

158. L'Offrande.

159. Des fruits.

160. Des fleurs.

JAKOBZE (Abraham Lambert, van den Tempel), 1672; élève de
Joris van Schouten.

161. Portrait de Magtilda Bas, veuve d'Abraham de
Visscher.

JANSON (Johannes), né à Ambon (Indes-Orientales) en 1729,
mort à Leyde en 1784.

162. Le château de Heemstede.

JARDIN (Karel du), né à Amsterdam de 1620 à 1625, mort à
Venise en 1678; élève de Nicolaas Berchem.

163. Portrait du peintre Karel du Jardin.

164. Portrait de G. Reynst, protecteur de K. du
Jardin.

165. Les syndics de la maison de réclusion.

166. Un trompette à cheval.

167. Les muletiers.

168. Le laboureur dans sa métairie.

JONGH (Ludolf de, Lieve de Jong), né à Overschie en 1616,
mort à Hillegersberg en 1697; élève de Cornelis Saftleven,
d'Antoine Palamedes Stevens et de Jean Bylert.

169. Portrait du vice-amiral Jean van Nes.

170. Portrait d'Aletta Ravensburg, épouse du vice-amiral Jean van Nes.

JORDAENS (Jacob), né à Anvers en 1593, mort dans cette ville en 1678, enterré à Putten; élève d'Adam van Noort.

171. Un satyre.

KALF (Willem), né à Amsterdam en 1630, mort dans cette ville en 1693.

172. Nature morte.

KEYSER (Hendrik de), né à Utrecht en 1566, mort à Amsterdam en 1621; élève d'Abraham Bloemaert.

173. Portraits de Rombout Hoogerbeets, de son épouse et de ses enfants.

KEYSER (Theodorus de), né en 1595, mort en 1669.

174. Portrait de l'amiral Pieter Pieterz Hein.

KOEDYK (Nicolaas), né à Zaandam en 1681. (?)

175. Portrait d'un guerrier.

KOETS (Roelof), né à Zwolle en 1655, mort dans cette ville en 1725; élève de Gerard Terburg.

176. Portrait de Henri Casimir, comte de Nassau.

KONINCK (Philippe), né à Amsterdam en 1619, mort dans cette ville en 1689; élève de Rembrandt van Rhyn.

177. Entrée d'une forêt.

LAIRESSE (Gérard de), né à Liége en 1640, mort à Amsterdam en 1711; élève de son père Renier de Lairesse.

178. Le pouvoir légitime.

179. La révolution.

180. Scène mythologique.

181. Scène mythologique.

182. Diane et Endymion.

183. Séleucus abdique en faveur de son fils Antiochus.

LANFRANCO (Giovanni), né à Parme en 1581, mort dans cette ville en 1647.

184. Saint Jean-Baptiste.

LEYDEN (Lucas van), né à Leyde en 1494, mort dans cette ville en 1533; élève de son père Huig Jacobsz et de Cornelis Engelberts.

185. Portrait de Philippe de Bourgogne, comte de Hollande.

LIMBORCHT (Hendrick van), né à la Haye en 1680, mort dans cette ville en 1758; élève de Brandou, de Robert Duval et de van der Werff.

186. Des enfants qui jouent.

187. Les bergers.

188. Amour et Psyché.

LINGELBACH (Johannes), né à Francfort-sur-le-Mein en 1625, mort à Amsterdam en 1680 ou 1687.

189. Port italien avec des lazzaroni.

190. Port de mer de la Méditerranée.

191. Le manége.

LINGELBACH (Johannes), et WYNANTS (Jean).

192. Le carrefour.

LIVENS (Jean), né à Leyde en 1607, mort à Anvers en 1663; élève de Joris Verschoten et de Pieter Lastman.

193. Portrait de Joost van den Vondel.

LUTMA (Joannes, le Jeune), né à Amsterdam en 1629, mort dans cette ville en 1689.

194. Portrait de Paulus van Vianen, orfévre.

MAAS (Nicolaas), né à Dordrecht en 1632, mort à Amsterdam en 1693; élève de Rembrandt van Rhyn.

195. La rêveuse.

MASSYS (Quentin), né à Louvain ou à Anvers en 1460, mort à Anvers en 1530 ou 1531; élève de Rogier van der Weiden.

196. Marie avec l'enfant Jésus.

MEER (Jan van der, le Jeune), né à Utrecht en 1646, mort à Amsterdam en 1726; élève de Nicolaas Berchem.

197. Le berger endormi.

METSU (Gabriel), né à Leyde en 1630, mort à Amsterdam en 1677.

198. Le déjeuner.

199. Le vieux buveur.

MIEREVELD (Michiel), né à Delft en 1567, mort dans cette ville en 1641; élève de Willem Willemsz. d'Augustin et de A. van Monfoort.

200. Portrait du prince Guillaume 1er.

201. Portrait du prince Maurice de Nassau.

202. Portrait du prince Frédéric Henri.

203. Portrait du prince Philippe Guillaume d'Orange.

204. Portrait de Joan van Oldenbarneveldt.

205. Portrait de Jacob Cats.

206. Portrait de Smeltzing, général du prince Maurice.

207. Portrait de Cornelia Tedingh van Berkhout, épouse du lieutenant-amiral Marten Harpertsz Tromp.

MIERIS (Frans van, le Vieux), né à Leyde en 1635, mort dans cette ville en 1681 ; élève d'Abraham Torenvliet et de Gerard Dov.

208. La joueuse de Luth.
209. La correspondance.

MIERIS (Willem van), né à Leyde en 1662, mort dans cette ville en 1747; élève de son père Frans van Mieris.

210. Le marchand de volaille.

MIERIS (Frans van, le Jeune), né à Leyde en 1689, mort dans cette ville en 1763; élève de son père Willem van Mieris.

211. L'ermite.

MIGNON (Abraham), né à Francfort en 1639, mort en 1697; élève de Jacob Murel et de Jean Davidz de Heem.

212. Nature morte et fruits.

213. Le bouquet renversé.

MOL (Wouterus), né à Haarlem en 1786, mort dans cette ville en 1858; élève de H. van Brussel et de David.

214. Copie d'après la Madona della Sedia de Raphaël.

MOL (Pieter van), né à Anvers en 1599, mort à Paris en 1 50 ;
élève de Rubens.

215. Ecce homo.

MOMPER (Jodocus ou Joeys de), né à Anvers en 1559, mort
dans cette ville en 1634 ou 1635; élève de son père.

216. Un paysage.

MONI (Louis de), né à Breda en 1698, mort à Leyde en 1771;
élève de van Kessel, de van Bizet et de Philippe van Dyck.

217. La jardinière.

MOREELSE (Paulus), né à Utrecht en 1571, mort dans cette
ville en 1638; élève de Miereveld.

218. Portrait de Frédéric, roi de Bohême.

219. Portrait de Maria van Utrecht, épouse de Joan van
Oldenbarneveldt.

220. La belle bergère.

MOUCHERON (Frederik), né à Emden en 1633, mort à Amsterdam en 1686; élève de Jan Asselyn et d'Adriaan van de Velde.

221. Paysage italien.

MURAND (Emmanuel); élève de Philippe Wouwermann.

222. La vieille ferme.

MURILLO (Bartolome Esteban), né à Séville en 1618, mort
dans cette ville en 1682; élève de son oncle Juan del Castillo
et de Velazquez.

223. L'Annonciation de la Vierge.

MUSSCHER (Michiel van), né à Rotterdam en 1645, mort dans
cette ville en 1705; élève de Gabriel Metsu et de Adriaanvan
Ostade.

224. Portrait du grand-pensionnaire et grand-garde des
sceaux de Hollande et de la Frise occidentale Gaspar
Fagel.

MYTENS (A., le jeune), né à Bruxelles en 1612; élève de A. van
Opstal et de N. van der Horst.

225. Portrait du lieutenant-amiral Cornelis Tromp.

226. Portrait de l'épouse du lieutenant-amiral Cornelis
Tromp.

NAIVEU (Matthys, né en 1647, mort en 1721.

227. Saint Jérôme.

NEFS ou NEEFFS le Vieux (Peeter), né à Anvers en 1570, mort dans cette ville en 1651; élève de Hendrik van Steenwyk.

228. Une église.
229. L'église Notre-Dame à Anvers.

NEFS ou NEEFFS (Peeter), dit le Jeune, né à Anvers en 1621, mort dans la même ville en 1658 ou en 1662.

230. Une église, effet de lumière.

NEER (Aart van der), né à Amsterdam en 1619, mort dans la même ville en 1683.

231. Paysage en hiver.

NEER (Eglon Hendrik van der), né à Amsterdam en 1643, mort à Dusseldorf en 1703; élève de son père Aart van der Neer et de Jacob van Loo.

232. Le jeune Tobie.

NETSCHER (Gaspar), né à Heidelberg en 1639, mort à la Haye en 1684; élève de Koster et de Gerard Terburg.

233. Portrait de Constantin Huygens, le père.
234. Une mère avec ses deux enfants.

NOOMS (Reinier), dit Zeeman, né à Amsterdam en 1612.

235. Combat naval de Livourne, le 14 mars 1653.

OSTADE (Adrien van), né à Lubeck en 1610, mort à Amsterdam en 1685; élève de Frans Hals.

236. Un atelier.
237. Le repos des voyageurs.

OSTADE (Isack van), né à Lubeck en 1617, mort à Amsterdam en 1671; élève de son frère Adriaan van Ostade.

238. Une auberge de village.
239. Le paysan en goguette.

OUDENROGGE (J.).

240. Un atelier de tisserand.

OUWATER (Isaak), né à Amsterdam en 1747, mort dans cette ville en 1793.

241. La tour inachevée de l'Église-Neuve, à Amsterdam.
242. Le Poids-Saint-Antoine, à Amsterdam.

PALAMEDESZ (voy. Stevens).

PEETERS (Johannes), né à Anvers en 1624, mort dans la même ville en 1677; élève de ses deux frères.

243. Destruction de la flotte anglaise dans le port de Chatham, 1667.

PIETRO LONGO (voyez Aryaensz).

POEL (Egbert van der), né à Rotterdam.

244. Intérieur,
245. Les ruines de la ville de Delft.

POELEMBURG (Cornelis), né à Utrecht en 1580, mort dans la même ville en 1667; élève d'Abraham Bloemaert.

246. Des baigneuses.
247. La sortie du bain.
248. Expulsion du paradis.
249. Les baigneuses épiées.

POST (Frans), né à Haarlem en 1620, mort dans cette ville en 1680.

250. Portrait de Jean Maurice de Nassau Siegen, gouverneur du Brésil.

POTTER (Paulus), né à Enkhuizen en 1625, mort à Amsterdam en 1654; élève de son père Pieter Potter.

251. Les coupeurs de paille.
252. La cabane du berger.
253. La chasse aux ours,
254. Orphée charmant les animaux.
255. Les bergers et leur troupeau.

POURBUS (Frans), dit le Père, né à Bruges en 1540, mort à Anvers en 1580; élève de son père Pieter Pourbus et de Frans Floris.

256. Portrait d'Élisabeth, reine d'Angleterre.

PYNACKER (Adam), né à Pynacker (Hollande mérid.) en 1621, mort en 1673.

257. Les bords d'un lac italien.

QUINKHARD (Julius), né à Amsterdam en 1736, mort dans cette ville en 1776; élève de son père Jean Maurits Quinkhard.

258. Les amateurs de musique.

RAVESTEYN (Johannes van), né à la Haye en 1572, mort dans cette ville en 1657.

259. Portrait de Jean Pietersen Snoek.
260. Portrait de Margriet Goverse Bal, épouse de Jean Pieterse Snoek.

REGTERS (Tiebout), né à Dordrecht en 1710, mort à Amsterdam en 1768; élève de Quinkhard.

261. Portrait de Jean Wagenaar, archiviste de la ville d'Amsterdam.
262. Portrait du peintre Jean ten Compe.

RENI (Guido), ne à Bologne en 1575, mort dans cette ville en 1642; élève de Denis Calvart et de Lodovico Caracci.

263. Marie Madeleine.

RIBERA (Giuseppe), dit Spagnoletto, né à Xativa dans le royaume de Valegce, en 1588, mort à Naples en 1656; élève de Francesco Ribalta, de Michelangiolo da Caravaggio et de Correggio.

264. La vanité.

RIETSCHOOF (Jean Claasze), né à Hoorn en 1652, mort en 1719, élève d'Abraham Liedts et de Lud. Backhuizen.

265. Le calme.
266. La tourmente.

RING (Pieter de).
267. Nature morte.

ROEPEL (Coenraet), né à la Haye en 1678, mort en 1748, élève de Constantin Netscher.
268. Fleurs.
269. Fruits.

ROMYN (Willem).
270. Le troupeau dans la rivière.

271. Halte près d'une fontaine.

272. Le troupeau en repos

ROTTENHAMMER (Hans), né à Munich en 1564, mort à Augsbourg en 1622; élève de Donouwer.

273. Marie et l'enfant Jésus.

274. Mars et Vénus.

RUBENS (Pierre-Paul), né à Siegen en 1577, mort à Anvers en
1640; élève de Tobias Verhaecht, d'Adam van Noort et d'Otto
Venius.

275. Le portement de la croix.
276. L'amour filial.

RUBENS (P. P.) Copie d'après.

277. La rencontre de Jacob et d'Ésaü.

RUISDAEL (Jacob van), né à Haarlem en 1625 ou 1635, mort
dans cette ville en 1681.

278. Le château de Bentheim.
279. La cascade.

RUITER (J. de).

280. La cuisinière.

RUYSCH (Rachel), né à Amsterdam en 1664, mort dans cette
ville en 1750; élève de Willem van Aalst.

281. Fleurs.
282. L'éclat des fleurs est fugitif.
283. Le bouquet.

RYCKAERT (David), né à Anvers en 1612, mort dans cette ville
en 1677; élève de son père Martin Ryckaert.

284. L'atelier d'un cordonnier.

RHYN (Rembrandt van), né à Leyde en 1608, mort à Amsterdam
en 1669; élève de Jacob Isakszoon van Swanenburg, de Pieter Lastman et de Jacob Pinas.

285. Les syndics des drapiers.
286. La ronde de nuit.

SAENREDAM (Pieter), né à Assendelft en 1597, mort à Haarlem
en 1666; élève de Frans Pietersz de Grebber.

287. La grande église à Haarlem.

288. Église gothique.

SAFTLEVEN (Herman), né à Rotterdam en 1609, mort à Utrecht
en 1685; élève de Jan van Goyen.

289. Vue d'une rivière.

290. Vue du Rhin.

291. Village aux bords d'une rivière.

SANDRART (Joachim van), né en 1606, mort en 1683; élève
d'Ægidius Sadeler et de Gérard Hondhorst.

292. Portrait de Pieter Cornelisz Hooft, Drossart de
Muiden.

SANDVOORT (van).

293. Portraits du seigneur de Bas et de sa famille.

SCHALCKEN (Godfried), né à Dordrecht en 1643, mort à la
Haye en 1706; élève de Samuel van Hoogstraten et de Gérard
Dov.

294. Portrait de Guillaume III, roi d'Angleterre.

295. Le fumeur.

296. Le feu et la lumière.

297. La variété des goûts.

298. Chacun son goût.

SCOREL (Joan), né à Schoorl (Hollande septentrionale) en
1495, mort à Utrecht en 1562, élève de Johannes Marus et
d'Albrecht Durer.

299. La Madeleine.

SCHUPPEN (Jacobus van), né à Anvers en 1669 ou 1670, mort
à Vienne en 1751.

300. Portrait de François-Eugène, prince de Savoie.

SLABBAERT (Karel).

301. La prière avant le repas.

SLINGELAND (Pieter van), né à Leyde en 1640, mort dans
cette ville en 1691; élève de Gérard Dov.

302. L'homme riche.

303. La répétition.

SNYDERS (Frans), né à Anvers en 1579, mort à Bruxelles en 1657, élève de Pieter Breughel et de Hendrik van Balen.

304. Fruits et gibier mort.
305. Gibier mort et légumes.

SPAGNOLETTO (voyez Ribera).

SPRONCK (J. ou G. van).

306. Portrait de Kies, bourgmestre de Haarlem, durant le siége, en 1572.

STAVEREN (Johan Adriaan van); élève de Gérard Dov.

307. Le vieillard en prière.

STEEN (Jean), né à Leyde en 1626, mort dans cette ville en 1679; élève de Nicolaas Knuffer, d'Adriaan van Ostade et de Jean van Goyen.

308. Portrait de Jean Steen.
309. L'écureuse.
310. Le joyeux retour.
311. Le boulanger Oostwaard.
312. Le charlatan.
313. La cage du perroquet.
314. Une noce de village.
315. La fête de saint Nicolas.

STEVENS (Antoine Palamedesz), né à Delft.

316. Portrait du prince Frédéric Henri.

STRY (Abraham van), né à Dordrecht en 1753, mort dans cette ville en 1826.

317. La leçon de dessin.

TENIERS (David), dit le Jeune, né à Anvers en 1610, mort dans cette ville en 1690, ou à Bruxelles en 1694, élève de son père David Teniers, d'Adriaan Brouwer et de Rubens.

318. Le cabaret de village.
319. Le corps-de-garde.
320. L'heure du repos.
321. Tentation de saint Antoine.

TERBURG (Gérard), né à Zwolle en 1608, mort à Deventer en 1681, élève de son père.

322. Le conseil paternel.

TERBURG (Gérard, copie d'après).

323. La prestation du serment à l'occasion de la paix de Munster en 1648.

TERWESTEN (Mathens), né à La Haye en 1670, mort dans cette ville en 1757; élève de son frère Augustinus Terwesten.

324. Portrait de la princesse Anne de la Grande-Bretagne, épouse du prince Guillaume IV.

TOL (Dominicus van).

325. La souris.

TROOST (Cornelis), né à Amsterdam en 1697, mort dans cette ville en 1750; élève d'Arnold Boonen.

326. Portrait de Cornelis Troost.

ULFT (Jacob van der), né à Gorinchem en 1627.

327. Un port de mer en Italie.
328. Vue d'une ville en Italie.

VEEN (Octavio van, Otto Venius), né à Leyde en 1560, mort à Bruxelles en 1629; le maître de Rubens, élève d'Isaac Nicolai et de Frederico Zucchero.

329. Claudius Civilis est fait prisonnier.
330. Claudius Civilis excite ses compatriotes à se défendre contre les Romains.
331. Brinio élu chef par les Caninéfates.
332. Civilis défait les Romains près du Rhin.
333. Civilis bloque les Romains à Vetera.
334. Civilis assiège Vetera.
335. Prise de Vetera.
336. Réunion des Gaulois à Reims.
337. Valentinus est fait prisonnier.
338. Le souper.
339. Les Bataves défaits par les Romains.
340. Traité entre Civilis et Cérialis.

VELAZQUEZ (don Diego Rodriguez de Silva y), né à Séville en 1599, mort à Madrid en 1660; élève de Herrera le Vieux et de F. Pacheco.

341. Portrait de Charles Balthazar, fils de Philippe IV, roi d'Espagne.

VELDE (Esayas van de), né à Leyde en 1587, mort dans cette ville en 1648; élève de Pieter Denyn.

342. Attacher le grelot au chat.

343. La reddition de Bois-le-Duc en 1629.

VELDE (Willem van de, le Jeune), né à Amsterdam en 1633, mort à Londres en 1707; élève de son père Willem van de Velde et de Simon de Vlieger.

344. Un port.

345. Près de la côte.

346. La forte brise.

347. Le combat naval des quatre jours en 1666.

348. La capture amenée au port.

349. Le port d'Amsterdam.

VELDE (Adriaan van de), né à Amsterdam en 1639, mort dans cette ville en 1672; élève de Jean Wynants.

350. Le passage du bac.

351. La cabane.

VENNE (Adriaan van der) né à Delft en 1589, mort à la Haye en 1662; élève de Jeronimus van Diest.

352. Portraits du prince Maurice et des personnes de sa suite à cheval.

353. Portrait du prince Maurice sur son lit de parade.

VENNE (Adriaan van der) et BREUGHEL (Jean.)

354. La pêche aux âmes.

VERSCHUUR (Lieve), né à Rotterdam.

355. Arrivée du roi Charles II d'Angleterre à Rotterdam.

356. L'estrapade.

VERWILT (François), né à Rotterdam en 1598; élève de C. Dubois et de Poelenburg.

357. Portrait du fils du lieutenant-amiral Aart van Nes.

VICTORS (Johanes), né en 1600, mort en 1670; élève de Rembrandt van Rhyn.

358. Joseph expliquant les songes.

VINCKEBOONS (David), né à Malines en 1578, mort à Amsterdam en 1629; élève de son père Philippus Vinckeboons.

359. Le prince Maurice allant à la chasse.

VLIEGER (Simon de), né à Rotterdam en 1612, mort à Amsterdam; élève de Willem van de Velde.

360. Les régates.

VLIET (Hendrik van), né à Delft, en 1608; élève de son père Willem van Vliet et de Miereveld.

361. La vieille église à Delft.

VOIS (Arie ou Adriaan de), né à Leyde en 1641; élève de Knuffer ou d'Abraham van den Tempel.

362. Le marchand de poisson.

363. Le joueur de violon.

VRIES (Renier van).

364. L'habitation rustique.

VROOM (Hendrik Cornelis), né à Haarlem en 1566, mort dans cette ville en 1640.

365. Les galères espagnoles coulées à fond devant Gibraltar, 1607.

WEENIX (Jean), né à Amsterdam en 1640 ou 1644, mort dans cette ville en 1719; élève de son père Jean-Baptiste Weenix.

366. La maison de campagne.

367. Gibier et fruits.

368. Gibier mort et attirail de chasse.

WERFF (Adriaan van der), né à Kralinger-Ambacht en 1659, mort à Rotterdam en 1722; élève de Cornelis Picolett et de Eglon van der Neer.

369. Portrait de A. van der Werff.

370. Vénus embrassée par l'Amour.

371. La leçon de danse.
372. La sainte famille.

WEERF (Pieter van der), né près de Rotterdam en 1665, mort dans cette ville en 1718; élève de son frère Adriaan van der Werff.

373. Saint Jérôme.

374. Cupidon orné de guirlandes.

375. La leçon de dessin.

WITTE (Emmanuel de), né à Alkmaar en 1607, mort à Amsterdam en 1692; élève de Evert van Aalst.

376. Intérieur d'église.

WOLF (Benjamin), né à Dessau en 1758, mort à Amsterdam en 1825; copie d'après le Titien.

377. Portrait de François 1er, roi de France.

WOUWERMANN (Philips ou Philippe), né à Haarlem en 1620, mort dans cette ville en 1668; élève de son père et de Jean Wynants.

378. Combat de paysans.

379. L'école d'équitation.

380. Le maréchal ferrant.

381. Un paysage.

382. La chasse au cerf.

383. La chasse au héron.

384. Les paysans victorieux.

385. L'abreuvoir.

386. Le cheval blanc ombrageux.

WOUWERMANN (Pieter), né en 1625, mort en 1683; élève de son frère Philippe Wouwermann.

387. Assaut de la ville de Coevorden en 1672.

WYCK (Thomas), né à Haarlem en 1616, mort à Londres en 1682 ou 1686.

388. Intérieur rustique.

WYNANTS (Jean), né à Haarlem en 1600, mort dans cette ville en 1677; et VELDE (Adriaan van de).

389. Paysage onduleux avec chasseurs.

390. Paysage et troupeau.

391. La ferme.

TABLEAUX D'ARTISTES INCONNUS

du XIVe et du XVe siècle

392. Portrait de l'empereur Charlemagne.
393. Portrait de Blanche d'Aragon, épouse de l'empereur Charlemagne.
394. Portrait de la comtesse Jacqueline de Bavière.
395. Portrait de Frans van Borselen.
396. Eglise gothique.
397. Marie et l'enfant Jésus accompagnés de quatre saintes femmes.
398. Portrait de Kenau Simons Hasselaer.
399. Le joueur de clavecin.
400. Portrait de Gasto Foisseius.
401. Portrait de Robert Dudley, comte de Leicester.
402. Portrait de Gaspard de Coligny, amiral de France.
403. Portrait de Philippe IV, roi d'Espagne.
404. Portrait d'Élisabeth de Bourbon, épouse du roi Philippe IV.
405. Portrait d'Albert, archiduc d'Autriche.
406. Portrait d'Isabelle Clara Eugénie, épouse de l'archiduc Albert.
407. Le Christ prêchant dans une barque de pêcheur.
408. Portrait du pape Adrien VI.

ÉCOLE ITALIENNE

XVIe siècle

409. Marie Madeleine.
410. La sainte famille.
411. La Madeleine pénitente.
412. Le mariage spirituel de sainte Catherine.
413. La sainte famille.

ÉCOLE ESPAGNOLE

XVIIe siècle

414. La glorification de Marie.

ÉCOLE HOLLANDAISE

XVIe et XVIIe siècles

415. Quarante portraits de princes d'Orange, de comtes de Nassau et autres personnages illustres, provenant de la maison de Honselaarsdyk.

Sur quelques-uns sont écrits les noms des personnages représentés, comme il suit :

a. Le prince Guillaume d'Orange, âgé de 52 ans, assassiné à Delft, 1584.

b. — Philippe Guillaume d'Orange, âgé de 64 ans, mort en 1617, à Bruxelles.

c. Le prince Maurice d'Orange, âgé de 58 ans, mort à la Haye, 1625.

d. —, Frédéric Henri d'Orange, âgé de 64 ans, mort à la Haye, 1647.

e. — Guillaume d'Orange, âgé de 25 ans, mort à la Haye, 1650.

f. — Guillaume d'Orange, né à la Haye, 14 novembre 1650.

g. Le comte Adolphe de Nassau, âgé de 28 ans, tué à Heiligerlee, 1568.

h. — Louis de Nassau, âgé de 36 ans, tué à Moock, 1574.

i. — Henri de Nassau, âgé de 24 ans, tué à Moock.

j. — Philippe de Nassau, âgé de 29 ans, tué sur les bords du Rhin, 1595.

k. — Guillaume Louis de Nassau, stathouder, âgé de 60 ans, mort à Leeuwarden, 1604.

l. — Louis de Nassau, lieutenant général de cavalerie, âgé de 29 ans, mort en 1604.

m. — Johan de Nassau, âgé de 71 ans, mort à Dillenbourg, 1606.

n. — Ernest Casimir de Nassau, âgé de 59 ans, tué devant Ruremonde, 1632.

o. — Guillaume Frédéric de Nassau, peint par R. Geest, 1632.

p. — Ernest de Nassau.

q. — Albert de Nassau.

r. — Henri de Nassau.

s. — Jean de Nassau, par Miereveld.

t. — Adolphe de Nassau.

u. — Justinien de Nassau.

v. — Georges Frédéric de Nassau Catzenelboogen.

w. — Jean de Nassau Catzenelboogen.

x. — Jean de Nassau Catzenelboogen.

ij. — Jean de Nassau Catzenelboogen.

z. — Louis de Nassau Catzenelboogen.

aa. — Philippe de Nassau Catzenelboogen.

bb. — Guillaume de Nassau Catzenelboogen

cc. — Philippe de Helack Huohenloo, le vieux, par Ravestein.

dd. Le comte Philippe Ernest de Holack.

ee. Monsieur De Chatillon, maréchal de France.

ff. — De Hama.

gg. — De Béthune, par Miereveld.

hh. — De Hautin.

ii. — Smelsin.

jj. — De la Nove.

kk. — Viles, Maresc. Dy Camp.

ll. — De Temple.

mm. Marquis Spinola, par Miereveld.

nn. L'amiral D'Aragon, par Ravestein.

oo. Colonel Wyden Hogeu.

pp. — Veer.

qq. — Henderson.

rr. — Brock.

ss. — De Ryn Graef.
tt. Monsieur Kessels.

416. Portraits des frères du prince Guillaume Ier.
417. Portrait du comte Adolphe de Nassau.
418. Portraits du prince Maurice et du général Stakenbrock.
419. Portrait de Henri Casimir, comte de Nassau.
420. Portrait d'Ernest Casimir, comte de Nassau.
421. Portrait d'Ernest Casimir, comte de Nassau.
422. Portrait de Sophie Hedwig de Brunswick, épouse du comte Ernest Casimir de Nassau.
423. Portrait d'Amélie de Solms, douairière du prince Frédéric Henri.
424. Portrait de la comtesse de Solms, douairière de Jean Wolphaart de Brederode.
425. Portrait du commandant Héraugière.
426. Portrait du capitaine Ripperda.
427. Portrait d'un inconnu.
428. Portrait d'un inconnu.
429. Portrait d'un inconnu.
430. Portrait d'un inconnu.
431. Portrait de Guillaume van Oldenbarneveld.
432. Portrait de l'amiral van Wassenaar van Obdam.
433. Portrait de Bernardus Prevostius, pasteur remonstrant.
434. Portrait de Hugo de Groot (Grotius), à l'âge de 48 ans.
435. Portrait du receveur Pieter van Uitenbogaard.
436. Portrait de Willem van de Velde, secrétaire de Hugo de Groot (Grotius).
437. Portrait de Elsje van Houwening, épouse de Willem van de Velde.
438. Portrait d'une dame.
439. Portrait d'Abraham de Visscher.

440. Portrait du vice-amiral Witte Cornelisz de With.
441. Une orgie de village.
442. Combat de paysans.
443. L'auberge rustique.
444. Gibier.

FIN

TABLE

POISSY. — TYP. ET STÉR. DE AUD. BOURET